POTENCIAL OCULTO

POTENCIAL OCULTO

Como extrair o melhor
de você e dos outros

ADAM GRANT

Título original: *Hidden Potential: The Science of Achieving Greater Things*

Copyright © 2023 por Adam Grant
Copyright da tradução © 2024 por GMT Editores Ltda.

Todos os direitos reservados. Nenhuma parte deste livro pode ser utilizada ou reproduzida sob quaisquer meios existentes sem autorização por escrito dos editores.

coordenação editorial: Alice Dias
produção editorial: Livia Cabrini
tradução: Carolina Simmer
preparo de originais: Priscila Cerqueira
revisão: Juliana Souza e Luis Américo Costa
adaptação de capa e diagramação: Ana Paula Daudt Brandão
capa: Tal Goretsky (ilustração) e Jason Ramirez (direção de arte)
imagens de capa: Mina De La O/Getty Images (diamante); Jeffrey Hamilton/Getty Images (carvão); Anastasiia Shavshyna/iStock by Getty Images (lava)
impressão e acabamento: Associação Religiosa Imprensa da Fé

CIP-BRASIL. CATALOGAÇÃO NA PUBLICAÇÃO
SINDICATO NACIONAL DOS EDITORES DE LIVROS, RJ

G79p

Grant, Adam, 1981-
    Potencial oculto / Adam Grant ; tradução Carolina Simmer. - 1. ed. - Rio de Janeiro : Sextante, 2024.
    288 p. ; 23 cm.

    Tradução de: Hidden potential
    ISBN 978-65-5564-813-3

    1. Motivação (Psicologia). 2. Desenvolvimento pessoal. 3. Autorrealização. 4. Técnicas de autoajuda. I. Simmer, Carolina. II. Título.

23-87422   CDD: 158.1
                                CDU: 159.923.2

Gabriela Faray Ferreira Lopes - Bibliotecária - CRB-7/6643

Todos os direitos reservados, no Brasil, por
GMT Editores Ltda.
Rua Voluntários da Pátria, 45 – 14º andar – Botafogo
22270-000 – Rio de Janeiro – RJ
Tel.: (21) 2538-4100
E-mail: atendimento@sextante.com.br
www.sextante.com.br

*Em memória de Sigal Barsade,
que enxergava o potencial de todo mundo*

Sumário

Prólogo — 9
Rosas cultivadas no chão de concreto

PARTE I. Habilidades de caráter — 27
Como aprimorar o aprimoramento

   1. Adeptos do desconforto — 33
      Como encarar o terrível incômodo da aprendizagem

   2. Esponjas humanas — 53
      Como ser capaz de absorver e se adaptar

   3. Imperfeccionistas — 71
      Como achar o equilíbrio entre ser falho e ser infalível

PARTE II. Estruturas motivacionais — 91
Um andaime para passar por cima dos obstáculos

   4. Transformando a labuta diária — 97
      Como acrescentar paixão à sua rotina

   5. Como sair do lugar — 115
      O caminho tortuoso que nos leva ao progresso

   6. Desafiando a gravidade — 137
      A arte de se virar sozinho para conseguir voar

PARTE III. Sistemas de oportunidades   159
Como abrir portas e janelas

---

    7. Toda criança faz progresso   165
       Como desenvolver escolas que despertem o melhor nos alunos

    8. A busca pelo ouro   187
       Como trazer à tona a inteligência de uma equipe

    9. Diamantes brutos   207
       Como achar pedras preciosas em entrevistas de emprego

Epílogo   233
       Você vai longe

Atos que causam impacto   241
Agradecimentos   248
Notas   252
Créditos das imagens   285

Prólogo
Rosas cultivadas no chão de concreto

> Ouviu falar da rosa que brotou
> na rachadura do concreto?
> Desafiando as leis da natureza
> ela aprendeu a andar sem pés.
> Que curioso, por cultivar seus sonhos,
> ela aprendeu a respirar ar puro.
> – TUPAC SHAKUR[1]

Numa fria manhã de primavera em 1991, adolescentes brilhantes se reuniram num hotel nos arredores de Detroit. O salão estava tomado pelo burburinho de estudantes que seguiam para seus assentos. Assim que os cronômetros foram ligados, o silêncio imperou. O único som que se ouvia era *clic-clic-clic*, os olhares vidrados nos quadrados em preto e branco. Era o Campeonato Nacional Juvenil de Xadrez Avançado.

Nos últimos anos, o torneio vinha sendo dominado por alunos de colégios particulares e escolas públicas alternativas, instituições que tinham condições de incluir o xadrez no currículo escolar. A campeã mais recente era a Dalton, de Nova York, uma escola preparatória de elite que havia vencido três competições nacionais seguidas.

A Dalton poderia ser descrita como um centro de treinamento olímpico de xadrez. Seus alunos eram iniciados no jogo desde muito cedo: por um semestre no jardim de infância e durante o primeiro ano inteiro. Os mais talentosos se qualificavam para aulas antes e depois da escola com um dos melhores professores de xadrez do país. O maior tesouro da Dalton era Josh Waitzkin, um prodígio cuja história de vida inspiraria o filme *Lances inocentes* apenas dois anos depois. Apesar de Josh e outro jogador de destaque não estarem competindo naquele ano, a equipe da Dalton continuava sendo impressionante.

Ninguém achava que os Raging Rooks ficariam no páreo para vencer.[2] Quando eles chegaram ao hotel, nervosos, cabeças viraram para encará-los. O grupo tinha pouquíssimo em comum com seus oponentes brancos e ricos. Os Raging Rooks eram estudantes pobres e não brancos – seis garotos negros, um latino e um de ascendência asiática. Moravam em bairros assolados pela violência e pelas drogas. Quase todos haviam crescido num lar desestruturado, criados por uma mãe, tia ou avó com renda inferior à mensalidade da Dalton.

Os integrantes dos Raging Rooks estavam no oitavo e nono ano da JHS 43, uma escola pública no Harlem. Ao contrário dos adversários da Dalton, eles não tinham recebido uma década de treinamento nem acumulado anos de experiência em competições. Alguns haviam aprendido a jogar apenas no sexto ano. O capitão do time, Kasaun Henry, começara a jogar aos 12 anos e praticava num parque com um traficante de drogas.

No campeonato nacional, as equipes mantinham suas pontuações mais altas e descartavam as menores. Grupos grandes como os da Dalton podiam descartar até seis notas. Já os Raging Rooks mal tinham jogadores suficientes para competir. Cada nota fazia diferença – eles não tinham margem de segurança. Para ter alguma chance de ganhar, todos precisavam dar o melhor de si.

Os Raging Rooks começaram bem. Numa grande zebra, o jogador mais fraco da equipe venceu um oponente bem ranqueado. O restante do grupo seguiu o embalo e deu xeques-mate em adversários muito mais experientes. Nas semifinais, os Raging Rooks já estavam em terceiro lugar entre as 63 equipes que ainda competiam.

Apesar da inexperiência, eles tinham uma arma secreta. Seu treinador era um mestre do xadrez chamado Maurice Ashley, um imigrante jamaicano de 20 e poucos anos, determinado a destroçar o estereótipo de que jovens não brancos eram menos inteligentes. Por experiência própria, ele sabia que o talento não escolhia cor nem classe social, ao contrário das oportunidades. Ele enxergava o potencial que outros ignoravam. Ele queria cultivar rosas no chão de concreto.

Na penúltima rodada, Maurice viu sua equipe derrapar. Kasaun começou na frente, mas se distraiu e cedeu o empate. Outro companheiro de equipe estava prestes a vencer quando o oponente capturou sua rainha e ganhou a partida; ele caiu no choro e saiu correndo. Uma terceira partida começou tão mal que Maurice abandonou o salão. Era doloroso demais assistir àquilo. No fim da rodada, os Raging Rooks tinham caído do terceiro para o quinto lugar.

Maurice lembrou aos garotos que eles eram capazes de controlar apenas as próprias decisões – não os resultados. Para subir na classificação, teriam que vencer as últimas quatro partidas e torcer pela derrota das equipes no topo. De todo modo, eles já estavam entre os melhores do país. Não precisavam vencer o campeonato para conquistar o coração do público. Tinham superado todas as expectativas.

Costuma-se pensar no xadrez como um jogo de gênios. Os melhores jogadores frequentemente são crianças brilhantes com a capacidade de memorizar sequências, analisar cenários com rapidez e prever jogadas futuras. Se você quiser montar uma equipe para competir num campeonato de xadrez, é melhor seguir a estratégia da Dalton: recrutar um monte de crianças prodígio e treiná-las intensamente desde pequenas.

Maurice fez o oposto: começou a dar aulas para um grupo de adolescentes interessados e com tempo livre. Um deles praticava bullying com os colegas de turma. A maioria tirava notas medianas e não demonstrava nenhum talento especial para o xadrez. "Não havia nenhum astro na nossa equipe", recorda Maurice.

Ainda assim, durante a rodada final os Raging Rooks conseguiram se manter firmes. Dois jogadores marcaram xeques-mate impressionantes, e Kasaun estava pau a pau com um adversário fortíssimo. Só que, mesmo que ele conseguisse uma vitória, os Raging Rooks sabiam que provavelmente não seria o bastante. A primeira partida daquela rodada tinha terminado em empate.

Alguns minutos depois, Maurice escutou gritos no corredor:
– Sr. Ashley! Sr. Ashley!

Após uma longa batalha na partida final, contra todas as probabilidades, Kasaun tinha finalmente vencido o melhor jogador da Dalton. Para surpresa de todos, os times principais haviam perdido pontos, abrindo o caminho para os Raging Rooks empatarem no primeiro lugar. Os jogadores irrompiam em gritos de alegria, abraços e apertos de mão.

– Nós vencemos! Nós vencemos!

Em apenas dois anos, aqueles garotos pobres do Harlem tinham passado de novatos a campeões nacionais. Mas a maior surpresa não foi a vitória dos azarões – foi o *motivo* pelo qual venceram. Eles tinham desenvolvido habilidades que acabariam rendendo muito mais do que troféus de xadrez.

Todo mundo tem um potencial oculto, e este livro ensina a revelá-lo. Muita gente acredita que talento é uma característica inata, e não algo que se desenvolve com o tempo. Celebramos alunos com vocação acadêmica, atletas que nasceram para o esporte e crianças prodígio na música. Mas ninguém precisa ser superdotado para obter grandes conquistas. Meu objetivo é mostrar como *todos nós* podemos alcançar o sucesso.

Na minha carreira como psicólogo organizacional, dediquei muito tempo a estudar as forças que impulsionam nosso progresso. O que aprendi sobre o potencial humano pode bater de frente com as noções que você tem sobre o assunto.

Num estudo de referência, psicólogos decidiram investigar a origem de talentos excepcionais entre músicos, artistas, cientistas e atletas.[3] Conduziram entrevistas com 120 escultores agraciados com a bolsa Guggenheim, pianistas clássicos internacionalmente aclamados, matemáticos premiados, neurologistas de ponta, nadadores olímpicos e tenistas renomados – e com seus pais, professores e técnicos. Os pesquisadores ficaram chocados ao descobrir que, desses profissionais de sucesso, poucos tinham sido crianças prodígio.

Entre os escultores, nenhum deles tivera habilidades especiais reconhecidas por seus professores de artes no ensino fundamental. Alguns pianistas tinham vencido competições importantes antes dos 9 anos, mas o restante parecia talentoso apenas em comparação com os irmãos ou vizinhos. Os matemáticos e neurologistas tiravam notas altas na época da escola, mas não chegavam a se destacar entre os melhores da turma. Quase nenhum dos nadadores tivera um sucesso estrondoso no começo da carreira: a maioria vencia competições entre escolas locais, mas não campeonatos de peso. E boa parte dos jogadores de tênis tinha amargado uma eliminação precoce nos primeiros torneios, demorando vários anos até ganhar destaque. Se eles chamavam atenção dos técnicos, não era por um talento incomum, mas por uma motivação extraordinária. Essa motivação não vinha de nascença: era muitas vezes despertada por um técnico ou professor que tornara o aprendizado divertido. "Se uma pessoa consegue aprender algo, *quase* todo mundo consegue também", concluiu o psicólogo que liderava a pesquisa, "*contanto* que seja exposto a condições apropriadas de aprendizado".

Evidências recentes enfatizam a importância das condições de aprendizado. Para dominar um novo conceito na matemática ou num segundo idioma, por exemplo, costuma ser necessário praticar esse conhecimento sete ou oito vezes. Essa quantidade de repetições vem surtindo efeito em milhares de alunos, do ensino básico à faculdade.

É claro que alguns alunos conseguem dominar certas áreas praticando menos. Mas não porque aprendem mais rápido (eles progridem no mesmo ritmo que os colegas).[4] O que parece determinante é o fato de chegarem à primeira aula com mais conhecimento inicial sobre o tema – porque já estudaram algo parecido ou se prepararam com antecedência, sozinhos ou não. Muitas vezes, o que parece uma habilidade natural é fruto de motivação e oportunidade.

Quando avaliamos o potencial de alguém, cometemos o erro de nos concentrar nos pontos de partida, ou seja, nas habilidades mais aparentes. Num mundo obcecado por talento inato, presumimos que as pessoas mais promissoras são as que se destacam desde o começo,[5] mas a verdade é que quem apresenta melhor desempenho costuma ter um histórico de altos e baixos. Se julgarmos uma pessoa apenas pelo que consegue fazer no primeiro dia, o potencial dela permanecerá oculto.

Não dá para saber aonde alguém chegará apenas olhando o ponto de partida. Com oportunidade e motivação para aprender, todo mundo é capaz de desenvolver habilidades incríveis. Potencial não se resume ao começo; tem a ver com a distância percorrida. Precisamos nos concentrar menos na largada e mais no trajeto.

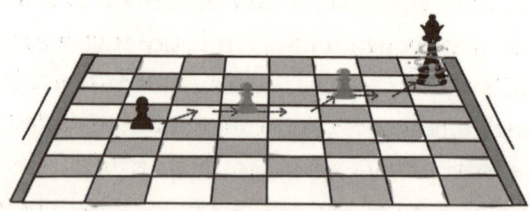

Para cada Mozart que brilha desde a infância há vários Bachs que progridem devagar e desabrocham tarde. Eles não nascem com superpoderes; a maioria dos dons é cultivada. As pessoas que se destacam raramente são aberrações da natureza. Elas costumam ser aberrações do aprendizado.

Ignorar o impacto do aprendizado acarreta graves consequências. Subestimamos quanto chão pode ser percorrido e quanto talento pode ser aprendido. Acabamos limitando a nós mesmos e as pessoas ao nosso redor. Ficamos restritos à nossa zona de conforto e não aproveitamos todas as possibilidades. Perdemos oportunidades e não enxergamos o que os outros têm a oferecer. Privamos o mundo de coisas maravilhosas.

Para explorar seu potencial e ter um desempenho incrível, você precisa ir além dos seus pontos fortes. Mas não se trata apenas de alcançar a excelência. O autoaprimoramento é uma conquista por si só. E vou explicar como fazer isso.

Este não é um livro sobre ambição. É sobre aspiração. Como diz a filósofa americana Agnes Callard, ambição é o resultado que você deseja alcançar; aspiração é a pessoa que você deseja ser.[6] A questão não é quanto dinheiro você ganha, quantos títulos recebe, quantos prêmios acumula. Esses símbolos de status não representam bem o progresso. O que importa não é quanto você se dedica, mas quanto evolui. E a evolução exige bem mais do que a mentalidade correta: ela começa com um conjunto de habilidades que costumamos subestimar.

ONDE O FUTURO COMEÇA

No fim da década de 1980, mais ou menos na mesma época em que os Raging Rooks começavam a aprender xadrez no Harlem, o estado americano do Tennessee iniciou um experimento ousado. Em 79 escolas – muitas das quais em regiões de baixa renda –, mais de 11 mil alunos foram aleatoriamente alocados em salas de aula diferentes, desde o jardim de infância até o terceiro ano. O objetivo original era testar se turmas menores favoreciam o aprendizado. Mas um economista chamado Raj Chetty se deu conta de que poderia analisar aqueles dados para determinar se outros fatores faziam diferença.

Vencedor da bolsa MacArthur para gênios, Chetty é um dos economistas mais influentes do mundo. E sua pesquisa indica que a excelência depende menos dos nossos talentos naturais do que poderíamos imaginar.

O experimento no Tennessee teve um resultado surpreendente. Chetty conseguiu prever o sucesso que os estudantes alcançariam na vida adulta apenas observando quem tinha sido seu professor ou sua professora no jardim de infância. Aos 25 anos, os alunos que tiveram professores mais experientes nessa fase tinham salários bem maiores que os de seus contemporâneos.[7]

Chetty e seus colegas concluíram que substituir um professor de jardim de infância novato por um mais experiente acrescentaria mais de mil

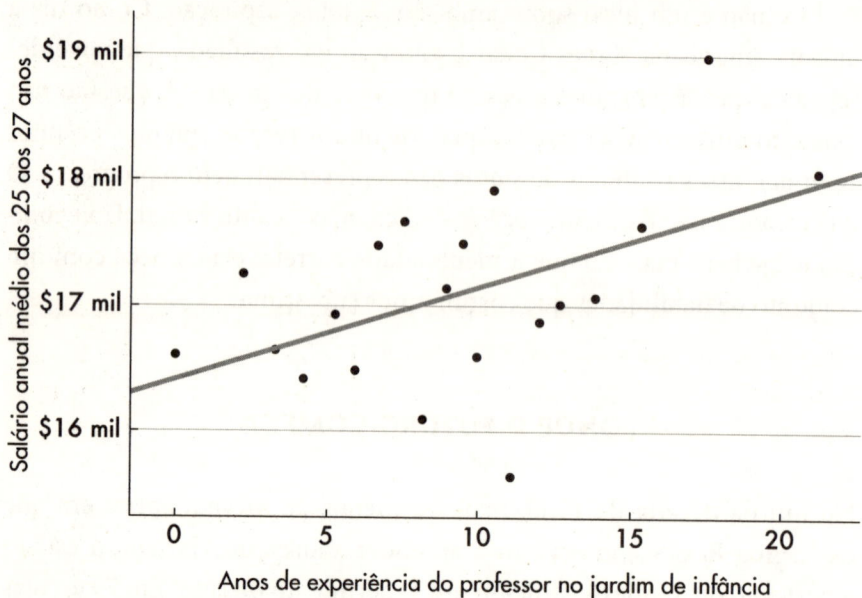

dólares à renda anual de cada aluno antes dos 30 anos. Para uma turma com vinte alunos, um professor de jardim de infância acima da média significaria um acréscimo de renda de 320 mil dólares ao longo da vida.*

O jardim de infância é importante em muitos sentidos, mas eu nunca imaginaria que os professores deixariam uma marca tão notável no salário dos seus alunos duas décadas depois. A maioria dos adultos mal

---

* No seu estudo seguinte, com mais de um milhão de crianças, Chetty e seus colegas concluíram que professores mais experientes estão associados a notas melhores dos seus alunos ao longo dos anos.[8] Estudantes que tiveram bons professores entre o terceiro e o oitavo ano apresentavam mais chances de entrar para a faculdade, ganhavam salários melhores e economizavam mais para a aposentadoria. Quando um professor competente saía da escola, os alunos sofriam no ano seguinte: suas chances de entrar para a faculdade diminuíam. A qualidade dos professores se mostrou especialmente importante para o futuro sucesso das mulheres, em parte por reduzir as chances de gravidez na adolescência. Substituir um professor que se encontra entre os 5% com piores resultados por um de desempenho mediano aumentaria os rendimentos de uma turma em 1,4 milhão de dólares ao longo da vida. Se você precisava de uma prova de que professores devem ser mais valorizados, talvez essa quantia o impressione.

se lembra de como era ter 5 anos de idade. Por que esses profissionais causam tanto impacto?

A resposta mais óbvia é que professores competentes ajudam os alunos a desenvolver habilidades cognitivas. A educação inicial constrói uma base sólida para a compreensão de números e palavras. Ao concluir o jardim de infância, crianças com professores mais experientes têm resultados melhores em provas de matemática e leitura. Só que, ao longo dos anos seguintes, acabam sendo alcançadas pelos colegas das outras turmas.

Para entender o impacto dos professores de jardim de infância na vida adulta dos alunos, a equipe de Chetty se voltou para outra explicação possível. No quarto e no oitavo anos, os professores classificavam os estudantes dando nota para os seguintes comportamentos:

- *Proatividade:* com que frequência fazem perguntas, dão respostas, buscam informações em livros e interagem com o professor para aprender fora da sala de aula.

- *Sociabilidade:* como se relacionam e colaboram com os colegas.

- *Disciplina:* nível de atenção e de bom comportamento.

- *Determinação:* com que frequência tentam resolver problemas desafiadores, fazem mais do que o dever de casa e persistem diante de obstáculos.

Os professores do quarto ano davam notas mais altas em todos esses quesitos para os alunos que haviam estudado com um professor mais experiente no jardim de infância. E os do oitavo ano também. A capacidade de ser proativo, sociável, disciplinado e determinado permanecia por mais tempo nos estudantes – e se mostrava mais poderosa – do que habilidades iniciais de matemática ou leitura. Chetty e seus colegas descobriram que as notas de comportamento do quarto ano foram 2,4 vezes mais importantes para prever a renda adulta dos alunos do que o desempenho em matemática e leitura em testes padronizados.

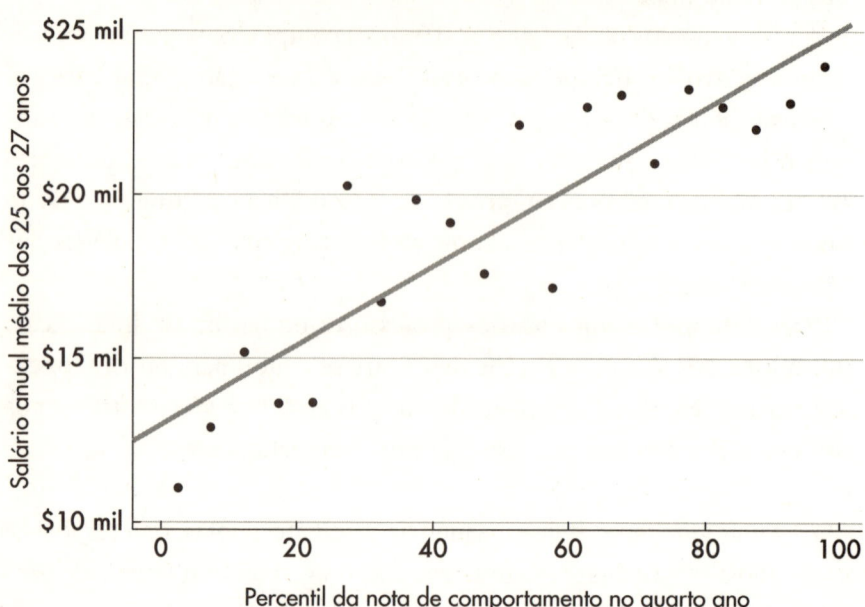

A nota de comportamento no quarto ano é um indicador de alta renda na vida adulta

Pense em como isso é surpreendente. Se você quiser prever a renda futura de um aluno do quarto ano, deve prestar menos atenção nas notas objetivas de matemática e linguagens e mais na opinião subjetiva dos professores acerca do comportamento dele. E, apesar de muitas pessoas acreditarem que esses comportamentos são inatos, eles foram aprendidos no jardim de infância. Independentemente do ponto em que os estudantes começam, aprender esses comportamentos os coloca no caminho para o sucesso décadas mais tarde por algum motivo.

QUESTÃO DE CARÁTER

Quando Aristóteles escreveu sobre qualidades como disciplina e sociabilidade, ele as chamou de virtudes do caráter.[9] Segundo sua descrição, caráter é um conjunto de princípios que as pessoas adquirem e executam por força de vontade. Eu também costumava encarar o caráter dessa forma – achava que era uma questão de comprometimento com um código moral claro. Só que meu trabalho é testar e refinar as ideias que os filósofos adoram debater. Ao longo das últimas duas décadas, as evidências que reuni me desafiaram a repensar o assunto. Agora acredito que caráter seja menos uma questão de força de vontade e mais um conjunto de habilidades.

Caráter vai além de apenas ter princípios. Trata-se da capacidade aprendida de viver de acordo com esses princípios. Habilidades de caráter permitem que um procrastinador inveterado cumpra um prazo para alguém com quem se importa muito, que um introvertido tímido encontre coragem para denunciar uma injustiça e que o valentão da turma evite trocar socos com seus companheiros de time antes de um jogo importante. São essas as habilidades que ótimos professores de jardim de infância cultivam.

Quando Maurice Ashley formou sua equipe de xadrez para os torneios nacionais, um estudante chamado Francis Idehen não estava entre os oito melhores jogadores, mas suas habilidades de caráter fizeram com que Maurice o selecionasse mesmo assim. "Outro garoto era melhor que eu no xadrez", me conta Francis, "mas ele não tinha desenvolvido o autocontrole emocional que Maurice valorizava".

E, quando os Raging Rooks ficaram para trás na penúltima rodada do campeonato, Maurice Ashley não sacou do bolso um guia de jogadas secretas. Ele não discutiu estratégias com os garotos: "Conversei com eles sobre disciplina" – uma habilidade que praticavam juntos havia dois anos.

As habilidades de caráter do grupo chamaram a atenção do lendário treinador de enxadrismo Bruce Pandolfini, que havia levado vários pupilos para campeonatos nacionais e mundiais. Após assistir à marcha dos Raging Rooks até a vitória, Pandolfini refletiu:

> Nada os abalava. Sob pressão, a maioria dos adolescentes começa a ficar afobada ou demonstrar nervosismo, mas eles não. Eles foram com calma e continuaram olhando o tabuleiro com cara de paisagem. Nunca vi jovens daquela idade parecerem tão tranquilos. Eles se comportaram como verdadeiros profissionais.

Se um cavalo no tabuleiro fosse um cavalo de Troia, Maurice haveria escondido lá dentro um exército de habilidades de caráter. Elas ajudaram os Raging Rooks a vencer enquanto os oponentes tropeçavam. "Ele sempre nos dava lições de vida sem pesar a mão", diz Francis. "A questão não era seguir um plano de jogadas, mas ter autoconhecimento e autocontrole. Isso mudou minha vida."

Maurice tinha sentido na pele a importância das habilidades de caráter. Quando pequeno, viu a mãe sacrificar tudo e se mudar para os Estados Unidos, enquanto sua avó permanecia na Jamaica para cuidar dele e de seus dois irmãos. A família finalmente se mudaria para Nova York uma década depois, sabendo que oportunidades não cairiam no colo – eles teriam que correr atrás delas.

No ensino médio, após encontrar por acaso um livro de xadrez na biblioteca da escola, Maurice decidiu entrar para a equipe estudantil. Mas logo descobriu que não era bom o bastante. Ele se dedicou a melhorar e acabou se tornando capitão da equipe na faculdade. Quando foi convidado a ensinar xadrez nas escolas do Harlem por 50 dólares a hora, ele nem pensou duas vezes.

Hoje, se você perguntar a qualquer pessoa no mundo do xadrez sobre Maurice, ouvirá que ele é um estrategista brilhante. No meio de uma partida, se você optar pelo roque em vez de mover seu bispo, ele saberá dizer a quantidade de jogadas necessárias para dar um xeque-mate e se você perderá a rainha no processo. Ele já jogou dez partidas ao mesmo tempo com oponentes diferentes e venceu todas – vendado. Mas acredita que o caráter é mais importante que o talento.

Evidências mostram que, apesar de crianças e iniciantes aprenderem xadrez mais rápido se forem inteligentes, a inteligência é um fator praticamente irrelevante para prever o desempenho de adultos e jogadores avançados.[10] No xadrez – assim como no jardim de infância –, as vantagens iniciais das habilidades cognitivas se dissipam com o tempo. São necessárias em média mais de 20 mil horas de prática para que alguém se torne um Mestre do xadrez e mais de 30 mil para se tornar Grande Mestre.[11] Para continuar melhorando, é preciso ter proatividade, disciplina e determinação para estudar partidas antigas e novas estratégias.

Habilidades de caráter não apenas nos fazem ter um bom desempenho – elas também nos levam a desempenhos melhores. Como o economista James Heckman, vencedor do Prêmio Nobel, concluiu numa revisão de pesquisas, habilidades de caráter "predizem e produzem sucesso na vida".[12] Mas elas não se desenvolvem sozinhas. É preciso oportunidade e motivação para cultivá-las.

CONSTRUA E ELES SUBIRÃO

Quando falamos sobre aprendizado, geralmente nos referimos ao esforço contínuo que pais e professores dedicam ao desenvolvimento de crianças e alunos. Mas ajudá-los a alcançar seu pleno potencial exige algo diferente: um apoio mais específico e temporário que os faça aprender e crescer por conta própria. É o que os psicólogos chamam de "andaime".[13]

Nas construções, o andaime é uma estrutura temporária que permite que os operários cheguem a grandes alturas. Quando a construção fica pronta, o suporte é removido. A partir daí, o prédio se sustenta sozinho.

No aprendizado, o andaime tem um propósito similar. Um professor ou técnico oferece instruções iniciais e então retira o apoio. O objetivo é transferir para o aluno a responsabilidade de desenvolver o próprio jeito de aprender. Foi o que Maurice fez pelos Raging Rooks. Ele montou estruturas temporárias para lhes dar oportunidade e motivação.

Quando começou a ensinar xadrez, Maurice via os outros instrutores alinharem todas as peças para ensinar os movimentos de abertura padrão: o peão do rei vai duas casas à frente, seguido pelo cavalo avançando em "L". Só que ele sabia que aprender as regras podia ser tedioso e não queria que as crianças perdessem o interesse. Então, quando foi apresentar pela primeira vez o jogo a um grupo de alunos do sexto ano, ele seguiu a ordem contrária. Colocou algumas peças no tabuleiro e começou com o final da partida. Ele ensinou aos alunos formas diferentes de dar xeque-mate. Essa estrutura foi a primeira parte do andaime.

Dizem por aí que querer é poder. Mas ignoramos o fato de que, quando não conseguem enxergar um rumo, as pessoas param de sonhar com o destino. Para despertar a força de vontade, precisamos lhes mostrar o caminho. É esse o objetivo do andaime.

Ao ensinar o jogo ao contrário, Maurice acendeu a chama da determinação. Quando os alunos aprenderam a encurralar o rei, descobriram o caminho para a vitória. Ao descobrir um modo de ganhar, passaram a ter vontade de aprender. "Não dá para dizer às crianças que elas precisam desenvolver paciência, determinação e consistência, porque elas vão cair no sono na mesma hora." Ele ri. "Você tem que dizer o seguinte: 'Esse jogo é divertido. Vamos lá, vou te derrotar!' É preciso mexer com os alunos, com a competitividade deles. À medida que são fisgados pelo jogo e começam a aprender as regras, ficam com vontade de vencer sempre que perdem uma partida." Não demorou muito para Kasaun Henry começar a imaginar 64 quadrados no teto do quarto e jogar partidas imaginárias antes de dormir.

Maurice também usou o método do andaime para que os jogadores ajudassem uns aos outros. Ensinou a eles formas criativas de compartilhar as próprias técnicas: os alunos desenhavam jogadas de xadrez, escreviam contos de ficção científica sobre partidas, gravavam raps sobre tabuleiros dominados. Eles aprendiam a encarar um jogo solitário como um trabalho em equipe. Quando um jogador caiu no choro durante o campeonato nacional, não foi porque tinha perdido; foi porque tinha decepcionado os companheiros.

Com motivação e oportunidade, os jogadores começaram a aprender em grupo. Registravam cada jogada em fichas de pontuação para o time inteiro aprender com os erros individuais. Ninguém queria ser o melhor jogador da equipe – o objetivo era tornar a equipe inteira melhor.

No ano anterior, no primeiro torneio nacional de que participaram, os Raging Rooks terminaram entre os primeiros 10%, apesar de terem menos jogadores devido a limitações de orçamento. Quando Maurice estabeleceu a meta de vencerem no ano seguinte, foram os jogadores que tomaram a iniciativa de bolar um plano. Agora que tinham a habilidade, também tinham força de vontade. Eles improvisaram seu próprio treinamento intensivo de xadrez, dedicando as férias de verão a praticar e ler livros sobre o assunto. Até convenceram Maurice a passar o verão lhes dando aulas. Eram eles que estavam no comando agora.

No mundo ideal, estudantes não teriam que contar com um treinador para ter essas oportunidades. O andaime que Maurice criou ocupou o espaço de um sistema que não funciona.* Uma mãe disse a ele que, quando viu o filho jogando xadrez, se deu conta de que não esperava por isso. Maurice não apenas desenvolvia o talento dos alunos – ele também ajudava pais e professores a enxergar esse potencial.

———

Poucos têm a sorte de aprender com um treinador como Maurice Ashley. Nem sempre temos acesso a mentores ideais, e nossos pais e professores nem sempre são capazes de oferecer o andaime certo. Meu objetivo é que este livro sirva bem como andaime para você.

Potencial oculto está dividido em três partes. A primeira analisa habilidades de caráter específicas que nos ajudam a voar mais alto. Você conhecerá a história de um lutador de boxe profissional que aprendeu arquitetura sozinho, de uma mulher que escapou da pobreza ao se tornar uma esponja humana e de duas pessoas que tinham dificuldade com uma matéria na escola e que agora estão entre as maiores especialistas sobre o assunto no mundo.

A segunda parte ensina a criar estruturas e manter a motivação. Mesmo com fortes habilidades de caráter, ninguém está imune ao esgotamento, às dúvidas ou à estagnação. Mas, para ter ganhos significativos, não é necessário trabalhar em excesso nem chegar ao *burnout*. Para mostrar como o andaime ajuda a manter o ímpeto, falarei sobre um músico que construiu uma estrutura temporária para superar uma deficiência permanente, um técnico que ajudou a transformar um atleta nada impressionante num astro e uma turma de cadetes que surpreendeu todos que a subestimavam. Você aprenderá que a prática fica incompleta se não houver diversão, que andar em círculos pode ser a melhor forma de seguir em frente e que não vencemos só por esforço próprio.

A terceira parte mostra como desenvolver sistemas para expandir oportunidades. As portas que a sociedade deveria abrir para talentos

———

* Empiricamente falando, habilidades de caráter são mais importantes para indivíduos de lares desprivilegiados.[14] Nas palavras de Maurice: "A opressão estrutural e cultural faz com que seja mais necessário aprender habilidades por meio da construção de caráter. Você precisa ser forte quando vem sendo oprimido há gerações."

promissores costumam ser fechadas para quem enfrenta os maiores obstáculos. Para cada sortudo que alcança o sucesso após ter sido desmerecido ou ignorado, há milhares que nunca conseguem uma chance. Você aprenderá a montar equipes, escolas e instituições que incentivem o potencial em vez de desperdiçá-lo. Seguindo o exemplo de um pequeno país que criou um dos sistemas educacionais mais bem-sucedidos do mundo, veremos que é possível ajudar todas as crianças a se desenvolver. Analisaremos juntos um dos resgates mais miraculosos da história para entender o que faz as pessoas trabalharem em equipe. Vamos examinar os bastidores do processo seletivo da NASA e das melhores faculdades dos Estados Unidos para pensarmos num modelo de seleção menos falho. Quando pararmos de descartar candidatos prematuramente, aumentaremos as chances das vítimas de injustiças sociais e das pessoas que se desenvolvem mais tarde.

Acho importante revelar potenciais ocultos porque já passei por isso. Minhas conquistas mais importantes aconteceram em áreas nas quais comecei em grande desvantagem. Graças a técnicos e coaches excelentes, deixei de ser o pior saltador ornamental da minha escola para me tornar um dos melhores do país, e de fracassar em pequenas palestras para ser aplaudido de pé no palco do TED. Se eu tivesse julgado meu potencial pelos meus fracassos iniciais, teria desistido. O que aprendi pelo caminho me ajudou a criar meu próprio andaime para saltos futuros. E me fez querer descobrir como podemos superar nossos supostos limites.

No meu papel de cientista social, comecei analisando os dados: experimentos randomizados, estudos longitudinais e metanálises (estudos de estudos) que quantificam resultados cumulativos. Só então me voltei para minhas reflexões pessoais e busquei histórias para dar vida à pesquisa. Conheci pessoas que progrediram muito além dos seus pontos de partida e desvendaram seu potencial oculto nos mais variados ambientes: embaixo da água e da terra, no topo das montanhas e no espaço sideral. Eu queria entender como elas percorreram grandes distâncias transformando a si mesmas e os outros – e, às vezes, mudando o mundo ao redor.

Foi isso que os Raging Rooks fizeram. Seu sucesso ajudou a mudar a imagem do xadrez. Desde que eles surgiram em cena, a proporção de minorias não brancas em torneios nacionais quadruplicou. Maurice se tornou um porta-voz internacional do xadrez como formador de caráter, e o movimento que ele ajudou a impulsionar agora oferece programas em escolas de regiões menos favorecidas nos Estados Unidos. Sozinha, uma organização sem fins lucrativos já ensinou xadrez para mais de meio milhão de crianças.

Não há motivo para acreditar que a mágica se limite ao xadrez.[15] Se a paixão de Maurice fosse o debate, ele estaria orientando alunos a antecipar contra-argumentos e refinar suas réplicas. O que faz diferença não é a atividade, mas as lições que aprendemos. Como diz Maurice: "A conquista está no crescimento."

Graças à oportunidade e à motivação que Maurice impulsionou, os Raging Rooks aplicaram suas habilidades de caráter em outras áreas além do esporte. A disciplina que precisavam ter para evitar jogadas imediatistas foi útil para resistir a gangues e drogas. A determinação e a proatividade que usaram para memorizar padrões e antecipar jogadas também foram aplicadas aos estudos. As habilidades sociais que desenvolveram jogando juntos e avaliando uns aos outros os ajudaram a se tornar ótimos colaboradores e mentores.

A maioria dos jogadores conseguiu melhorar de vida. Jonathan Nock veio de um bairro violento onde foi assaltado numa quadra de basquete; hoje é engenheiro de software e fundador de uma empresa que oferece soluções para nuvens. Francis Idehen fugiu de facadas e tiroteios a caminho da escola; mais tarde, formou-se em Economia em Yale, concluiu um MBA em Harvard e trabalhou como tesoureiro da maior empresa de serviços de utilidade pública dos Estados Unidos e como diretor de operações de uma firma de investimentos. Kasaun Henry, que viveu em situação de rua e chegou a ser recrutado por um gângster, tem três mestrados e se tornou um cineasta e compositor premiado. "O xadrez desenvolveu meu caráter", reflete Kasaun. "O xadrez aumentou minha concentração e meu foco. [...] O xadrez me deu força. Alguém acendeu uma chama que permanecerá brilhando enquanto eu viver."

Além das carreiras de sucesso, o xadrez incentivou os Raging Rooks a criar oportunidades para outras pessoas. Por ter crescido com vizinhos usuários de crack, Charu Robinson teve vários amigos assassinados e outros que foram presos. Após vencer um dos melhores jogadores da

Dalton no campeonato nacional de 1991, Charu recebeu uma bolsa integral para estudar na prestigiada escola. Ele acabou se formando em Criminologia e se tornando professor. Ele queria transmitir para os outros tudo que tinha aprendido.

―

Em 1994, o diretor de outra escola de ensino fundamental no Harlem, a três quarteirões da JHS 43, implorou a Maurice que treinasse sua equipe, Dark Knights. Nos dois anos seguintes, os times de meninos e meninas ganharam um torneio nacional atrás do outro. A essa altura, Maurice estava pronto para o próximo passo na sua missão de entrar para a história. Ele parou de dar aulas por um tempo para se concentrar na própria técnica. Em 1999, Maurice se tornou o primeiro Grande Mestre negro da história.

Nesse mesmo ano, com um novo treinador, os Dark Knights venceram o terceiro título nacional. O técnico assistente era Charu Robinson – que acabaria ensinando xadrez para inúmeras crianças em escolas por toda a cidade. Os Raging Rooks não eram apenas rosas especiais que brotaram nas rachaduras de um chão de concreto. Eles prepararam o terreno para outras flores desabrocharem.

Quando admiramos grandes profissionais, pensadores e líderes, com frequência avaliamos apenas seu desempenho. Isso nos leva a admirar as pessoas que conquistaram mais e a ignorar quem conquistou muito com o mínimo. A verdadeira medida do nosso potencial não é a altura máxima que alcançamos, mas quanto precisamos escalar para chegar até lá.

PARTE I
Habilidades de caráter
Como aprimorar o aprimoramento

No fim do século XIX, o fundador da psicologia fez uma declaração ousada. "Aos 30 anos", escreveu William James, "o caráter já se endureceu como argamassa e nunca mais cederá".[1] Crianças poderiam desenvolver caráter, mas para adultos seria tarde demais.

Recentemente, uma equipe de cientistas sociais iniciou um experimento para testar essa hipótese. Foram recrutados mais de 1.500 empreendedores envolvidos com a gestão de pequenas startups em áreas de produção, serviço e comércio na África Ocidental. Os participantes – homens e mulheres entre 30 e 50 anos – foram aleatoriamente divididos em três grupos. O primeiro era um grupo de controle, que seguiria a rotina de sempre. Os outros dois eram grupos de treinamento: eles passariam uma semana aprendendo novos conceitos, analisando-os em estudos de caso de outros empreendedores e aplicando-os às próprias startups com exercícios de simulação e reflexão. A diferença era que o treinamento de um grupo enfocava habilidades cognitivas e o do outro, habilidades de caráter.

No treinamento de habilidades cognitivas, os voluntários participaram de um famoso curso de negócios criado pela Corporação Financeira Internacional. Eles estudaram finanças, contabilidade, RH, marketing e precificação e usaram esse conhecimento para solucionar desafios e aproveitar oportunidades. No treinamento de habilidades de caráter, participaram de um curso de iniciativa pessoal projetado por psicólogos. Estudaram proatividade, disciplina e determinação e aprenderam a praticar essas qualidades.

O treinamento de habilidades de caráter teve um impacto gigantesco.[2] Depois de passarem apenas cinco dias praticando o que aprenderam, os empreendedores viram o rendimento de suas empresas crescer em média 30% nos dois anos seguintes. Foi quase o triplo do aumento impulsionado pelo treinamento de habilidades cognitivas. Ter conhecimento sobre finanças e marketing pode ter ajudado os participantes a capitalizar oportunidades, mas estudar proatividade e disciplina os capacitou a *criá-las*. Eles aprenderam a antecipar mudanças no mercado em vez de reagir a elas. Desenvolveram mais ideias criativas e mais produtos novos. Quando encontravam obstáculos financeiros, em vez de desistir, simplesmente eram mais insistentes e engenhosos para conseguir empréstimos.

Além de mostrar que habilidades de caráter podem nos levar a conquistas grandiosas, essas evidências revelam que nunca é tarde demais para desenvolvê-las. William James era um homem muito sábio, mas estava errado à beça nesse caso. O caráter não se endurece como argamassa – ele se mantém flexível.

Caráter costuma ser confundido com personalidade, mas são coisas diferentes. A personalidade é nossa predisposição: os instintos básicos sobre como pensar, sentir e agir. O caráter é nossa capacidade de priorizar valores e instintos.

Saber quais são nossos princípios não necessariamente significa saber como colocá-los em prática, ainda mais sob estresse ou pressão. É fácil ser proativo e determinado quando as coisas vão bem. O verdadeiro teste de caráter é se conseguimos manter esses valores quando estamos remando contra a maré. Se a personalidade é como reagimos num dia normal, o caráter é o que fazemos num dia difícil.

A personalidade não é nosso destino – é nossa tendência. Habilidades de caráter nos permitem transcender essa tendência para sermos fiéis aos nossos princípios. Não se trata das características que possuímos, mas de como decidimos usá-las. Seja lá qual for sua situação hoje, você pode começar a desenvolver suas habilidades de caráter a qualquer momento.

Por tempo demais, habilidades de caráter como proatividade e determinação foram desmerecidamente chamadas de *soft skills* ("habi-

COMO SE TORNAR MELHOR EM ALGUMA COISA

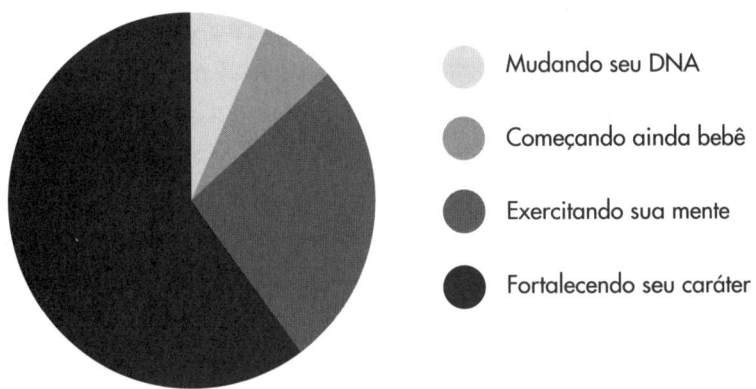

lidades delicadas", em inglês).³ O termo surgiu no fim da década de 1960, quando psicólogos receberam a tarefa de expandir o treinamento do Exército americano para além do foco limitado de aprender a usar armas e tanques de guerra. Por reconhecerem a importância das habilidades interpessoais, eles enfatizaram as aptidões de liderança e trabalho em equipe para desenvolver a coesão das tropas e aumentar as chances de voltarem para casa sãs e salvas. Os psicólogos precisavam de termos específicos para descrever os dois conjuntos de habilidades, e foi então que tomaram uma decisão infeliz.

Eles chamaram as habilidades com os tanques e as armas de *hard skills*, ou "habilidades fortes", porque envolviam o trabalho com armamento de aço e alumínio. As *soft skills* eram as "importantes habilidades de trabalho que envolvem pouca ou nenhuma interação com máquinas". Na verdade, essas eram as aptidões sociais, emocionais e comportamentais de que os soldados precisavam para ter sucesso em qualquer papel; elas só foram chamadas de "delicadas" porque não eram usadas no trabalho com equipamentos de metal. *Segundo essa definição, até saber lidar com finanças é uma soft skill.* Alguns anos depois, os psicólogos recomendaram que o termo fosse aposentado: chamar uma habilidade de delicada fazia com que ela parecesse fraca, e soldados queriam ser fortes. Eles não entendiam que as habilidades de caráter podiam ser sua fonte mais importante de força.

Se nossas habilidades cognitivas nos diferenciam dos animais, nossas habilidades de caráter nos elevam acima das máquinas. Hoje em dia, computadores e robôs são capazes de construir carros, pilotar aviões, lutar guerras, administrar dinheiro, representar réus no tribunal, diagnosticar câncer e executar cirurgias cardíacas. Conforme mais e mais habilidades cognitivas são automatizadas, pode-se dizer que nos encontramos em meio a uma revolução de caráter. Com os avanços tecnológicos tornando interações e relacionamentos mais escassos, é cada vez mais importante dominar as habilidades que nos tornam humanos.

Quando dizemos que sucesso e felicidade são nossos maiores objetivos na vida, acho curioso que o caráter não apareça na lista. E se todos nós dedicássemos tanto tempo às nossas habilidades de caráter quanto dedicamos às habilidades profissionais? Imagine como seriam os Estados Unidos se a Declaração da Independência tivesse garantido a cada cidadão o direito à vida, à liberdade e à busca pelo caráter.

Após estudar as habilidades de caráter que revelam o potencial oculto, identifiquei as formas específicas de proatividade, determinação e disciplina que fazem a diferença. Para percorrer grandes distâncias, precisamos de coragem para enfrentar o desconforto, de capacidade de absorver informações e de disposição para aceitar os erros.

CAPÍTULO 1
Adeptos do desconforto
Como encarar o terrível incômodo da aprendizagem

> Não é possível desenvolver caráter com
> paz e tranquilidade. É apenas por meio de
> experiências desafiadoras e sofridas que a alma
> se fortalece, a visão se apura, a ambição se
> inspira e o sucesso é alcançado.
> – HELEN KELLER[1]

Quando desenvolveu seu superpoder, Sara Maria Hasbun não conhecia ninguém parecido com ela,[2] até que encontrou por acaso uma comunidade inteira de desconhecidos que a fizeram se sentir menos sozinha. Em 2018, começou a viajar pelo mundo para encontrá-los. A princípio, eles pareciam ter pouco em comum. Vinham de países diferentes e tinham os mais variados empregos, mas se uniram em torno de uma missão tão incomum quanto a habilidade deles.

À medida que conhecia sua nova comunidade, Sara Maria se apresentava como uma empresária da Califórnia usando um idioma que combinasse com o ambiente. Em Bratislava, ela dava oi em eslovaco: *Ahoj, volám sa Sara Maria!* Em Fukuoka, falava em japonês: *Konnichiwa! Watashi no namae wa Sara Maria desu!* Quando ficou retida na China durante a pandemia, trabalhou como voluntária para a comunidade de surdos em Pequim e cumprimentava as pessoas na linguagem chinesa de sinais.

Por mais incrível que pareça, a habilidade de Sara Maria com línguas estrangeiras ia muito além de apresentações básicas. Numa viagem, ela fez amizade com um engenheiro irlandês chamado Benny Lewis.[3] Conversaram durante uma hora em mandarim, espanhol, francês e inglês, além de usarem a linguagem americana de sinais.

Sara Maria e Benny são poliglotas: pessoas que conseguem se expressar – e pensar – em muitos idiomas. Ela fala cinco línguas com fluência e se vira em outras quatro; ele domina seis idiomas e em outros quatro tem proficiência intermediária. Quando seus caminhos se cruzam no encontro anual de poliglotas, se querem ir além das cinco línguas que compartilham, não precisam ir muito longe. Sara Maria geralmente tem facilidade para encontrar alguém com quem bater papo em coreano ou indonésio e que a ajude a treinar suas noções básicas de cantonês, malaio ou tailandês (ela tem mais dificuldade para encontrar alguém que entenda a linguagem nicaraguense de sinais). É apenas uma questão de tempo até Benny encontrar um colega para conversar em alemão, irlandês, esperanto, holandês, italiano, português e, sim, klingon.

O mais impressionante sobre esses poliglotas não é apenas quanto eles sabem – é a rapidez com que aprendem. Em menos de uma década, Sara Maria aprendeu seis idiomas do zero. Enquanto isso, Benny precisou de apenas dois meses morando na República Tcheca para aprender tcheco intermediário, três meses na Hungria para conseguir conversar em húngaro, mais três meses para aprender árabe egípcio (enquanto morava no Brasil) e cinco meses na China para se comunicar em nível intermediário e passar uma hora inteira conversando só em mandarim.

Sempre enxerguei os poliglotas como aberrações da natureza. Eles nascem com uma habilidade extraordinária, que se manifesta quando têm a chance de absorver uma nova língua estrangeira. Um dos meus colegas de quarto na época da faculdade fazia parte desse grupo seleto: ele falava seis idiomas e costumava usar suas habilidades linguísticas para inventar novas expressões. *A minha favorita serve para quando alguém deixa um monte de bagagens para você carregar sozinho: "Pare de me malar"*, ele me disse uma vez. Eu ficava fascinado com sua rapidez para dominar novos idiomas e com a fluidez com que alternava entre eles.

Quando deparei com Sara Maria e Benny, achei que deviam funcionar do mesmo jeito. Eu estava redondamente enganado.

Na juventude, Benny acreditava que não tinha a capacidade nem sequer de se tornar bilíngue. Na escola, estudara irlandês por onze anos e alemão por cinco, mas não conseguia conversar em nenhum dos dois idiomas. Após a faculdade, ele se mudou para a Espanha, mas seis meses depois ainda não conseguia se comunicar em espanhol. Aos 21 anos, o inglês permanecia sendo o único idioma em que era fluente e ele estava a ponto de desistir: "Eu dizia a mim mesmo que não tinha nascido com o gene da linguagem."

Sara Maria também teve um começo difícil. Mesmo estudando espanhol por seis anos, ela permanecia monolíngue. Estava certa de que tinha perdido a época certa para aprender idiomas. Apesar de seu pai ser de El Salvador, ela não foi muito exposta ao espanhol no começo da vida porque ele falava inglês muito bem:

> Inglês era a língua que falávamos em casa. Quando comecei a aprender espanhol no ensino médio, fiquei chocada com a minha dificuldade. [...] Eu imaginava que seria um dos idiomas mais fáceis de um anglófono aprender, mas achei muito difícil. Até meus professores se frustravam comigo. [...] Toda hora alguém se dirigia a mim em espanhol e eu ficava arrasada por não conseguir responder. [...] Por que eu não conseguia aprender aquele idioma quando tanta gente ao meu redor parecia aprender outras línguas com tanta facilidade?

Após anos pedindo ao pai que a ajudasse com os deveres de casa, ele gentilmente disse que ela nunca aprenderia espanhol, mas que isso não seria um problema, afinal ela não precisava daquele idioma nos Estados Unidos. Era melhor seguir em frente e se dedicar a algum talento que ela realmente tivesse.

Muitas pessoas querem aprender um novo idioma, mas imaginam que o trajeto até lá será longo demais. Algumas, como Benny, concluem que simplesmente não nasceram para isso. Outras, como Sara Maria, julgam ter perdido a oportunidade – se tivessem começado na infância, teriam aprendido. Acontece que, de acordo com uma quantidade cada vez maior de pesquisas, o declínio na taxa de aprendizado de idiomas por volta dos 18 anos não é uma característica da nossa biologia.[4] É um defeito na nossa educação.

Poliglotas provam que é possível dominar novos idiomas na vida adulta. Assim que encontrei Sara Maria e Benny na internet, decidi descobrir tudo sobre seus métodos, porque ambos são aprendizes profissionais. Fiquei surpreso ao saber que, quando finalmente aprenderam seu primeiro idioma estrangeiro, isso não aconteceu porque superaram um bloqueio cognitivo, mas porque passaram por cima de um obstáculo motivacional: eles se tornaram confortáveis com o desconforto.

Tornar-se adepto do desconforto pode revelar o potencial oculto em muitos tipos de aprendizado. Tomar coragem para encarar o incômodo é uma habilidade de caráter – uma forma especialmente importante de determinação. São necessários três tipos de coragem: de abandonar os métodos conhecidos, de entrar no ringue antes de se sentir pronto e de cometer mais erros do que outras pessoas fazem tentativas. A melhor forma de acelerar o crescimento é aceitar, buscar e ampliar o desconforto.

QUESTÃO DE ESTILO

Existe uma prática comum em escolas que fez com que os alunos evitassem o desconforto. Ela surgiu como uma solução bem-intencionada para um problema do sistema educacional americano. Por décadas, escolas foram organizadas como se fossem linhas de montagem. Os alunos eram vistos como peças intercambiáveis na produção em massa de jovens mentes. Apesar de suas especificidades, esses jovens eram obrigados a absorver o mesmo conhecimento por meio de aulas e palestras padronizadas.

Na década de 1970, uma nova corrente de pensamento virou o mundo escolar de cabeça para baixo. A ideia principal era que as dificuldades dos alunos surgiam quando o método de ensino não era ajustado ao seu estilo de aprendizagem, ou seja, ao modo cognitivo mais adequado para que pudessem absorver e reter informações. Para compreender novos conceitos, os aprendizes verbais precisariam ler e escrever o conteúdo; os visuais teriam que vê-lo por meio de imagens, diagramas e gráficos; os auditivos deveriam escutá-lo em voz alta; e os cinestésicos precisariam vivenciá-lo na prática, com movimentos corporais.

A teoria dos estilos de aprendizagem fez um sucesso estrondoso. Pais ficaram empolgadíssimos com o reconhecimento da individualidade dos seus filhos. Professores adoraram ter a liberdade de mudar métodos e personalizar o material.

Hoje, estilos de aprendizagem são a base do treinamento pedagógico e da experiência estudantil. Ao redor do mundo, 89% dos professores acreditam que seu estilo de ensino precisa se adequar ao estilo de aprendizagem de cada aluno.[5] Muitos estudantes me disseram que preferem podcasts a livros porque são aprendizes auditivos. Será que você decidiu ler este livro porque se identifica como aprendiz verbal ou visual?

Só tem um pequeno problema com os estilos de aprendizagem: eles são um mito.

Quando uma equipe de especialistas conduziu uma revisão extensiva de várias décadas de pesquisas sobre estilos de aprendizagem, encontrou uma assustadora falta de evidências para sustentar a teoria.[6] Em experimentos controlados com aulas específicas[7] e estudos longitudinais ao longo de um semestre,[8] jovens e adultos não tiveram resultados melhores em avaliações quando os professores ou seus hábitos de estudo se alinharam com suas habilidades ou preferências. "Não existem provas suficientes que justifiquem incorporar avaliações de estilos de aprendizagem na prática educacional", concluíram os pesquisadores. "O contraste entre a imensa popularidade dos estilos de aprendizagem dentro da pedagogia e a ausência de evidências da sua utilidade é [...] impressionante e inquietante."

É claro que não queremos voltar ao rígido modelo industrial de educação, mas as pessoas também não deveriam ser confinadas a um estilo de aprendizagem específico. Talvez você continue preferindo um estilo para absorver novos conhecimentos e habilidades, mas o que sabemos agora é que sua preferência não é imutável e que alimentar apenas seus pontos fortes impede você de melhorar seus pontos fracos.[9]

A maneira como gostamos de aprender nos deixa confortáveis, mas não necessariamente é a melhor opção. Às vezes temos resultados melhores com o modo que nos causa desconforto, porque precisamos nos esforçar mais. Esta é a primeira forma de coragem: ter a bravura de encarar o incômodo e abrir mão do estilo de estudo preferido.

Foi na comédia que encontrei um dos melhores exemplos disso. Quando Steve Martin começou a fazer apresentações de stand-up na década de 1960, ninguém ria das suas piadas.[10] Durante um show, um espectador chegou a se levantar e jogar uma taça de vinho nele. "Eu não tinha talento natural", reflete Steve. Seus primeiros críticos concordavam: um deles escreveu que Steve era "o maior erro que as casas de shows já cometeram na história de Los Angeles".

Costumamos presumir que grandes artistas desenvolvem seu trabalho ouvindo, assistindo e praticando. Foi isso que Steve fez: ele ouvia o material de outras pessoas, observava como se comportavam, acrescentava suas próprias histórias e treinava apresentar a mistura. Apesar de passar horas se preparando, suas apresentações eram sem sal. Certa noite, ele passou cinco minutos sem ouvir uma única risada na plateia... e mais cinco minutos... e mais cinco. Enquanto suava no palco, vinte minutos se passaram sem reação do público. Assistir, ouvir e praticar não o estavam ajudando a se desenvolver.

O único método que Steve havia descartado para avançar na comédia era escrever, pois não fazia seu estilo. Ele detestava escrever porque não tinha uma facilidade natural para essa prática: "Era difícil, muito difícil."

Se você também se sente assim, não é o único. Até os melhores escritores que conheço fazem de tudo para evitar a escrita.* A procrastinação é um problema comum sempre que nos forçamos a sair da nossa zona de conforto. Como descreve o blogueiro Tim Urban, o cérebro é sequestrado pela gratificação instantânea, preferindo o que é fácil e divertido ao trabalho duro que precisa ser feito.[13] Depois de desperdiçar seu tempo, tudo que você tem a mostrar é uma profunda sensação de inadequação e ociosidade. Você queimou sua autoestima nas chamas da vergonha.

Muita gente associa procrastinação a preguiça, mas psicólogos acreditam que a procrastinação não é um problema de gerenciamento de tempo – é um problema de gerenciamento de emoções.[14] Quando procrastinamos, não estamos evitando o esforço; estamos evitando os sentimentos desagradáveis que aquela atividade desperta. Só que, mais cedo ou mais tarde, entendemos que também estamos evitando chegar aonde queremos ir.

Por um tempo, Steve Martin enrolou para escrever as próprias piadas. Por que ele sentaria a bunda na cadeira para fazer algo que detestava quando era tão mais divertido aproveitar o material alheio e improvisar no palco? Quem estava no controle era a gratificação instantânea. Só

---

* Se escrever não for seu estilo de aprendizagem preferido, é porque provavelmente você tem bloqueio de escritor. "Bloqueio de escritor é uma expressão rebuscada inventada por reclamões que só queriam uma desculpa para encher a cara", brinca Steve Martin. Existe um motivo para não falarmos em bloqueio de dançarino ou bloqueio de carpinteiro. O bloqueio de escritor não passa de um bloqueio de raciocínio: ficamos empacados porque não sabemos o que dizer. Alguns escritores entram no clima ao digitar frases das suas obras favoritas. Eu tenho ideias enquanto respondo a e-mails: é como um aquecimento para ganhar impulso. Quando escrever se torna parte da rotina, as palavras começam a fluir na página da mesma forma que fluem para fora da boca. Psicólogos descobriram que, quando pessoas eram aleatoriamente selecionadas para seguir rotinas diárias de escrita, a produção delas quadruplicava – e dedicar meros quinze minutos por dia era suficiente para fazer progresso.[11] E agora temos robôs de inteligência artificial para nos ajudar. Em experimentos preliminares, ferramentas como ChatGPT e Bing aumentaram a qualidade e a quantidade da produção escrita de diversos profissionais – principalmente escritores que tinham dificuldade de escrever –, porque o esforço da criação de um rascunho foi transferido para a elaboração e a edição de ideias.[12] *Só para deixar claro, não escrevi nem uma vírgula deste livro usando IA. Mas a IA provavelmente diria a mesma coisa.*

que, após alguns anos penosos, "caiu a terrível ficha de que, para ter sucesso como comediante, eu precisaria escrever tudo sozinho", lembra ele.

Steve tomou coragem para sair da zona de conforto. Ele aprenderia a escrever piadas. Ao ficar sabendo de um programa de auditório que procurava jovens roteiristas, ele enviou parte do seu material, mas não foi selecionado. "Eu não sabia escrever", me contou.[15] Mesmo assim, o chefe da equipe lhe deu uma oportunidade – ele já tinha visto Steve tocando banjo, o achava peculiar e pagou seu salário do próprio bolso. Quando pediram a Steve que escrevesse a introdução de um quadro, ele ficou paralisado de medo. Seu bloqueio de escritor foi tão intenso que, ao não conseguir escrever uma única palavra, ele ligou para o colega de quarto e pediu uma piada emprestada. Ela foi tão boa que o contrataram.

Steve passou os anos seguintes escrevendo para a TV durante o dia e fazendo stand-up à noite. Escrever era um trabalho árduo, mas ele aceitava esse fato cada vez melhor. Ao mesmo tempo, continuava colecionando fracassos no palco. Seu agente chegou a lhe dizer para "insistir na escrita".

O que seu agente não sabia era que Steve estava se tornando um comediante melhor por causa dos textos que escrevia. No palco, as falas improvisadas faziam com que fosse fácil tagarelar. No papel, escrever o obrigava a eliminar os excessos. O processo doloroso de pôr tudo no papel lhe ensinou a restringir seu humor a elementos básicos, "porque o importante é a base", disse ele. "A estrutura das piadas não permite que elas sejam elaboradas demais." Foi só quando aceitou o desconforto da escrita que desenvolveu sua habilidade de criar piadas geniais como esta:

> Entreguei um roteiro ano passado e o estúdio não mudou uma palavra. A palavra que não mudaram estava na página 87.[16]

Em meados da década de 1970, Steve havia se tornado um dos comediantes de stand-up mais populares dos Estados Unidos. Lotava estádios imensos em turnês nacionais, ganhou um disco de platina com seu álbum de comédia e fez participações no *Saturday Night Live*. Ao longo do caminho, ele se apaixonou pela escrita e isso também abriu as portas para sua carreira de ator – se não fosse por sua nova habilidade, ele jamais teria escrito e estrelado seu filme de estreia, *O panaca*.

Já vi muitas pessoas evitando escrever porque não têm talento natural para essa tarefa. O que elas não entendem é que escrever é mais do que uma forma de se comunicar – é uma ferramenta de aprendizado. Escrever expõe lacunas no nosso conhecimento e na nossa lógica. É algo que nos incentiva a articular presunções e elaborar argumentos. Uma escrita confusa é sinal de um raciocínio confuso. Ou, como o próprio Steve descreveu: "Algumas pessoas levam jeito com as palavras, enquanto outras... hum... é... não levam jeito."

A lição não é que todo mundo deve escrever mesmo que deteste fazer isso. É que, se evitarmos o desconforto de técnicas de aprendizagem com as quais não temos facilidade, limitaremos nosso crescimento. Nas palavras do grande pensador Ted Lasso: "Se você estiver se sentindo confortável, está fazendo algo errado."[17] Foi essa descoberta que impulsionou nossos poliglotas a aprender mais e mais idiomas.

MÃO NA MASSA

Os adeptos dos estilos de aprendizagem defendem que o tipo verbal funciona para algumas pessoas, enquanto o auditivo funciona para outras. Só que o aprendizado nem sempre se resume a encontrar o método certo.

Isso foi demonstrado por um experimento fascinante em que estudantes tinham pouco mais de vinte minutos para analisar um artigo científico. Metade deles foi aleatoriamente selecionada para ler o texto, enquanto a outra metade o escutaria. Os ouvintes gostaram mais da experiência do que os leitores, só que, ao serem avaliados dois dias depois, foi perceptível que tinham aprendido menos.[18] Os ouvintes acertaram, em média, 59% das questões sobre o artigo; os leitores, 81%.

Apesar de escutar ser mais divertido em geral, ler melhora a compreensão e a memória. Enquanto a escuta promove o pensamento intuitivo, a leitura ativa um raciocínio mais analítico.[19] Isso se aplica, por exemplo, ao inglês e ao chinês: as pessoas exibem mais racionalidade lógica quando leem perguntas e charadas do que quando as ouvem nesses idiomas. Com o texto no papel, é natural diminuir o ritmo no começo de um parágrafo para processar a ideia principal e usar intervalos de parágrafos e subtítulos para agrupar informações.[20] A menos que tenhamos um transtorno de aprendizagem ou de leitura que dificulte assimilar o texto, quando se trata de raciocínio lógico, absolutamente nada substitui a leitura.*

Aprender uma língua estrangeira exige uma abordagem diferente. Na escola, Sara Maria Hasbun aprendeu vocabulário e gramática lendo textos teóricos e elaborando inúmeras fichas de estudo. As aulas não exigiam muita conversação, e ela sentia que precisava decorar bastante vocabulário antes de conseguir se expressar. Por ter medo de passar vergonha, ela fugia completamente do desconforto e falava apenas em inglês.

Já na faculdade, Sara Maria estudou linguística. Ela percebeu que sua abordagem era semelhante a ler um monte de livros sobre piano ou patinação no gelo e então se achar capaz de tocar concertos como Clara Schumann ou executar um salto triplo como Kristi Yamaguchi. Só que não importa quanto nos concentremos, é impossível enxergar um sotaque castelhano com os próprios olhos, visualizá-lo mentalmente como um diagrama ou internalizá-lo por meio de uma dança interpretativa. Se quisermos entendê-lo, precisamos escutá-lo. Se quisermos ser fluentes nele, é preciso praticar as palavras em voz alta.

Segundo metanálises de dezenas de experimentos, jovens e adultos se tornam mais aptos a compreender e falar um novo idioma quando aprendem a reproduzi-lo em vez de só compreendê-lo.[23] Eles também aprendem melhor em "aulas invertidas", que os desafiam a estudar o vocabulário antes da lição e depois praticar a comunicação durante a aula.[24]

---

* Para aprimorar a inteligência social e emocional, provavelmente é melhor prestar atenção em sinais auditivos em vez de visuais. Pesquisas mostram que, se escutarmos a voz de um amigo ou de um desconhecido, conseguiremos compreender as emoções dele mesmo que estejamos de olhos vendados.[21] É comum interpretarmos expressões faciais e linguagem corporal do jeito errado. O tom da voz é um sinal mais preciso e puro daquilo que as pessoas estão sentindo. É difícil interpretar emoções por mensagens de texto, mas não porque não vemos o rosto da pessoa, e sim porque não ouvimos o tom da sua voz. O mesmo vale para a detecção de mentiras: para saber se um suspeito está falando a verdade, sinais verbais são mais confiáveis que os não verbais.[22] Uma pessoa sorridente não é necessariamente mais confiável – ela pode estar sentindo o prazer de enganar o outro, a adrenalina de contar uma mentira sem que ninguém perceba. Os verdadeiros sinais de alerta incluem voz trêmula e mais aguda que o normal, além de inconsistências nos relatos.

A ideia de que "é preciso praticar para não perder" vai ainda mais longe: se não praticarmos, talvez nem cheguemos a aprender alguma coisa.

Não basta aceitar um pouco de desconforto quando ele surge. Por mais estranho que pareça, é melhor buscar o desconforto, ir atrás dele. Sara Maria fez isso ao aceitar um emprego de professora de inglês em Madri e decidir morar com uma família que falava apenas espanhol. Em poucos meses ela já estava fluente. Ela entendeu que, se continuasse aceitando a dificuldade como parte do processo, conseguiria aprender qualquer idioma.

Enquanto eu conversava sobre isso com Sara Maria, minha ficha caiu. O conforto no aprendizado é um paradoxo. Precisamos praticar uma habilidade até dominá-la, e só assim nos sentiremos confortáveis com ela. Só que é desconfortável praticar *antes* de dominar alguma coisa, então costumamos fugir disso. Para acelerar o aprendizado, precisamos de uma segunda forma de coragem: a bravura de usar o conhecimento à medida que aprendemos.

INCÔMODO PROPOSITAL

Num engenhoso experimento, as psicólogas Kaitlin Woolley e Ayelet Fishbach estudaram centenas de pessoas que faziam aulas de comédia improvisada e pediram que cada grupo se concentrasse em objetivos diferentes. Os alunos que persistiram por mais tempo – e que correram mais riscos criativos – não foram os incentivados a se concentrar no aprendizado; foram os aconselhados a buscar o desconforto. "O objetivo é se sentir incomodado e desconfortável... Esse é um sinal de que o exercício está funcionando", diziam as instruções. Quando encaravam a dificuldade como um sinal de desenvolvimento, os participantes se sentiam motivados a sair da zona de conforto.[25]

A mesma estratégia funciona com adversários políticos. Nos Estados Unidos, costumamos incentivar democratas e republicanos a sair da bolha e buscar novas informações. Só que pesquisas mostram que se, em vez disso, membros de partidos forem incentivados a buscar o incômodo, será mais provável ouvirem o que seus oponentes têm a dizer.* Quando o desconforto é sinal de progresso, não queremos evitá-lo; queremos enfrentá-lo para continuarmos crescendo.

Sete meses antes de se casar, Sara Maria decidiu surpreender todo mundo ao escrever seus votos de casamento na língua materna do noivo, o cantonês. A ideia era apavorante, por isso mesmo ela estava empolgada. Escreveu o rascunho em inglês e pediu a um professor que o traduzisse para o cantonês e o gravasse em áudio. Depois ficou ouvindo o discurso como se fosse uma música. Ouviu sem parar até decorá-lo. Ela o recitava no caminho para o mercado, sempre às escondidas, para fazer surpresa.

---

* Em experimentos conduzidos por Kathy Phillips, acadêmica especializada em administração, pessoas de grupos raciais diversos encontraram mais soluções criativas para problemas e tomaram decisões mais sensatas do que pessoas de grupos mais homogêneos. Apesar de apresentarem um desempenho melhor, elas achavam que tinham se saído pior – a diversidade as deixava desconfortáveis. Ironicamente, esse desconforto era parte do que gerava o sucesso: era o que as fazia pensar de maneira mais sistemática, preparar-se melhor, explicar seu ponto de vista com mais clareza e ouvir com mais atenção. Kathy e seus colegas concluíram que aceitar o desconforto pode ajudar as pessoas a "converter dores afetivas em ganhos cognitivos".[26]

Já prevendo que os sogros a testariam após o discurso, ela começou a fazer algo que chama de "spam cerebral". Ficou escutando podcasts em cantonês e assistindo a filmes nesse idioma. Praticava conversação diariamente com um professor particular, encarando a preocupação de errar as palavras e a vergonha de recitar seus votos com a pronúncia errada. Teve pesadelos nos quais passava vexame, mas lembrava a si mesma que sentir-se incomodada e cometer erros era um sinal de aprendizado. No fim das contas, seu discurso de casamento foi lindo e sua pronúncia foi perfeita. Mais tarde naquela noite, ela bateu papo com a avó do marido, que só falava cantonês, e seus sogros ficaram emocionados por ela ter se esforçado para honrar a cultura deles e aprender seu idioma.

Você não precisa absorver toda uma biblioteca de conhecimento para começar a se comunicar. Nossa biblioteca mental se expande conforme nos comunicamos. Quando perguntei a Sara Maria qual o melhor jeito de começar, ela disse que não espera mais até ter um nível básico de proficiência: ela se comunica desde o primeiro dia, superando a vergonha. "Estou sempre tentando convencer as pessoas a falar", explica ela. "Basta decorar umas frases – um textinho se apresentando e explicando por que você está aprendendo o idioma."

Esse conselho mudou a vida de Benny Lewis. No período que passou na Espanha, ele comprou um exemplar em espanhol de *O senhor dos anéis* e sentou com um dicionário para traduzir a história que amava. Demorou uma semana para terminar a primeira página. *Uma já foi, agora só faltam 700.* Após seis meses sem conseguir falar espanhol, ele percebeu que tinha tentado de tudo, menos falar o idioma. Isso exigiu uma terceira forma de coragem: não apenas aceitar e buscar o desconforto, mas ampliá-lo ao perder o medo de cometer mais erros.

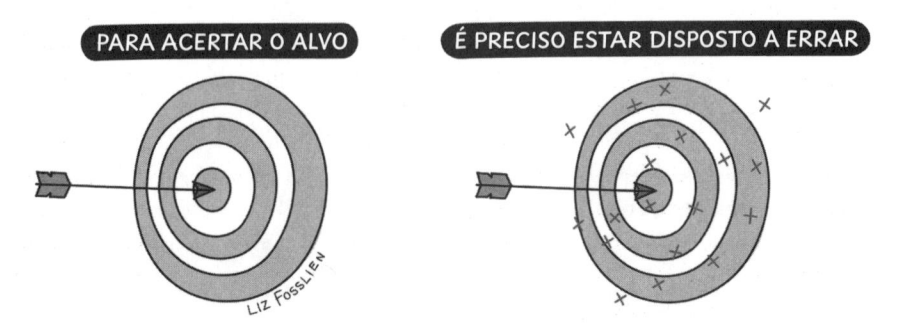

PARA ACERTAR O ALVO

É PRECISO ESTAR DISPOSTO A ERRAR

LIZ FOSSLIEN

MORDA A LÍNGUA

Certa vez viajei para a Costa Rica com um primo. Quando entramos num restaurante após uma longa caminhada, ele comentou que o suco de laranja parecia delicioso. Fez o pedido e o garçom caiu na gargalhada. Em vez de *jugo de naranja*, ele havia pedido um *fruto de periódico*, ou seja, uma fruta de jornal.

Quando tentamos falar um novo idioma pela primeira vez, é normal sentir uma pontada de ansiedade. Se nos enrolarmos com uma palavra, passaremos vergonha. Se cometermos uma gafe, talvez ofendamos alguém. Minha esposa, Allison, estudou japonês no ensino médio, e a última prova incluía um passeio até um restaurante onde ela deveria fazer o pedido em japonês. Ela ficou com tanto medo de errar e ser reprovada na prova que fingiu estar doente. Aí entra a coragem: para praticar um idioma, é preciso bravura para cometer erros. Quanto mais, melhor.

Sara Maria acredita que esse é um dos motivos pelos quais crianças costumam absorver línguas estrangeiras mais rápido que adultos.[27] Sim, elas têm a vantagem de ter mais plasticidade cerebral (a mente em desenvolvimento cria conexões mais rápido que as desenvolvidas) e menos interferência de conhecimentos anteriores (elas não se prendem às regras gramaticais de um idioma). Mas também são extremamente imunes ao medo da vergonha e ao desconforto do erro. Crianças não se fazem de rogadas para se comunicar – elas começam a tagarelar assim que aprendem palavras novas. Não têm medo de parecer burras nem de ser julgadas. Elas adoram a fruta de jornal.

A ideia de cometer erros é especialmente incômoda quando somos tímidos. A timidez é o medo do julgamento em situações sociais, e Benny Lewis tinha esse medo para dar e vender. Quando adolescente, sem muito traquejo social, ele frequentava festas e ficava escondido num canto, jogando no celular. Nas aulas de idiomas, nunca levantava a mão. Quando se mudou para a Espanha, preferiu se aproximar só de gente que também falasse inglês.

No tratamento de fobias, terapeutas usam dois tipos diferentes de terapia de exposição: dessensibilização sistemática e inundação. A dessensibilização sistemática começa com uma microdose de ameaça que vai sendo aumentada aos poucos, com o tempo.[28] Se você tiver medo de aranha, por exemplo, pode começar desenhando uma e, depois, observar o próprio bicho dentro de uma caixa transparente do outro lado do cômodo. Antes que depare com uma tarântula no banheiro, você aprende a lidar com o medo em situações menos ameaçadoras. A inundação é o oposto: é possível que o terapeuta jogue um inseto asqueroso direto no seu braço.[29] Claro, talvez você tenha um ataque, mas, após sobreviver sem um arranhão, seu pavor visceral tende a desaparecer.

A terapia de exposição reduz o desconforto ao aumentá-lo. Um exemplo extremo acontece nas aulas de aviação, quando quase nada é mais assustador que uma aeronave estolando. O estol ocorre quando um avião perde a sustentação e começa a cair, em geral porque o piloto comete o erro de voar abaixo da velocidade mínima ou inclinado demais. A perda de sustentação é responsável por 15% dos acidentes fatais com aviões comerciais e por quase 25% das tragédias com aeronaves particulares. Muitos pilotos têm pesadelos com seus aviões caindo do céu.

Se você começar um curso de aviação, passará por uma dessensibilização sistemática num simulador de voo. O simulador deixará você familiarizado com o funcionamento e as sensações de um estol: o que fazer com as mãos, como fica o horizonte no início da queda... Só que, quando você estiver na cabine de verdade, chegará o momento em que seu instrutor de voo dará uma ordem pavorosa: diminua a velocidade e levante o nariz da aeronave até que ela perca a sustentação.

Essa é a parte que só é possível vivenciar por meio de um estol completo. A sua amígdala não se importa com quantas vezes você treinou no simulador de voo nem com o fato de que está a vários metros no ar, com tempo suficiente para resolver o problema. Você está preso numa gaiola de metal imensa, caindo rumo ao chão num mergulho incontrolável. E não há nada que possa preparar um ser humano para o pavor puro de propositalmente fazer uma aeronave despencar feito uma pedra.

Para conseguir um brevê nos Estados Unidos, é preciso demonstrar capacidade de corrigir um estol e aterrissar em segurança. Programas de treinamento eficientes são criados para apresentar novas e inesperadas ameaças. Evidências indicam que esse elemento surpresa é essencial: se o treinamento de estol se tornar uma rotina previsível, deixará de preparar os pilotos para emergências da vida real.[30] É impossível estar pronto para tudo se você não treinar para tudo. Pilotos aprendem a lidar com o desconforto ao intensificá-lo e desenvolvem suas habilidades conforme lidam com ele.

Aumentar o desconforto foi essencial para Benny Lewis aprender novos idiomas. Para superar a timidez, Benny começou uma dessensibilização sistemática: ele se inseria em situações levemente incômodas. Puxava assunto com desconhecidos na rua enquanto usava um chapéu de duende ou chegava aos eventos com seu próprio projetor de luzes de discoteca. Ele começou a perder a inibição oferecendo tampões de ouvido para as pessoas em eventos barulhentos e fazendo brindes com desconhecidos em bares. Após mais seis meses na Espanha, ele já falava espanhol muito bem e planejava se mudar para a Itália, a fim de aprender o próximo idioma. Foi só uma questão de tempo até ele se tornar expert em aprender novas línguas. Seu objetivo era levar poucos meses para aprender a conversar com desconhecidos num idioma diferente – e ensinar outras pessoas a fazer o mesmo. E isso o levou à inundação.

Benny chama esse processo de "paraquedismo social". Quando chega a um novo país, ele se compromete a abordar qualquer um que passe mais de cinco segundos ao seu lado. Em vez de puxar papo com assuntos triviais, ele tem uma abordagem mais intensa para conseguir uma resposta mais elaborada.* Ao deparar com uma pessoa de Valência, onde havia morado na Espanha, ele começou a cantar uma música local. Ao fazer check-in num albergue no Brasil, contou ao recepcionista sobre a época em que tinha trabalhado feito um condenado e recebido muito pouco em Roma. "Um dos maiores erros de quem estuda idiomas é acreditar que aprender uma língua tem a ver com ganhar conhecimento",

---

* Apesar de nos atermos a amenidades para evitar saias justas, conversas profundas são surpreendentemente divertidas.[31] Sete estudos demonstraram que as pessoas se sentiam mais felizes, mais conectadas e menos desconfortáveis do que o esperado quando tinham conversas profundas com desconhecidos. Quando peguei um ônibus de Boston até o México com meu espanhol enferrujado, tive mais conversas incríveis – e ganhei muito mais prática – ao trocar "¿*Qué haces?*" por "¿*Qué te encanta hacer?*". Em vez de perguntar o que as pessoas faziam da vida, eu perguntava quais eram seus hobbies.

observa Benny. "Não é isso! Aprender uma nova língua é desenvolver uma habilidade de comunicação."

O aprendizado costuma ser compreendido como o processo de reconhecer, corrigir e prevenir erros. Mas Benny acredita que, se você quiser se tornar proficiente num idioma, em vez de tentar reduzir os erros, deve se esforçar para cometê-los com mais frequência. No fim das contas, ele tem razão. Muitos experimentos mostraram que estudantes terão menos probabilidade de errar em testes futuros se forem encorajados a chutar uma resposta errada antes de descobrirem a correta.[32] Quando somos incentivados a errar, acabamos errando menos. Os equívocos anteriores nos lembram da resposta correta – e nos incentivam a continuar aprendendo.

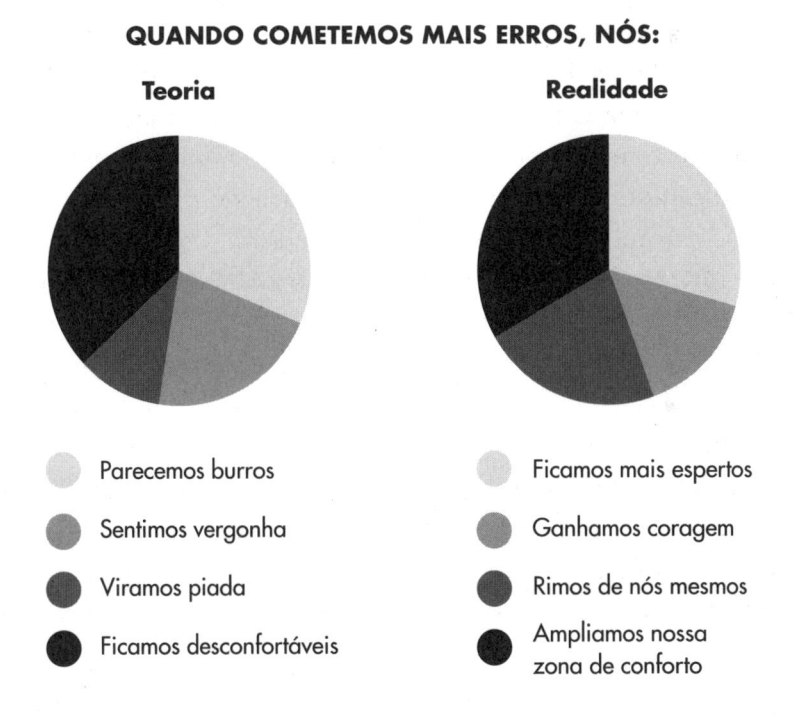

QUANDO COMETEMOS MAIS ERROS, NÓS:

Teoria
- Parecemos burros
- Sentimos vergonha
- Viramos piada
- Ficamos desconfortáveis

Realidade
- Ficamos mais espertos
- Ganhamos coragem
- Rimos de nós mesmos
- Ampliamos nossa zona de conforto

Quando decide aprender um novo idioma, Benny estabelece um objetivo ambicioso: cometer pelo menos duzentos erros por dia. Ele avalia o próprio progresso de acordo com o número de erros que comete. "Quanto mais você erra, mais rápido melhora e menos se incomoda com isso", observa ele. "A melhor maneira de aceitar os próprios erros é *cometendo mais erros*."

Nesse processo, Benny se colocou em muitas situações incômodas. Já se apresentou usando o gênero errado, disse que se sentia atraído por um ônibus e acidentalmente elogiou alguém por ter uma bela bunda. Mas ele não fica remoendo essas coisas, porque seu objetivo é arriscar e errar. Quando tropeça, as pessoas costumam elogiá-lo pelo esforço. E isso o motiva a continuar tentando.

Entre os psicólogos esse ciclo é chamado de diligência. Quando somos elogiados pelo nosso empenho, o esforço em si começa a gerar uma sensação de recompensa.[33] Em vez de carregarmos um fardo, nos sentimos motivados a continuar tentando.

A ideia de praticar conversação em uma língua estrangeira desde o primeiro dia mudou minha visão sobre o aprendizado. Podemos programar softwares desde o primeiro dia, lecionar desde o primeiro dia, oferecer lições de vida desde o primeiro dia. Não precisamos alcançar um patamar confortável antes de praticar nossas habilidades. O conforto aumenta conforme treinamos nosso conhecimento.

COMO ACHAMOS QUE O APRENDIZADO FUNCIONA

Conhecimento ⟶ Conforto ⟶ Prática ⟶ Progresso

COMO O APRENDIZADO FUNCIONA DE FATO

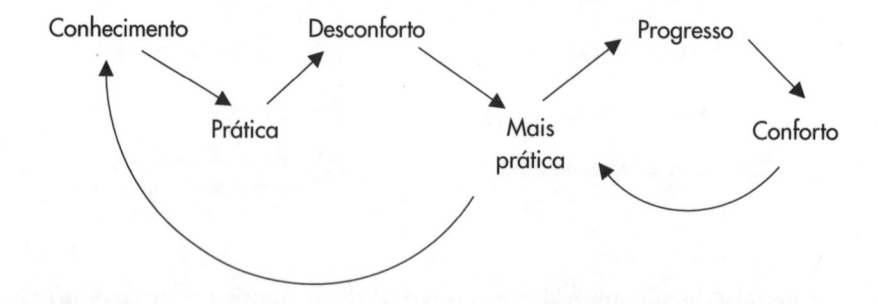

Conhecimento → Prática → Desconforto → Mais prática → Progresso → Conforto → (volta para Mais prática); Conhecimento também conecta de volta ao ciclo.

Alguns anos atrás, Sara Maria notou que alguém estava assistindo a dramas coreanos na Netflix no perfil da família. Era o pai dela. Após visitar a filha na Coreia, ele se apaixonou por aquela cultura e decidiu aprender o idioma em segredo. Aos 77 anos, ele está rapidamente absorvendo o vocabulário e a cultura com a ajuda da filha. "Na verdade, ele já tinha muita noção de coreano, porque andava escrevendo e lendo bastante", diz ela. "Mas tinha medo de falar. Agora já conseguimos conversar um pouquinho."

Hoje, Sara Maria é fundadora e diretora administrativa de uma empresa de serviços de idioma e tradução. Ela acredita que, desde que estejamos dispostos a nos sentir um pouco desconfortáveis, nunca é tarde demais para aprender. E essa coragem pode ser contagiante.

Se esperarmos até estarmos prontos para enfrentar um novo desafio, talvez nunca façamos isso. Pode ser que nunca acordemos nos sentindo subitamente prontos. O jeito é nos arriscarmos mesmo assim.

CAPÍTULO 2
Esponjas humanas
Como ser capaz de absorver e se adaptar

> Não é a espécie mais inteligente que sobrevive;
> não é a mais forte...
> a espécie que sobrevive é a que melhor
> consegue se adaptar.
> – LEON C. MEGGINSON[1]

Quase meio bilhão de anos atrás, as forças da natureza fizeram um estrago no nosso planeta. Erupções vulcânicas jogaram cinzas no ar e fósforo nos oceanos, geleiras imensas se formaram e derreteram, e níveis de oxigênio despencaram e depois subiram demais.[2] Mais de três quartos de todas as espécies morreram. Foi um dos primeiros e piores eventos de extinção em massa da história – mais devastador que aquele que dizimou os dinossauros.

Mas houve pelo menos uma espécie que não apenas sobreviveu como evoluiu. Florestas inteiras de esponjas marinhas cresceram e prosperaram. Muito antes de memes do Bob Esponja dominarem a internet, as esponjas dominavam os mares.[3]

Quando as esponjas marinhas foram descobertas, os cientistas presumiram que fossem plantas. Elas costumam ter formato de arbusto, são quase completamente imóveis e não possuem cérebro, nervos, órgãos nem músculos. Mas não se sustentam com a luz do sol – elas consomem alimentos, como animais. Hoje, esponjas marinhas são reconhecidas como um dos animais mais antigos da Terra.[4]

Ao pensar numa esponja marinha, talvez você imagine uma criatura semelhante à sua esponja de pia, que absorve tudo ao redor. Só que esponjas marinhas não ficam ali apenas absorvendo alimento e oxigênio. Elas filtram substâncias tóxicas e partículas nocivas.[5] Seus flagelos, que parecem pelinhos curtos, criam correntes que captam nutrientes e expelem bactérias. Elas absorvem água por suas paredes exteriores e a descartam pelo que parece ser uma boca minúscula. São capazes até de espirrar muco por seus poros.[6]

Algumas esponjas marinhas vivem mais de 2 mil anos.[7] Apesar de terem um corpo macio e poroso, elas têm estruturas esqueléticas fortes e resistentes.[8] Quando esponjas são danificadas por correntes fortes ou mastigadas por predadores, não necessariamente saem boiando e morrem. Algumas conseguem se regenerar por meio de bolsas de sobrevivência: células que permitem que uma nova esponja se desenvolva assim que possível.[9] Essa capacidade de absorver, filtrar e se adaptar permite que elas cresçam e se espalhem. E essa capacidade também é muito importante para os humanos.

Ser uma esponja é mais que uma metáfora. É uma habilidade de caráter – uma forma de proatividade vital para perceber o potencial oculto. Nosso aprimoramento não depende da quantidade de informação que buscamos, mas da qualidade da informação que assimilamos. Nosso desenvolvimento não depende tanto de quanto nos esforçamos para aprender, mas da qualidade da absorção do novo conhecimento.

ESFORÇO LUCRATIVO

Com mãe solo e cinco irmãos mais velhos, Mellody Hobson teve uma infância estressante em Chicago.[10] Nem sempre sua mãe tinha dinheiro para pagar as contas. Às vezes, o único jeito de tomar banho quente era esquentando a água no fogão antes de jogá-la na banheira. Era comum que Mellody chegasse da escola e descobrisse que a luz ou o telefone tinham sido cortados. Enquanto sua mãe fazia malabarismo com as contas, crises financeiras surgiam. Além de perder serviços básicos, a família perdeu o carro para credores e sofreu diversos despejos.

O sonho de Mellody era estudar numa universidade de prestígio, mas ela começou a ficar para trás dos colegas na escola. Demorou para aprender a ler e tinha dificuldade para se concentrar e se enturmar. Precisou de aulas de reforço.

Hoje, Mellody é coCEO de uma firma de investimentos bem-sucedida. Preside o conselho administrativo da Starbucks. Foi nomeada uma das cem pessoas mais influentes pela revista *Time*. Não apenas entrou em Princeton como logo se tornará a primeira pessoa negra a ter no campus um prédio inteiro batizado em sua homenagem.

Se você perguntar às pessoas como Mellody venceu as adversidades, não vai demorar muito para ouvir falar sobre sua lendária ética de trabalho. Quando estava no ensino fundamental, o ônibus escolar em que ela estava se envolveu num acidente. Enquanto seus colegas esperavam que alguém viesse buscá-los, Mellody foi andando para a escola. No ensino médio, ela constantemente gabaritava as provas, fez parte do conselho estudantil, editou a página sobre espírito escolar do anuário e fazia trabalho voluntário como tesoureira e vice-presidente do clube de prevenção ao abuso de substâncias, além de dar aulas particulares para alunos do ensino fundamental.

O sucesso de Mellody parece a clássica história de alguém que conseguiu deixar para trás a pobreza e vencer na vida. Um século atrás, o grande sociólogo Max Weber associou melhorias de vida extraordinárias à ética de trabalho protestante.[11] Seu argumento era que, antes da Reforma, o trabalho era um mal necessário, mas, graças aos ensinamentos de Martinho Lutero no século XVI, ele se transformou numa vocação.[12] Ser um bom protestante significava ter a obrigação moral de servir à sociedade por meio do trabalho produtivo.[13] A determinação e a disciplina se tornaram virtudes; a ociosidade e o desperdício viraram vícios. Talvez seja por isso que tanta gente hoje em dia reze no altar do esforço e idolatre o sumo sacerdote da persistência. Só que a distância que percorremos se deve menos à quantidade de trabalho que executamos do que aos frutos que ele rende.

Pouco tempo atrás, Sascha Becker e Ludger Woessmann decidiram testar o impacto da Reforma Protestante em grande escala: de que maneira ela afetava as conquistas da população? Eles determinaram que, conforme as crenças protestantes se difundiam, países inteiros apresentavam mais crescimento econômico,[14] mas não necessariamente porque as pessoas começavam a trabalhar com mais afinco.

A maioria das regiões em que o protestantismo se firmou seguia uma tradição católica. Na época, a Igreja Católica mantinha um controle rigoroso da Bíblia, e os fiéis costumavam absorver esses ensinamentos na missa ouvindo os sermões. Martinho Lutero mudou isso: ele escreveu a primeira tradução influente da Bíblia em alemão e pregava que todas as escolas em todas as cidades deveriam ensinar crianças a ler o Evangelho. Isso significava que as pessoas precisavam aprender a ler. E, depois que elas soubessem ler, um mundo inteiro de informações estaria ao seu alcance. Elas poderiam aprender tudo num ritmo bem mais acelerado. Becker e Woessmann argumentaram que o motor da Reforma Protestante não foi tanto a ética de trabalho, mas a alfabetização.

Veja os dois gráficos a seguir sobre a proporção de protestantes em países diferentes a partir de 1900. O primeiro indica o PIB per capita, e o segundo, a taxa de alfabetização. Com exceção de poucos pontos nórdicos fora da curva (ainda falaremos sobre eles neste livro), as correlações positivas são quase idênticas:

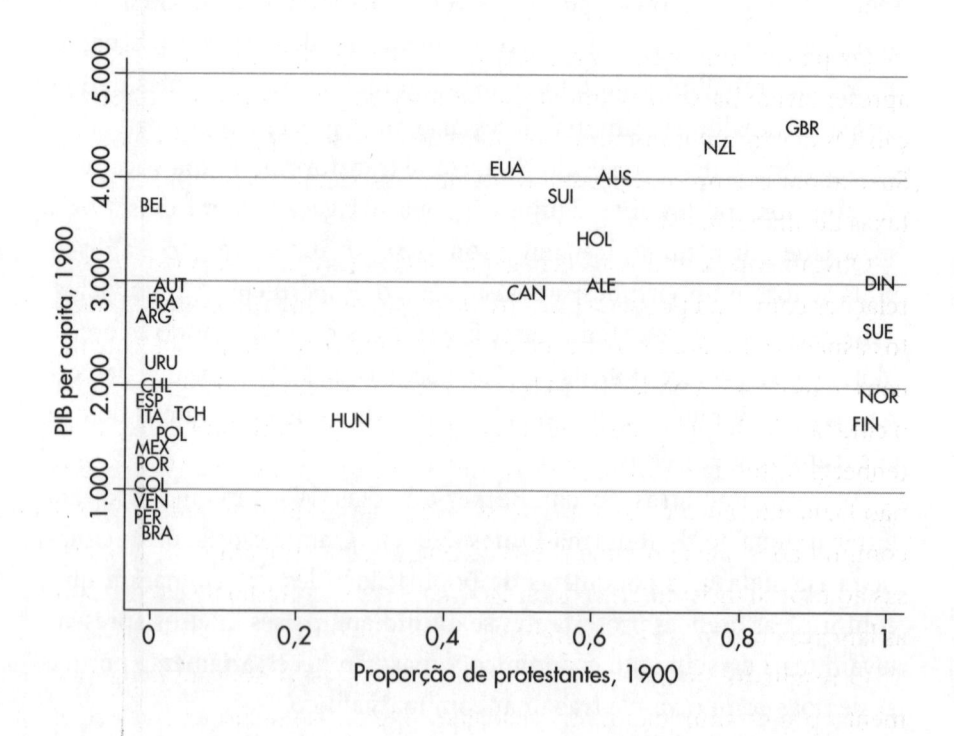

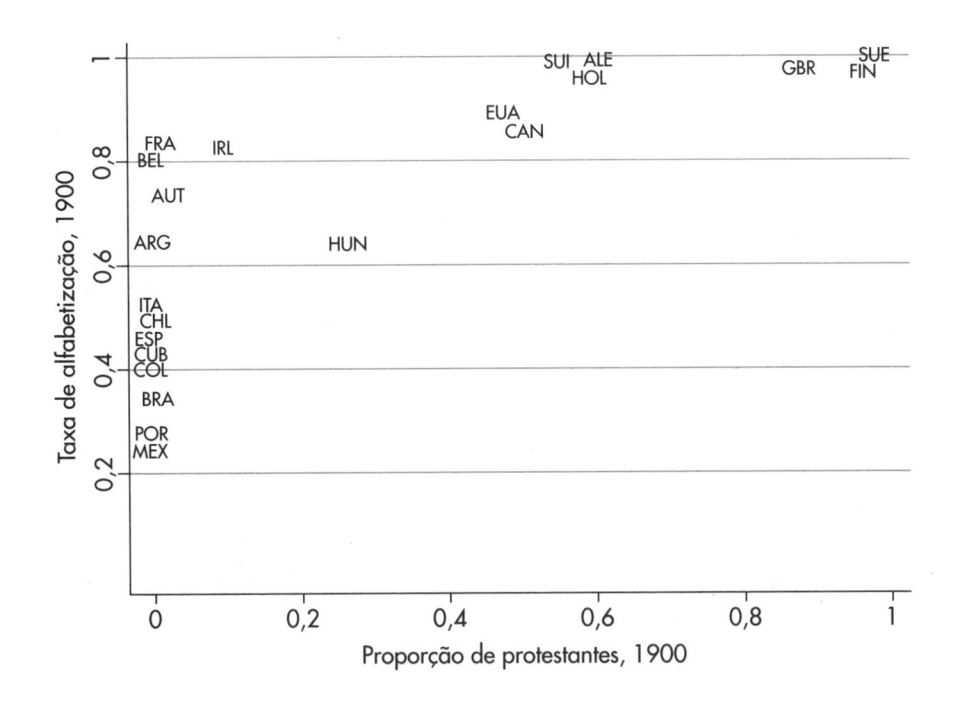

Os países com menos protestantes – como Brasil, Itália e México – apresentavam baixo crescimento econômico e baixas taxas de alfabetização. Os que foram inundados pela Reforma – Alemanha, Grã-Bretanha e Suécia, por exemplo – apresentavam alto crescimento econômico e altas taxas de alfabetização.

Obviamente, é impossível chegar a conclusões causais a partir de correlações com uma pequena amostra de países que são diferentes em tantos aspectos. Então, Becker e Woessmann investiram num experimento com mais de 450 condados do Império Alemão. Eles determinaram que o coração da Reforma Protestante era a cidade de Martinho Lutero, Wittenberg. Antes da Reforma, a proximidade de um condado a Wittenberg não fazia diferença no seu progresso educacional ou econômico. Como comunidades mais próximas de Wittenberg se mostravam mais propensas ao protestantismo, os economistas conseguiram testar se isso de fato as lançava em trajetórias diferentes.

O resultado: quanto mais próximos os condados estavam do movimento protestante, maior era sua renda média – e maiores eram suas taxas de alfabetização. E, após contabilizar as taxas de alfabetização, a distância de Wittenberg deixou de prever rendas mais elevadas. Viver perto da origem da Reforma até aumentava a renda das pessoas, mas isso era atribuído ao aumento na capacidade de ler e escrever.*

A lição aqui é cheia de nuances. O progresso que costumamos atribuir ao trabalho árduo pode, na verdade, ser causado por um trabalho mais inteligente. Habilidades cognitivas não são suficientes para o aprendizado, mas são necessárias. A alfabetização básica torna possível alavancar habilidades de caráter com mais eficiência; ela incentiva a proatividade de aprender mais e mais rápido. A prosperidade aumenta conforme nos tornamos mais capazes de absorver novas ideias e filtrar as antigas.

Habilidades cognitivas que amplificam nossa capacidade de absorver e compreender informações formam a base para nos tornarmos esponjas. À medida que nos tornamos mais esponjosos, podemos alcançar maiores conquistas. Parafraseando um verso de *Hamilton*, a proatividade nos leva longe. Foi o que aconteceu com Mellody Hobson.

HEROÍNA E ESTUDIOSA

No segundo ano do fundamental, Mellody aprendeu a ler. Venceu um concurso de contos naquele ano, e o prêmio foi um exemplar do livro infantil *A teia de Charlotte*. Apesar de não estar acostumada a ler livros inteiros, estava determinada a ler tudo e aprender o significado das palavras que desconhecia.

---

* Apesar de persistir o debate sobre onde, quando e se a Reforma Protestante impulsionou o crescimento econômico, há um consenso mundial de que ela não foi o único fator que influenciou o aumento da leitura e da escrita.[15] Por exemplo, pesquisas revelam que, após a construção de bibliotecas públicas no começo do século XX, crianças passaram a atingir níveis mais avançados de estudo – e, no futuro, conseguiram empregos mais estáveis e prestigiosos.[16] Num estudo sobre cidades que ganharam bolsas Carnegie, a construção de uma biblioteca rendeu dividendos nas duas décadas seguintes.[17] O crescimento na concessão de novas patentes passou de 8% para 13% (principalmente nas categorias tecnológicas apresentadas nos catálogos das bibliotecas) e também houve mais imigrantes e mulheres entre os inventores. A alfabetização não cura tudo, mas gera muitas oportunidades de aprendizado.

O desejo de Mellody de absorver as palavras e o mundo apenas aumentou com a idade. Esse desejo a levaria anos depois a conseguir um estágio de verão com John Rogers, que fundara uma das maiores firmas de investimento controladas por minorias nos Estados Unidos. Nas manhãs de sábado, John costumava ler seu jornal no McDonald's, e Mellody o encontrava lá mesmo quando já tinha tomado café. Foi assim que ela começou a estudar o mercado de ações. "Depois que pegou o jeito com os investimentos, ela sabia tanto sobre Warren Buffett quanto eu", me conta John. "Estava comprometida a aprender tudo sobre aquele mundo que tanto a interessava. Ela era uma esponja."

A primeira coisa sobre Mellody que chamou minha atenção foi sua capacidade de absorção. Nós nos conhecemos uma década atrás, quando fui convidado a apresentar minha pesquisa a um grupo de pessoas importantes. Quando entrei no salão, reconheci vários cineastas vencedores do Oscar e bilionários da área de tecnologia. A maioria das perguntas veio de Mellody – e ela também foi a única a fazer anotações. Quando se trata de buscar e assimilar informações, ela é única. Seu engajamento vai além da curiosidade: ela apresenta níveis elevados de algo que cientistas sociais chamam de capacidade absortiva.

Capacidade absortiva é a habilidade de reconhecer, valorizar, assimilar e aplicar novas informações,[18] e depende de duas habilidades principais. A primeira é como adquirimos informações: reagimos ao que surge no nosso campo de visão ou somos proativos ao buscar novos conhecimentos, habilidades e perspectivas?[19] A segunda é o objetivo que buscamos ao filtrar informações: o foco é alimentar nosso ego ou impulsionar nosso crescimento?[20]

Ser *reativo* e movido pelo ego é a receita para arruinar o aprendizado. A pessoa fica presa numa bolha protetora. Limita seu acesso a novas informações e rejeita qualquer dado que ameace sua autoimagem. É tão sensível que se torna cabeça-dura.

Quando as pessoas são *proativas* e movidas pelo ego, isso abre as portas para mais informações. Em vez de serem passivas, elas vão atrás de feedbacks – mas ignoram os negativos, porque são desconfortáveis demais. Passam a se fechar para críticas construtivas. Acabam sendo como o Teflon: nada gruda.

		Objetivo ao filtrar informações	
		Ego	Crescimento
Absorção do conhecimento	Reativa	Borracha	Argila
	Proativa	Teflon	Esponja

Pessoas mais reativas e que buscam o crescimento têm mais facilidade para aprender. Seu foco no autoaprimoramento as torna mais moldáveis, como argila. Costumam ser elogiadas pelos professores. Não sentem medo de críticas; aceitam o desconforto e internalizam os conselhos que possam ajudar seu desenvolvimento. O problema é que não buscam informações além daquilo que encontram com facilidade. Não fazem muito progresso até alguém orientá-las e moldá-las. Seu crescimento depende da orientação de outros – elas raramente tomam as rédeas do próprio aprendizado.

O ponto ideal é quando as pessoas são proativas e buscam o crescimento. É então que se tornam esponjas. Elas estão sempre tomando a iniciativa de se expandir e se adaptar. Essa habilidade de caráter é especialmente valiosa quando as chances são desfavoráveis – como descobriu uma dupla de jovens atletas na África.

REBELDE SEM TREINO

Num vilarejo rural no Quênia, o pequeno Julius Yego gostava de competir com o irmão mais velho para ver quem arremessava gravetos mais longe.[21] Quando chegou ao ensino médio, já tinha decidido se tornar um grande lançador de dardo. No entanto, faltava acesso às instalações adequadas, às rotinas de treino ideais e aos equipamentos necessários. Julius não tinha treinador – praticava sozinho e se esforçava para aprender por conta própria. Ele estava em grande desvantagem contra seu maior rival.

Ihab Abdelrahman cresceu num vilarejo pobre no Egito, numa família que não gostava de esporte.[22] Até os 17 anos, só tinha jogado futebol. Depois de ser incentivado por um professor a lançar dardo, ele venceu a primeira competição da qual participou. Apenas dois anos depois, ele se classificaria para um campeonato mundial de iniciantes e conquistaria a medalha de prata.

Na teoria, Julius e Ihab tinham muito em comum. Ambos vinham de comunidades africanas em que as oportunidades eram limitadas e o esporte era a porta de entrada para uma vida melhor. Ambos adoravam futebol antes de passarem a praticar corrida e então descobrirem o lançamento de dardo. Só que, fisicamente, era Davi contra Golias.

O lançamento de dardo exige força. Um treinador de renome disse que o braço de Ihab era um dos melhores que ele já tinha visto: "Ihab é grande e forte e nasceu para isso." Ele tinha o porte certo, com 1,93 metro de altura e 96 quilos. Julius não tinha essas vantagens. Media apenas 1,75 metro e pesava 84 quilos – não tinha um físico impressionante. Se quisesse derrotar Ihab, teria que correr atrás do prejuízo.

Em 2010, após sete anos de treinamento, Julius finalmente teve a oportunidade de encarar Ihab no campeonato africano. Ele conquistou a medalha de bronze, mas Ihab levou o ouro, e até seu pior lançamento foi mais longe que o melhor de Julius.

No ano seguinte, nos Jogos Pan-Africanos, Julius se agachou para pegar um dardo de metal. Ele se ergueu, jogou o braço para trás e correu até a linha. Enquanto impulsionava o braço e arremessava seu dardo pelos ares, ele cambaleou.

Julius se equilibrou a tempo de ver seu dardo voar por uma distância quase igual à de um campo de futebol americano. Não apenas bateu seu recorde pessoal como o nacional. Ihab terminou a competição em quinto lugar, e Julius levou o ouro. Dessa vez, seu pior lançamento tinha sido bom o bastante para vencer o melhor de Ihab. Davi tinha derrotado Golias.

Observe a trajetória dele em comparação com a de Ihab – e com a de outros competidores que se destacaram nos campeonatos mundiais de iniciantes em 2008 e que continuaram competindo anualmente no lançamento de dardo. Com o tempo, o progresso dos rivais desacelerou, estagnou ou até deixou de existir. No mesmo período, Julius fez mais que melhorar – ele aumentou seu ritmo de crescimento.

Recorde pessoal de lançamento de dardo

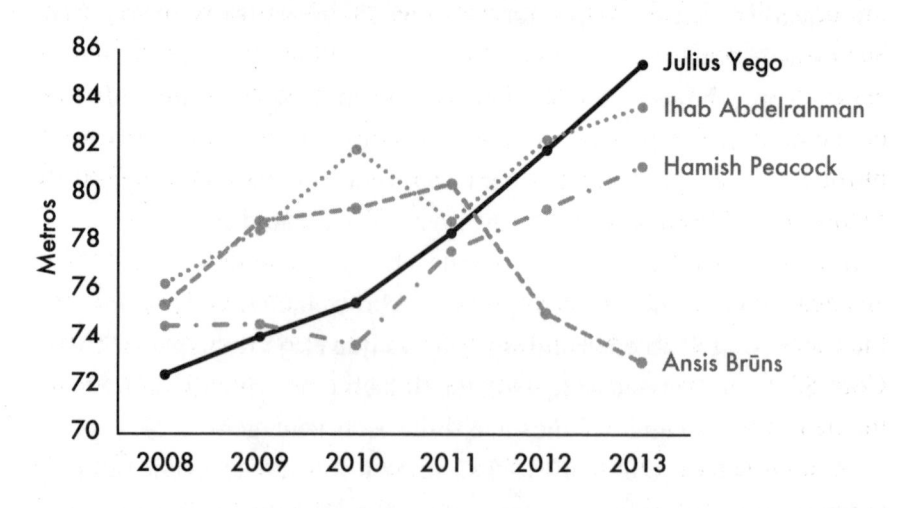

Ihab era moldável. Após receber uma bolsa para treinar na Finlândia – amplamente reconhecida como a capital mundial do lançamento de dardo –, ele foi orientado por um renomado treinador local. Ouvia os conselhos que recebia e melhorava sua técnica e a velocidade. Só que parecia mais argila que esponja. Sua abordagem era reativa, não proativa. Quando não conseguiu patrocínio da federação egípcia para voltar à Finlândia, Ihab não tomou a iniciativa de treinar sozinho. Passou cinco meses parado antes de retomar o treinamento.

Por outro lado, Julius tomou as rédeas do próprio crescimento. Quando as pessoas perguntavam quem era seu treinador, ele respondia: "O YouTube."

Em 2009, Julius foi a uma lan house assistir a vídeos dos melhores lançadores de dardo. Começou a aprender sozinho analisando as habilidades dos outros esportistas. "Tudo começou a mudar no meu treinamento", diz Julius. "O dardo exige técnica, força, flexibilidade e velocidade, e eu nunca tinha parado para pensar em muitos desses aspectos."

Em 2015, Julius venceu o campeonato mundial de lançamento de dardo. Alcançando a marca de 92,72 metros, ele executou o maior lançamento dos quatorze anos anteriores – apenas duas outras pessoas já tinham alcançado distâncias maiores.

Julius passou alguns meses em treinamento na Finlândia, mas era autodidata. Ele ia atrás das informações necessárias para se desenvolver. Sua postura permanecia pouco convencional. Quando lançava o dardo, era comum que fosse o único atleta a cair de cara no chão com as pernas para o ar, como num passo de break. Ele absorveu tudo que encontrava, filtrou o que não se adequava ao seu estilo e adaptou seu lançamento até se tornar o melhor do mundo.

Julius chegou ao Rio de Janeiro em 2016 com grandes esperanças de alcançar uma vitória olímpica. Infelizmente sofreu uma lesão na virilha e só conseguiu completar um dos seis lançamentos durante a final. Com 88,24 metros, ainda foi bom o bastante para conquistar a medalha de prata.

A abordagem autodidata pode ser eficiente para certos tipos de aprendizado. Quando se trata de uma tarefa relativamente mecânica, como arremessar um dardo, podemos fazer muito progresso ao absorver técnicas objetivas. Só que, em muitas situações da vida, tornar-se uma esponja depende de filtrar orientações mais subjetivas vindas de outras pessoas. Como aprendi no começo da carreira, talvez esse feedback nem seja oferecido – e encontrá-lo pode não ser tão simples quanto parece.

A VERDADE NUA E CRUA

A mensagem que meu corpo enviava era bem clara: *Seu lugar não é aqui.* O frio na barriga e a camisa ensopada de suor indicavam que o palco não era a minha praia. Introvertido e tímido, eu tinha calafrios só de levantar a mão para falar durante a aula. Quando ainda não existia identificador de chamadas, eu tinha medo até de atender o telefone.

Na pós-graduação, decidi superar o medo de falar em público do jeito mais rápido possível. Eu não tinha tempo para ir aos poucos com a terapia de exposição; apelei para a inundação logo de cara. Eu me ofereci para dar palestras em turmas da graduação, porque queria a opinião dos meus amigos professores. Só que, quando pedia um feedback, sempre recebia elogios vagos: *Conteúdo interessante. Apresentação entusiasmada.*

Nem sempre nos sentimos à vontade para oferecer críticas construtivas. Hesitamos até mesmo em avisar que há um pedaço de comida no dente de um amigo. Confundimos educação com gentileza. Ser educado é evitar um feedback para fazer alguém se sentir melhor hoje. Ser gentil é explicar com sinceridade como a pessoa pode se tornar melhor amanhã. É possível ser direto e ter tato ao mesmo tempo. *Não quero constranger você, mas seria pior se ninguém o avisasse sobre a alface grudada na sua gengiva.*

Era um mau sinal quando eu começava uma apresentação com "Bom dia" e os alunos respondiam "Muito bem, concordo!". Então, para ajudá-los a me criticar sem constrangimento, comecei a distribuir formulários anônimos. Eu queria me tornar uma esponja: absorveria da plateia tudo que pudesse e então filtraria as informações que não considerasse úteis. Mal sabia eu que estava fazendo tudo errado.

Os alunos acabaram comigo: *Você fica tão nervoso que parece o Darth Vader respirando.* Depois de um tempo fui entrevistado para meu primeiro emprego numa grande universidade e o comitê de seleção me rejeitou. Só descobri o motivo meses depois, por um colega: *Você não tem confiança para impor respeito aos alunos.* No ano seguinte, quando dei minha primeira aula para líderes da Força Aérea americana, os coronéis me crucificaram: *Não aprendi nada com essa aula, mas o professor deve ter ganhado experiência; está precisando.* Percebi bem rápido como críticas inúteis são desmoralizantes.

É fácil ser crítico ou apoiador. Ser orientador é mais difícil. O crítico enxerga seus pontos fracos e ataca sua pior versão. O apoiador enxerga seus pontos fortes e exalta o que você tem de melhor. O orientador enxerga seu potencial e ajuda você a se aprimorar.

Se eu quisesse mesmo dominar a arte da oratória, precisaria de um filtro mais adequado. Decidi transformar meus críticos e apoiadores em orientadores. Eu vinha tentando fazer isso ao pedir feedback, mas pesquisas indicam que isso é um erro.

Em vez de buscar feedback, seria melhor pedir conselhos.[23] O feedback tende a enfocar a qualidade do seu último desempenho. O conselho se concentra nos pontos que você pode melhorar da próxima vez. Experimentos comprovam que essa simples mudança é suficiente para

obtermos sugestões mais específicas e observações mais construtivas.*
Em vez de remoer o que fizemos de errado, o conselho nos mostra o que podemos fazer melhor.

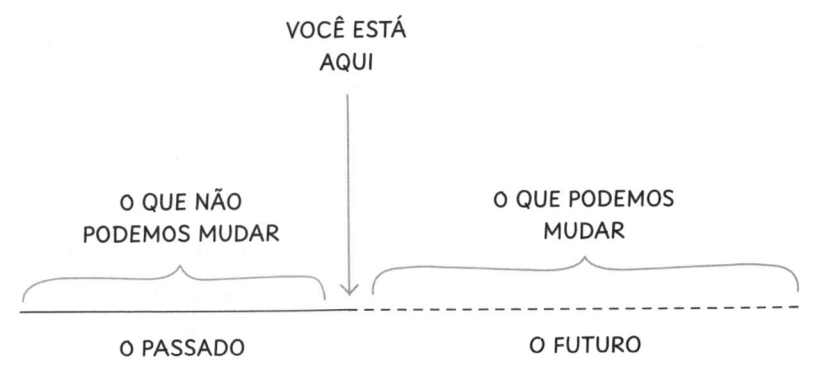

```
                    VOCÊ ESTÁ
                      AQUI
                        |
   O QUE NÃO                    O QUE PODEMOS
  PODEMOS MUDAR                     MUDAR
   _____/         ↓          _____/
                  - - - - - - - - - - - - - -
    O PASSADO                      O FUTURO
```
LIZ FOSSLIEN

Troquei meu questionário de feedback por um simples pedido de conselho:** *Em que ponto posso melhorar?* As pessoas de repente começaram a me oferecer dicas úteis: *Não comece com uma piada a menos que seja muito engraçada.* A plateia nem sempre entendia meu sarcasmo, e a falta de risos só piorava minha ansiedade. *Comece com um relato pessoal; isso torna você mais humano.* Eu estava tentando me concentrar na plateia, e não em mim mesmo, mas acabava me distanciando dela em vez de criar uma conexão.

---

* Às vezes temos medo de parecer inseguros, mas pedir conselho não significa falta de confiança. Denota, isso sim, respeito pela competência dos outros. Quando buscamos orientação, as pessoas nos julgam mais competentes:[24] *Que genial! Você sabia que devia me consultar!*

** Ao explorar uma habilidade nova, pedir conselho nem sempre ajuda. Psicólogos afirmam que novatos têm mais chances de buscar e escutar elogios do que críticas. Com os veteranos acontece o oposto: eles são mais atentos e receptivos a sugestões de melhorias do que a bajulações.[25] Isso não vale apenas para o aprendizado, mas também para a motivação. Quando somos principiantes, descobrir um ponto forte é positivo: é algo que nos incentiva a dedicar mais tempo àquela atividade. Com a experiência, ganhamos confiança para perseguir o sucesso. Nesse estágio, buscamos informações, e não validação. O que nos impulsiona a agir é descobrir que não fizemos tanto progresso quanto esperávamos. Queremos descobrir como suprir essa lacuna.

Após uma década de prática, fui convidado a palestrar no TED. Comecei falando sobre a ocasião em que não investi numa marca de óculos superfamosa e consegui esperar 42 segundos antes de fazer minha primeira piada, o que arrancou risadas da plateia. Depois fiz outra piada, que foi um fracasso, e dá para ver que estou nervoso em vários momentos, mas no geral a palestra foi boa. Nos cinco anos seguintes, fui convidado outras três vezes para subir ao palco vermelho do TED, e Darth Vader fez apenas uma aparição rápida.

Após cada palestra, pergunto aos organizadores em que pontos posso melhorar. Isso me lembra que nem todos os conselhos são iguais, e quanto mais sugestões reunimos, mais importante se torna a filtragem. Como saber em que fontes podemos confiar, afinal?

QUE A FONTE ESTEJA COM VOCÊ[26]

Após se candidatar para universidades, Mellody Hobson descobriu, empolgada, que tinha sido aceita em Harvard e Princeton. Numa tentativa de conquistá-la, Princeton a convidou para um café da manhã com ex-alunos ilustres. Ela se sentou ao lado de Bill Bradley, ex-astro da NBA e então senador norte-americano. Bill foi cativado pela curiosidade de Mellody, que o bombardeava com perguntas, e acabou se tornando seu mentor.

Certo dia, durante um almoço, Bill ofereceu a Mellody algumas críticas contundentes. Ele explicou que, na época em que jogava basquete, tinha visto jogadores talentosos arremessarem todas as bolas possíveis em vez de passá-las para um companheiro de equipe. Mellody costumava dominar o ambiente e, se não tomasse cuidado, acabaria se tornando uma fominha. Os olhos de Mellody se encheram de lágrimas nessa hora.

Não há problema algum em ficar chateado ao ouvir uma crítica. Isso mostra que você a leva a sério. Não é sinal de fraqueza nem de indignação – contanto que você não deixe seu ego prejudicar seu aprendizado.

O segredo para ser uma esponja é identificar quais informações devem ser absorvidas e quais podem ser filtradas. É uma questão de saber em quais orientadores confiar. Gosto de dividir a confiança em três componentes: cuidado, credibilidade e familiaridade.

EM QUAIS FONTES PODEMOS CONFIAR

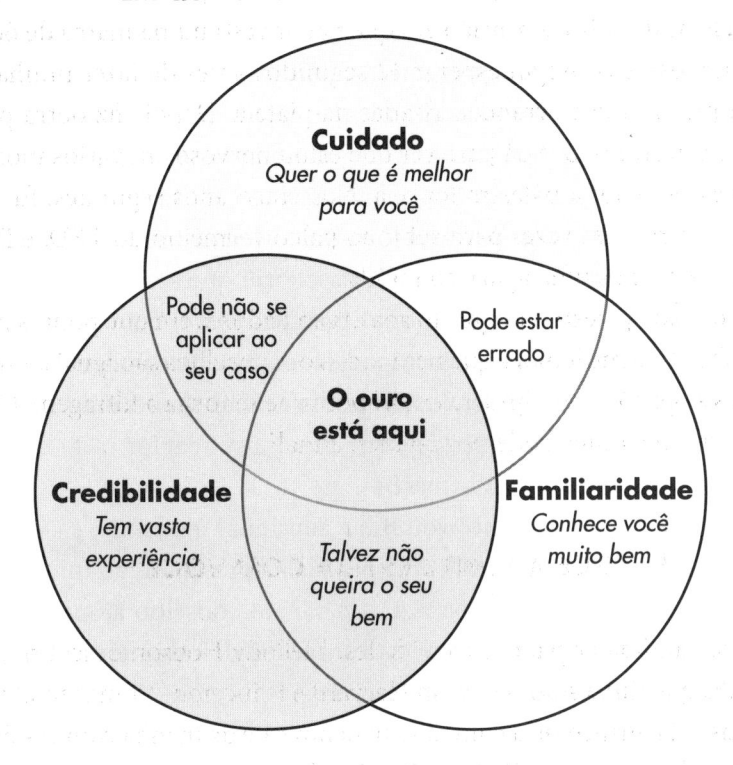

Cuidado
Quer o que é melhor para você

Pode não se aplicar ao seu caso

Pode estar errado

O ouro está aqui

Credibilidade
Tem vasta experiência

Talvez não queira o seu bem

Familiaridade
Conhece você muito bem

Se a pessoa que oferece o conselho não se importa com você, não vale a pena se importar com a reação dela. Se não for qualificada para julgar seu desempenho nem for próxima o suficiente para enxergar seu potencial, você pode ignorar suas opiniões e provar que ela está errada. Entretanto, se ela se importa com você, domina o assunto e conhece suas habilidades, então as críticas que ela fizer terão o objetivo de ajudar você a melhorar. Isso não significa que você precisa aceitar todas as críticas negativas que ela oferecer. Você também não precisa concordar com elas para aprender alguma coisa. Só de tentar compreender o ponto de vista da outra pessoa, você já entende o que precisa fazer para receber um feedback diferente da próxima vez.

À medida que processava o conselho de Bill Bradley para que ela não se tornasse uma fominha, Mellody lembrou que ele não era obrigado a lhe oferecer feedback. Ela pensou: *Se eu chorar agora, ele nunca mais vai me dizer nada.* Ela entendeu que ele estava sendo rigoroso porque acreditava no potencial dela e queria ajudá-la a crescer. A credibilidade de Bill também era indiscutível: fosse pelo seu passado no basquete, fosse pelo seu presente na política, ele sabia identificar um fominha. E também havia muita identificação entre os dois: aquela relação de mentoria permitia que ele compreendesse as habilidades e os defeitos dela.

Em vez de deixar as lágrimas jorrarem, Mellody continuou pedindo conselhos sobre como melhorar. Ela descobriu que ser fominha não era tanto uma fraqueza, mas um ponto positivo usado com exagero – ou usado da maneira errada. Sua capacidade absortiva podia dominar o espaço e sua busca de aprendizado podia acabar silenciando a voz dos outros sem querer. Ela entendeu que precisava adaptar o modo como expressava sua sede por informações.

A reação de Mellody motivou Bill a continuar ajudando, e a conexão entre eles se aprofundou. Anos depois, ele a apresentou ao fundador da Starbucks, que a convidou para participar do conselho administrativo. Foi Bill quem a levou até o altar na cerimônia de casamento, e Mellody diz que ele é o pai que ela nunca teve.

Muita gente acaba não aproveitando críticas construtivas porque se ofende facilmente e não se esforça para mudar. Mellody decidiu fazer o oposto: disse a si mesma que pessoas de sucesso se adaptam. Ela faria questão de demonstrar interesse pelas outras pessoas e usar sua capacidade absortiva para fazer perguntas e descobrir mais sobre elas. Assim como seus orientadores tinham feito, ela ajudaria os outros a crescer, mesmo que precisasse ser dura. Isso se tornou seu ponto forte. Entre os membros do conselho, Mellody ganhou a reputação de ser aquela que desafiava todos a pensar de modo mais abrangente e profundo, uma mentora que nunca hesitava em falar a verdade. E eu sou prova viva disso.

Recentemente Mellody estava na plateia ouvindo uma palestra minha. Ao fim da apresentação, enquanto outros ouvintes me faziam elogios genéricos, eu soube que Mellody teria algo mais a me oferecer. Dito e feito: quando fui atrás dela, ela me mostrou suas anotações. O que aprendi de mais valioso com ela foi que eu precisava conectar melhor os tópicos para que a plateia não se perdesse na mensagem. Ela não estava lá apenas para absorver e aplicar as informações à própria vida – ela queria se certificar de que todo mundo absorvesse e aplicasse as informações também. E essa é a qualidade que mais admiro nas esponjas.

———

Em algum momento do passado, esponjas marinhas criaram sua própria árvore evolutiva.[27] Nós não descendemos delas, mas nem por isso não podemos considerá-las boas ancestrais.

Conforme fui aprofundando meu conhecimento sobre esponjas marinhas, fiquei fascinado ao descobrir algo ainda mais incrível do que sua capacidade de absorção: elas também têm enorme capacidade de criar. Esponjas marinhas não apenas expurgam toxinas; elas também produzem substâncias bioquímicas que protegem e promovem a vida, com propriedades anticancerígenas, antibacterianas, antivirais e anti-inflamatórias.[28] Substâncias de uma esponja marinha caribenha permitiram avanços nos tratamentos de HIV, herpes e leucemia. Compostos de uma esponja marinha japonesa foram transformados num medicamento de quimioterapia que prolongou a vida de mulheres com câncer de mama em estágio avançado ao impedir a divisão celular. E um peptídeo de uma esponja marinha da Antártida se mostra promissor para o tratamento da malária.

Apesar dessas descobertas recentes, o maior impacto das esponjas marinhas para a vida pode ter acontecido meio bilhão de anos atrás.[29] Por décadas, cientistas acreditaram que novas espécies animais surgiram conforme o nível de oxigênio foi aumentando nos oceanos. Evidências mais recentes sugerem que, na verdade, as esponjas marinhas ajudaram nesse processo. Ao filtrar a matéria orgânica da água, elas ajudaram a gerar oxigênio nos mares, permitindo que outros animais evoluíssem. Isso significa que as esponjas podem ser parcialmente responsáveis por toda a vida complexa que conhecemos. Se não fosse pelas esponjas, talvez a espécie humana nem sequer existisse.

Ser esponja não é apenas uma habilidade proativa – é uma habilidade social. Usada do jeito certo, ela não se limita a absorver nutrientes que nos ajudam a crescer. Ela nos leva a liberar nutrientes que ajudam os outros a crescer também.

CAPÍTULO 3

Imperfeccionistas

Como achar o equilíbrio entre ser falho e ser infalível

Há uma rachadura, uma rachadura em tudo.
É por ela que a luz entra.
– LEONARD COHEN[1]

Quando ficou sabendo do terremoto que abalava seu lar no Japão, Tadao Ando estava a meio mundo de distância.[2] Com o coração apertado, correu para o aeroporto e pegou o primeiro voo para sair da Europa. Na embarcação rumo à cidade de Kobe, cada segundo parecia durar uma eternidade. Não era a preocupação com sua casa que dominava os pensamentos de Ando. Ele queria ver se a comunidade estava segura. Os habitantes locais tinham confiado nele para projetar vários de seus edifícios, desde um condomínio de casas numa colina íngreme até um templo budista.

Ando tinha bons motivos para estar nervoso. Ele não era arquiteto de formação. Nascido numa família pobre no começo da década de 1940, fora criado pela avó numa *nagaya* – uma casa geminada pequena, de um andar, feita de madeira. As janelas quebradas os faziam tremer nos invernos gelados, e Ando fugia para a pequena oficina de carpintaria do outro lado da rua. Ele passou inúmeras tardes e noites construindo barcos de madeira, soprando vidro e moldando metal. Seu sonho era criar as próprias construções.

Sem recursos financeiros para cursar uma faculdade, Ando resolveu aprender arquitetura sozinho. Enquanto fazia bicos para pagar o aluguel, ele analisava as estruturas ao seu redor. Pegava livros de arquitetura emprestado com os amigos e lia sobre a evolução de materiais, técnicas e estilos. Desenvolvia suas técnicas de desenho ao traçar plantas de prédios por cima do papel até as páginas ficarem pretas.

Com o tempo, Ando conseguiu obter sua licença de arquitetura por conta própria. Quando o terremoto atingiu Kobe em 1995, havia lá dezenas de construções locais projetadas por ele – sobre uma falha geológica ativa. Tragicamente, quando os tremores cessaram por completo, mais de 6 mil pessoas tinham perdido a vida. Bairros inteiros foram destruídos e mais de 200 mil edificações ficaram em ruínas.

Ao chegar com o coração partido, Ando analisou a destruição com tristeza. Caminhou por ruas que tinham se partido ao meio e abriu caminho por cabos elétricos que ainda pegavam fogo. Subiu pelos destroços de prédios de dez andares que tinham desabado. O mais impressionante foi que nenhum dos 35 projetos de Ando havia caído. Ao inspecioná-los, ele não encontrou uma única rachadura visível.

Tadao Ando é o único arquiteto ganhador de todos os quatro prêmios mais prestigiosos da área. Conhecido como um mestre da luz e do concreto, é reverenciado por ser um pioneiro do minimalismo, de estruturas firmes – desde casas a templos e museus – que amplificam o mundo natural ao redor. Seus prédios foram descritos como à prova de terremotos e seus projetos já foram chamados de *haikus* visuais.

Quando parei para pensar nas qualidades de um grande arquiteto, o primeiro atributo que me veio à mente foi o perfeccionismo. É preciso ter uma atenção meticulosa aos detalhes para criar uma obra-prima estética – que dirá uma estrutura capaz de resistir a terremotos. Sem a obstinação de planejar todos os elementos do jeito exato, o projeto será falho e a construção poderá desabar. Mas então descobri que, para não abrir mão do essencial, um arquiteto precisa abrir mão de outras coisas. E todo mundo me dizia que ninguém fazia isso tão bem quanto Tadao Ando.

Ele é admirado por sua capacidade de transformar os espaços mais desafiadores com os orçamentos mais limitados. E só consegue fazer isso porque rejeita por completo a ideia de perfeccionismo. Ando sabe que, para ser disciplinado em certos aspectos, precisa se desapegar de outros. Uma de suas especialidades é ter a disciplina de decidir quando insistir no melhor e quando se acomodar com o satisfatório. Para ele, isso frequentemente significa priorizar a durabilidade e o design em detrimento do conforto. Seu estilo característico é meticuloso na forma, porém menos exato na funcionalidade.

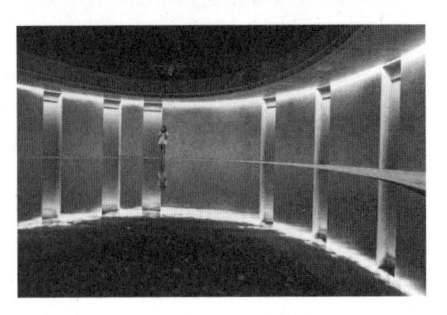

Quando Ando projetou sua segunda casa, o terreno inteiro tinha menos de 20 metros quadrados. Por conta das limitações do espaço, mesmo que ele quisesse alcançar a perfeição, isso seria impossível. Ele teve que se contentar com um projeto com algumas falhas básicas. Construiu uma caixa de concreto minúscula sem janelas – havia apenas uma claraboia no teto. "Após satisfazer as condições mínimas de ventilação, iluminação e exposição à luz solar", refletiu Ando, "concluí que a questão da funcionalidade poderia ficar a cargo do morador".

Para passar de um dormitório para outro, era preciso atravessar um pátio sem teto e enfrentar as condições climáticas. Em dias chuvosos, seria preciso andar de guarda-chuva dentro da própria casa. Quando o projeto foi enviado para um prêmio de arquitetura, um avaliador escreveu: "O prêmio deveria ser oferecido ao corajoso que mora e sobrevive nesse ambiente."

Ando aceitou essas limitações porque não estava disposto a sacrificar sua visão de guerrilha urbana. Ele queria criar um oásis bem projetado, resistente, no meio de uma metrópole. Ao fechar as paredes para o mundo exterior, ele protegia o lar da feiura e da agitação. Ao abrir um pátio interior para o céu, ele conectava a casa com o esplendor e a simplicidade da natureza. Apesar de suas falhas, a casinha ganhou um prêmio importante e impulsionou sua carreira.

Costumamos associar talento estético e técnico à gana por resultados impecáveis. Só que, conforme fui estudando os hábitos de grandes designers, dançarinos e saltadores, passei a entender que a revelação de potenciais ocultos não tem a ver com buscar a perfeição. Tolerar falhas não é apenas uma necessidade para os novatos – faz parte de se tornar expert e permanecer dominando um assunto. Quanto mais evoluímos, mais entendemos quais falhas são aceitáveis.

ONDE PECAM OS MELHORES DA TURMA

Quando eu era garoto, minha mãe sempre dizia que não se importava com as notas que eu tirava na escola; contanto que eu fizesse o melhor possível, ela se orgulharia de mim. E então acrescentava: "Mas, se você não tirar dez, vou *saber* que não fez o melhor possível." Ela falava isso com um sorriso, mas eu a levava a sério: qualquer coisa aquém da perfeição seria inconcebível.

É normal querer o sucesso e fugir do fracasso. Imagino que ninguém queira encarar uma cirurgia com um cardiologista que se contente em fazer um trabalho mediano. Só que o perfeccionismo leva as expectativas a outro nível.[3] Não estou falando sobre o clichê que as pessoas usam em entrevistas de emprego: *Meu maior defeito é ser perfeccionista demais.* Vai muito além disso.

O perfeccionismo é o desejo de ser impecável. O objetivo é não ter defeito algum: nenhum erro, nenhum ponto fraco, nenhum fracasso. É o meu colega de faculdade que era tão fascinado pelo próprio desempenho no vestibular que seu e-mail era PasseiEmTodas. São os estudantes que continuam exibindo seus CRs perfeitos nos currículos e nos perfis do LinkedIn quando já faz dez anos que se formaram. São os amigos que parecem ter uma vida perfeita nas redes sociais, mas escondem suas cicatrizes físicas e emocionais por sentirem vergonha delas.

Há fortes evidências de que o perfeccionismo está aumentando há anos nos Estados Unidos, no Reino Unido e no Canadá.[4] As redes sociais obviamente não ajudam, mas o crescimento começou na década de 1990 – uma geração antes de qualquer um começar a postar fotografias retocadas no Instagram. Num mundo cada vez mais competitivo, os jovens são pressionados pelos pais a serem perfeitos e recebem duras críticas quando não conseguem alcançar esse ideal.[5] Aprendem a avaliar seu valor pela ausência de imperfeições. Cada falha é um golpe contra sua autoestima.[6] Eu mesmo já passei por isso.

Quando venci uma competição de perguntas e respostas sobre os grandes exploradores do mundo no quinto ano, fiquei me martirizando por ter errado uma questão. *Como pude esquecer que a rota marítima para as Índias foi descoberta por Vasco da Gama e não por Fernão de Magalhães?* Quando cheguei à última etapa de um torneio de Mortal Kombat e ganhei entradas vitalícias para um cinema local, não comemorei. *Ficar em terceiro lugar é perder duas vezes.* Quando tirei a nota mais alta num teste de matemática, fiquei decepcionado. *Só 9,8? Não é o bastante.*

Perfeccionistas são ótimos em solucionar problemas práticos e familiares. Na escola, gabaritam provas de múltipla escolha que têm uma única resposta correta e questões discursivas que lhes permitem regurgitar fatos que decoraram: *O remembramento das obras arquitetônicas de mármore de Michelangelo era lapidado em arenito pietra serena cinza-azulado.* Essa frase permaneceu entalhada no meu cérebro após o fim de semana que passei estudando para uma prova no primeiro ano da faculdade, e não tenho a menor ideia do que significava.

O mundo real é bem mais ambíguo que isso. Depois que deixamos para trás a bolha previsível e controlável das avaliações acadêmicas, o desejo de encontrar a resposta "correta" pode sair pela culatra. Numa metanálise, a correlação média entre perfeccionismo e desempenho no trabalho foi zero. Quando se trata de dominar suas tarefas, os perfeccionistas não tiveram resultados melhores que os de seus colegas.[7] Às vezes foram até piores. As habilidades e tendências que motivam as pessoas a se destacar no ensino médio ou na faculdade podem não servir de muita coisa após a formatura.

Os profissionais que acabam se tornando excepcionais muitas vezes começam com boletins imperfeitos na escola. Um estudo sobre escultores renomados mostrou que o grupo era formado, em sua maioria, por estudantes medianos. Dois terços haviam se formado na escola com média geral entre sete e oito.[8] Algo semelhante foi observado numa comparação entre os arquitetos mais influentes dos Estados Unidos e seus colegas menos ilustres. Os arquitetos famosos raramente tinham sido alunos incríveis: em geral, haviam terminado a faculdade com média abaixo de oito.[9] Seus colegas perfeccionistas tinham notas maravilhosas, mas no futuro acabariam construindo prédios nem tão maravilhosos assim.

Pesquisas revelam que, na busca por resultados impecáveis, os perfeccionistas tendem a cometer três erros.[10] O primeiro: ficam obcecados por detalhes que não têm importância. Encontrar a solução certa para problemas minúsculos toma tanto seu tempo que lhes falta disciplina para encontrar os problemas que de fato precisam ser resolvidos. Eles não conseguem enxergar a questão como um todo. O segundo: fogem de situações novas e de tarefas difíceis que possam levar ao fracasso. Isso faz com que permaneçam refinando um conjunto limitado de habilidades que já possuem em vez de tentar desenvolver outras. O terceiro: martirizam-se por cometer erros, o que faz com que tenham mais dificuldade para aprender com eles. Falta a compreensão de que o propósito de analisar nossos erros não é envergonhar nosso eu do passado; é educar nosso eu do futuro.

A ESPIRAL DO PERFECCIONISMO

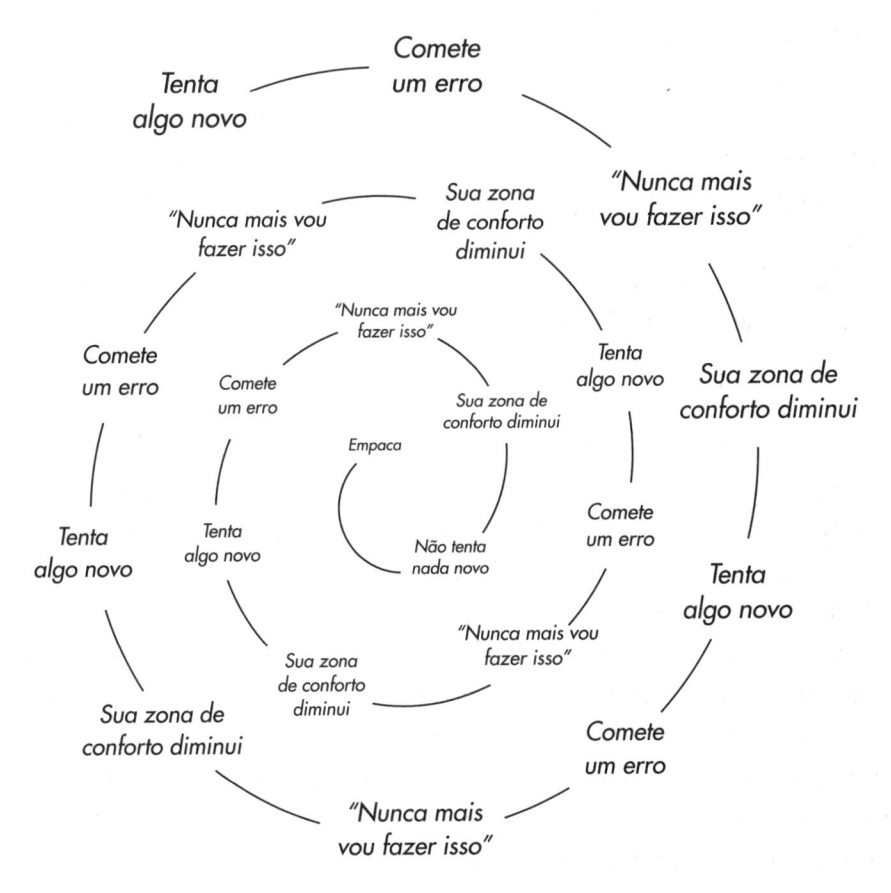

Tenta algo novo → Comete um erro → "Nunca mais vou fazer isso" → Sua zona de conforto diminui → Tenta algo novo → Comete um erro → "Nunca mais vou fazer isso" → Sua zona de conforto diminui → Tenta algo novo → Comete um erro → "Nunca mais vou fazer isso" → Sua zona de conforto diminui → Tenta algo novo → Comete um erro → "Nunca mais vou fazer isso" → Sua zona de conforto diminui → Empaca → Não tenta nada novo

Se o perfeccionismo fosse um medicamento, a bula nos alertaria sobre efeitos colaterais comuns. *Aviso: pode prevenir o crescimento.* O perfeccionismo nos prende numa espiral de visão limitada e repulsa por erros: ele nos impede de enxergar problemas mais graves e nos especializa em habilidades cada vez mais restritas.

Mesmo que você não se considere um perfeccionista, é provável que já tenha agido assim em tarefas que considera importantes. Todos já sentimos a necessidade de continuar revisando e aprimorando trabalhos significativos até ficarem do jeito que queremos. Mas, para percorrer grandes distâncias, precisamos reconhecer que a perfeição é uma miragem – e aprender a tolerar certas imperfeições.

POSSIBILIDADES CONCRETAS

Reza a lenda que, certa vez, um rapaz procurou um mestre para lhe ensinar sobre a cerimônia do chá japonesa. O mestre o testou pedindo que limpasse um jardim. O rapaz removeu as ervas daninhas e varreu as folhas até o terreno ficar imaculado. Após analisar seu trabalho impecável, o jovem achou que ainda faltava algo. Foi até uma cerejeira e a sacudiu, derrubando algumas pétalas no chão. Ao encontrar a beleza na imperfeição, ele mostrou que estava pronto para se tornar mestre.[11]

Essa lenda data do século XVI, quando a cerimônia do chá japonesa passou por uma mudança drástica. Pratos primorosos foram trocados por tigelas lascadas. Bebidas passaram a ser servidas numa louça gasta e velha. Chamavam essa prática de *wabi sabi*.

Wabi sabi é a arte de honrar a beleza na imperfeição. Não se trata de criar imperfeições intencionais, mas de aceitar que falhas são inevitáveis e reconhecer que elas não impedem que algo se torne sublime. Esse foi um tema dominante na arquitetura e na vida de Tadao Ando. Ele é um imperfeccionista: é seletivo sobre as coisas que decide fazer bem.

Se você perguntar a Ando sobre sua época de escola, ele contará que seu desempenho acadêmico não era lá essas coisas. Ele estava perfeitamente disposto a aceitar suas notas imperfeitas. Apesar de sua paixão pelo assunto, ele não se deu bem nem na matéria de arquitetura que estudou no ensino médio. Mesmo se conseguisse bancar as mensalidades, suas notas não eram altas o bastante para que entrasse na faculdade de arquitetura. Então ele se tornou boxeador profissional.

O conforto de Ando com a imperfeição se tornou ainda mais consolidado no ringue. Durante as lutas, desempenhos impecáveis não existem – ele levaria um soco. Se quisesse vencer, não poderia ficar emaranhado nos detalhes, esconder suas fraquezas ou fugir de desafios. Não havia necessidade de ficar se torturando: os golpes de seus oponentes já seriam tortura suficiente. Se quisesse proteger o rosto e a cabeça, precisaria deixar o corpo exposto e aceitar alguns socos. "No boxe, precisamos entrar em perigo para tirar toda vantagem possível das nossas habilidades e vencer a luta", observa Ando. "Novos projetos de construção exigem a mesma mentalidade. [...] Dar um passo extra rumo ao desconhecido é fundamental."

Após dois anos, Ando largou o boxe. Começou a estudar arquitetura por conta própria e aprimorou sua visão. Seu objetivo não era alcançar a perfeição, mas o "perfeitamente aceitável". Ele escolheu construir paredes de concreto – um material que seus colegas evitavam pelas limitações estéticas. O concreto o atraía por sua dureza e sua "aspereza intricada". Como o orçamento dos seus primeiros projetos não permitia acabamentos, ele precisou deixar o material exposto.

O concreto à mostra se tornou a assinatura de Ando. Há imperfeições visíveis em todas as paredes. É possível ver linhas de ligações e buracos apenas parcialmente cobertos com cimento. Para garantir que isso não tirasse o foco da beleza ao redor, ele alisava cuidadosamente o concreto até que parecesse seda ou casimira. Como um empreiteiro observou, Ando queria que o concreto "vibrasse até parecer manteiga". O material permanecia imperfeito aos olhos, mas se tornava aceitável após ficar perfeitamente liso ao toque.

Essas marcantes paredes de concreto são exibidas de forma vívida na Igreja da Luz, um dos projetos mais famosos de Ando. Ele ancorou o design naquilo que a maioria dos arquitetos consideraria um defeito óbvio: os espaços no concreto que deixam a parede traseira aberta para o exterior. Porém eles têm um propósito deslumbrante: permitem que a luz entre e brilhe no formato de uma cruz. Depois que a administração da igreja se queixou do vento frio que entrava pelas frestas, Ando propôs um meio-termo e instalou vidro nas aberturas. Ele ainda espera conseguir removê-lo um dia, brincando que, durante suas visitas ao local, os padres sempre imploram: "Nada de tirar o vidro, por favor."

Wabi sabi é uma habilidade de caráter. É algo que nos oferece a disciplina para mudar o foco de ideais impossíveis para padrões alcançáveis – e então ajustar esses padrões com o tempo. Só que encontrar beleza na imperfeição costuma ser mais fácil na teoria do que na prática. Como um perfeccionista em recuperação, sei muito bem disso.

A BUSCA PELAS IMPERFEIÇÕES CERTAS

Ao me ver desperdiçar as férias de verão trancado em casa jogando videogame, minha mãe me arrastou para a piscina comunitária. Enquanto eu olhava o horizonte, vi um salva-vidas andar pelo trampolim com rara graciosidade. Ele pulou, encolheu o corpo numa bola e girou no ar. Após dois giros e um mergulho, desapareceu na água sem espirrar uma gota. Fiquei fascinado.

Passei o restante do verão aprendendo alguns saltos ornamentais básicos e apareci na prova de seleção para a equipe da escola no outono, no meu primeiro ano do ensino médio. O técnico da equipe, Eric Best, acabaria treinando vários medalhistas olímpicos. Eric disse que tinha uma notícia boa e outra ruim para me dar. A ruim: o salto ornamental exigia graciosidade, flexibilidade e uma força explosiva. Eu andava feito o Frankenstein, não conseguia encostar nos meus pés sem dobrar os joelhos e até a avó dele pulava mais alto que eu. *Eu ouvi errado ou você disse que tinha uma notícia boa?*

Havia, sim, uma notícia boa: Eric não se importava com meu fraco desempenho. Ele jamais desencorajaria alguém que quisesse saltar. E o salto ornamental era um esporte de nerds – atraía atletas que não tinham tamanho, velocidade nem força para participar de esportes mais populares. Ele previu que, se eu me esforçasse, poderia chegar ao pódio do campeonato estadual no meu último ano na escola.

Isso me deu ânimo. Apesar de só fazer saltos de principiante, eu estava determinado a acertá-los. Quando precisava dar a vez para alguém, eu implorava: "Só mais um!" No fim do treino, Eric precisava me expulsar da piscina. Eu não queria sair de lá até eliminar todos os defeitos.

Saltos ornamentais são avaliados segundo um ideal de perfeição. Todos os defeitos podem ser subtraídos da nossa nota. Pontos são perdidos porque giramos pouco ou giramos demais, porque terminamos muito perto ou muito longe do trampolim, porque não tocamos os dedos do pé, porque esticamos os dedos do pé e até porque espirramos um pouquinho de água. O objetivo é fazer uma saída perfeita, uma execução perfeita e uma entrada perfeita.

Achei que meu perfeccionismo seria uma vantagem, mas acabou sendo um defeito. Passei horas tentando eliminar gotinhas minúsculas da minha entrada na água em vez de encarar o obstáculo maior de melhorar meu salto vertical mixuruca. E, além de me concentrar nas questões erradas, minha hesitação também era um problema.

Eu começava o movimento, caminhava pelo trampolim e pulava quando chegava à ponta. Só que, antes da saída, eu parava. Minha lista de desculpas era imensa. Eu estava curvado demais para a frente ou para trás. Estava rápido ou lento demais para o ritmo do trampolim. Estava meio inclinado para a esquerda ou para a direita. Eu era como Cachinhos Dourados: queria que tudo estivesse do jeito certo.

Minha hesitação ficava especialmente feroz quando chegava a hora de tentar saltos novos. Em certo treino, andei de um lado para outro do trampolim por 45 minutos sem fazer nem uma única tentativa. Paralisado ali, não apenas perdi tempo – paralisei meu progresso também. Eu não conseguia aprender saltos difíceis e só fazia melhorias minúsculas nos fáceis. Era preciso superar meu perfeccionismo.*

QUANDO FAÇO ALGO DIREITO

MANDEI BEM.

QUANDO COMETO UM ERRO BOBO

POR QUE EU SOU ASSIM NUNCA CONSIGO FAZER NADA QUE DESEJO ESSA FOI A PIOR COISA DO MUNDO E ACONTECEU O QUE SEMPRE ACONTECE O QUE VAI SER DE MIM E DA MINHA CARREIRA SERÁ QUE NUNCA VOU FAZER NADA CERTO AONDE QUERO CHEGAR QUEM SOU EU E SERÁ QUE ALGUM DIA VOU CONQUISTAR ALGUMA COISA

LIZ FOSSLIEN

Mas como podemos mudar? Perfeccionistas não sabem ser de outra maneira. Mesmo que você não seja um deles, quando se importa com um objetivo, é difícil ter a disciplina de escolher o que priorizar, o que minimizar, quando parar e como aceitar as falhas inevitáveis.

Evidências mostram que o que impulsiona o crescimento é ter padrões pessoais elevados, e não buscar a perfeição.[13] Muitas pessoas in-

---

* Perfeccionistas também correm mais risco de sofrer bloqueios mentais. Pense em quando Simone Biles se distraiu no meio do ar em Tóquio. Ginastas e mergulhadores chamam isso de *twisties*, quando o corpo subitamente deixa de executar movimentos que o cérebro está acostumado a fazer de maneira automática. Esportes diferentes usam nomes diferentes – *síndrome do movimento perdido* na ginástica de trampolim e *yips* no golfe e no beisebol. Pesquisas preliminares sugerem que esse bloqueio mental é mais comum entre perfeccionistas, que são mais propensos a sofrer pressão e ansiedade por seu desempenho, o que desativa o piloto automático e distorce a memória muscular.[12] Isso aconteceu comigo uma vez, durante um salto que eu praticava havia anos – um salto parafuso com uma volta e meia. Em vez de mergulhar de cabeça, acabei batendo as costas na água, virado na direção oposta, depois de fazer um giro extra que não tinha a menor intenção nem consciência de fazer. Apesar de só ter acertado a água, foi apavorante.

terpretam isso como um conselho para deixar de *ser o melhor* e passar a *fazer o melhor*. Só que almejar o melhor talvez não seja a saída. Em centenas de experimentos, as pessoas que são incentivadas a fazer o melhor têm um desempenho pior – e aprendem menos – do que aquelas que são aleatoriamente incumbidas de objetivos específicos e difíceis.[14]

Fazer o melhor é a cura errada para o perfeccionismo. O alvo acaba se tornando ambíguo demais para canalizarmos nosso esforço e avaliarmos condições favoráveis. Não sabemos qual é nosso objetivo nem se estamos fazendo progresso. A arma ideal contra o perfeccionismo é uma meta precisa e desafiadora. Ela concentra nossa atenção nos atos mais importantes e nos mostra quando chegamos a um bom resultado.

Eric me explicou que quem rasga elogios sobre saltos perfeitos comete um erro: não existe salto perfeito. Mesmo nas Olimpíadas, uma nota dez não significa perfeição – significa excelência. Ele me ensinou a arte do *wabi sabi*.

A lição causou impacto em mim: eu não precisava ser perfeito. Só precisava ter um objetivo claro e ambicioso. Eric me ajudou a determinar metas para cada salto, testando minhas habilidades. No meu salto básico de praxe, o carpado para a frente, começamos a almejar uma nota 6,5. Por outro lado, no meu salto mais complicado, uma virada trêmula com um parafuso, eu só precisava tirar cinco. E, se eu estivesse aprendendo um salto novo, ficaríamos satisfeitos com qualquer nota diferente de zero. Em outras palavras, eu não seria um fracasso completo: executaria o salto. Sempre que eu saía da água, Eric me dava uma nota. Então sugeria alguma alteração e me lembrava que, se eu quisesse chegar mais perto de acertar, precisava sentir o que estava errado.

Parei de tentar encontrar a abordagem perfeita e comecei a aceitar a primeira que parecia boa o bastante. Parei de fugir de saltos difíceis e comecei a testar os limites das minhas habilidades – em poucos anos, eu já conseguia fazer dois parafusos completos antes de mergulhar. Parei de me criticar por fracassos passados e me concentrei no progresso recente. *Pelo menos tentei*. Numa festa da equipe, os capitães me deram o "Prêmio Se". Eles me presentearam com um desenho no qual eu dizia: "Se eu tivesse esticado o mindinho do pé esquerdo naquela entrada, teria recebido 8,5 em vez de 8."

Quando eu não fazia o melhor possível, ainda me sentia frustrado. Quando um saltador diz que teve um dia ruim, Eric gosta de lhe fazer duas perguntas: Você se permitiu melhorar hoje? Você ajudou alguém a melhorar hoje? Se a resposta for sim para qualquer uma das perguntas, o dia foi bom. *Eric Best até pode ser o "melhor" no sobrenome, mas seu objetivo é melhorar.*

Aprendi que, mesmo quando eu não estava satisfeito com meus saltos, havia uma versão de mim que poderia ficar. Há outra técnica que me ajudou a abandonar o perfeccionismo. Na psicologia, ela é conhecida como viagem mental no tempo.[15] Sim, isso existe.

Com conquistas, as expectativas tendem a aumentar. Quanto melhor é nosso desempenho, mais exigimos de nós mesmos e menos percebemos as melhorias graduais. Para apreciar nossos avanços, precisamos lembrar como nossa versão passada encararia nossas conquistas de hoje. Se você soubesse há cinco anos o que conquistaria agora, ficaria orgulhoso?

O garoto de 14 anos que mal conseguia saltar ficaria maravilhado com o progresso que fiz em pouco tempo. Comecei a ver vídeos dos meus primeiros saltos ornamentais e isso eliminou minha vergonha e marcou meu crescimento.

Quando nos martirizamos, não nos tornamos mais fortes; ficamos apenas magoados. Ser gentil consigo mesmo não é ignorar seus pontos fracos, mas se dar permissão para aprender com as decepções. Nós nos desenvolvemos ao aceitar nossas falhas, não ao nos punirmos por elas.

Perfeccionistas costumam achar que um único erro fará deles um fracasso.[16] Mas acredite na conclusão de oito estudos: as pessoas não julgam sua competência com base em uma performance.[17] Isso se chama *efeito das deduções exageradas*. Se você queimar uma refeição, as pessoas raramente vão concluir que é péssimo na cozinha. Se esquecer o dedo em cima da lente da câmera, não vão concluir que você é um péssimo fotógrafo. As pessoas sabem que foi uma falha momentânea.

No fim das contas, ao avaliar as habilidades dos outros, as pessoas dão mais importância aos pontos altos do que aos baixos.[18] Mesmo que você tenha visto Serena Williams queimar o saque várias vezes seguidas, reconheceria a excelência dela ao testemunhar apenas um dos seus aces. Quando Steve Jobs fracassou com o Apple Lisa, manteve a fama de visionário por suas façanhas com o Mac. E julgamos a genialidade de Shakespeare por suas obras-primas (como *Hamlet* e *Rei Lear*), esquecendo suas peças menos impactantes (estou falando de vocês, *Tímon de Atenas* e *As alegres comadres de Windsor*). As pessoas julgam nosso potencial por nossos melhores momentos, não pelos piores. E se você se tratasse com essa mesma benevolência?

No salto ornamental, meu desempenho tinha claras limitações. Nunca cheguei nem perto de me classificar para a equipe olímpica, mas consegui superar meus objetivos. Antes de terminar o ensino médio, entrei para a lista de melhores saltadores da minha faixa etária e me classifiquei duas vezes para o torneio nacional. Apesar disso, meu momento de maior orgulho foi ouvir Eric dizer que eu tinha ido mais longe, com menos talento, do que qualquer outro saltador que ele havia treinado. Entendi que o sucesso não tem a ver com quanto nos aproximamos da perfeição, mas de quanto superamos pelo caminho.

O SHOW TEM QUE CONTINUAR

Nos esportes, a excelência é relativamente objetiva. O salto ornamental tem uma fórmula para graus de dificuldade e regras para a avaliação de performance. Acontece que, em muitas áreas, o sucesso é mais subjetivo. A bela extravagância de uma pessoa pode fazer de outra um patinho feio. Por isso nem sempre é fácil decidir quais imperfeições são aceitáveis.

No verão de 2002, mais de mil pessoas foram a um teatro de Chicago assistir à estreia de um musical. No primeiro ato, a plateia parecia tão triste e confusa que a criadora ficou com medo de todo mundo ir embora durante o intervalo. Sem piedade, o crítico teatral Michael Phillips descreveu o espetáculo como "difícil, caótico... loucamente desequilibrado... mal-elaborado".

O musical era criação de Twyla Tharp, mais conhecida por coreografar balés para Mikhail Baryshnikov e por danças para filmes como *Hair* e *Amadeus*.[19] Ela havia sonhado com um "extravagante espetáculo de dança de duas horas" com músicas de Billy Joel, sem diálogos. Após angariar 8,5 milhões de dólares para custear sua ideia, ela torcia para ter produzido um sucesso que finalmente seria lucrativo para os dançarinos – um grupo há muito desvalorizado no mundo das artes.

A grande estreia na Broadway estava por vir. As opiniões desanimadoras despertaram sérias dúvidas na cabeça de Tharp sobre a viabilidade do musical: "Eu não sabia se eu ou qualquer outra pessoa poderia fazer aquilo dar certo." Não estava claro se ela deveria repensar o enredo, acrescentar diálogos, desenvolver personagens ou remover canções. E quaisquer ajustes feitos teriam que ser aprendidos e ensaiados pelos artistas.

Apenas um mês após a desastrosa estreia, Tharp revelou uma nova versão do espetáculo no fim da temporada em Chicago. Quando o crítico Michael Phillips voltou, teve uma grata surpresa com as mudanças. Elas haviam tornado o espetáculo "mais compreensível e agradável", com "muitos momentos empolgantes", escreveu ele. "As alterações de Tharp aumentaram as chances de o musical fazer sucesso na Broadway." Ela não havia coreografado uma performance perfeita, mas as falhas tinham deixado de chamar mais atenção que os pontos fortes – graças à sua rápida guinada.

A guinada é um conceito popular no Vale do Silício, onde é comum dizerem que feito é melhor que perfeito. Para repetir sucessos e crescer em pouco tempo, empreendedores e engenheiros são aconselhados a criar um produto minimamente viável. Só que a excelência é um padrão mais elevado: para mim, significa almejar um produto minimamente amável.

Para criar um espetáculo minimamente amável, Tharp precisava descobrir o que as pessoas estavam detestando. Era a hora de ser uma esponja, só que ela não sabia em quais críticos ou comentários confiar. Ela precisava absorver e se adaptar a reações-chave enquanto filtrava o restante. Seu filho, Jesse, montou uma planilha para categorizar os comentários importantes por tema.

Pesquisas indicam que uma das melhores maneiras de avaliar o julgamento de outras pessoas é observar os pontos de convergência.[20] Se uma pessoa aponta uma questão, talvez ela não seja pertinente. Mas, se uma dúzia de pessoas comenta a mesma coisa, é mais provável que seja um problema objetivo. É quando vemos consistência nas críticas.

Tharp e o filho bolaram um filtro para encontrar a agulha no palheiro. Eles estipularam que qualquer questão levantada por mais de dois críticos não seria uma questão de gosto – mas de controle de qualidade. "No fim das contas, os críticos foram muito úteis", lembra Tharp, com bom humor, "fui ajudada por aqueles coraçõezinhos de pedra".

A planilha revelou que havia reclamações recorrentes sobre o primeiro ato, mas não sobre o segundo. Tharp estava sendo ambiciosa demais. Uma espectadora ficou tão atordoada com o excesso de estímulo que cobriu os olhos durante uma música e os ouvidos na canção seguinte. Tharp precisava resolver aquilo e sabia que o tempo estava acabando. "Eu não precisava da solução perfeita para cada problema, mas precisava de uma solução prática – de muitas delas."

UM PRODUTO MINIMAMENTE AMÁVEL

Aperfeiçoar o espetáculo exigiria que Tharp colocasse a mão na massa e intercalasse diálogos entre músicas e números de dança. Mas ela era uma imperfeccionista – seu objetivo era a excelência, não a perfeição. Para conseguir algo minimamente amável, precisava apenas simplificar a história, desenvolver os personagens e lidar com expectativas. Ela fez isso com um acréscimo simples, familiar para os fãs de musicais: um prólogo.

Acrescentar um prólogo significava coreografar um novo número de abertura em questão de dias. Em vez de se digladiar para elaborar uma dança perfeita do zero, ela pegou emprestada uma de suas próprias criações. Seu designer de produção notou semelhanças incríveis entre algumas das batidas de Billy Joel e uma coreografia que Tharp havia criado para outro espetáculo décadas antes. Foram necessárias apenas algumas horas para Tharp ensinar os movimentos reciclados para mais de vinte dançarinos. Agora eles tinham uma abertura que apresentava os personagens e era visualmente deslumbrante. Na primavera seguinte, *Movin' Out* foi indicada para dez prêmios Tony, e Tharp ganhou por melhor coreografia. Ela havia encontrado o *wabi sabi*: a plateia e os críticos entenderam que um belo musical de dança podia ter uma história imperfeita como pano de fundo.

Identificar as imperfeições que necessitam de ajustes não precisa ser uma batalha de última hora. Hoje em dia, Twyla Tharp prefere não deixar seu destino nas mãos de críticos com coraçõezinhos de pedra. Depois de iniciar um novo projeto, ela convida um pequeno grupo de pessoas para analisar o progresso do seu trabalho. Elas a ajudam a identificar e resolver os problemas que não consegue enxergar. Mas essas pessoas não são apenas orientadoras – são juízas. O papel delas é avaliar se Tharp está seguindo por um caminho promissor. Ela acredita que todos nós deveríamos montar um comitê julgador para nos ajudar com o controle de qualidade. O meu é inspirado nos meus tempos de salto ornamental.

Depois que me aposentei como saltador, senti falta da clareza de saber a posição exata do meu desempenho no espectro entre fracasso e excelência. Resolvi que, após terminar o primeiro rascunho de um artigo ou capítulo de livro, eu o mandaria para um grupo de colegas em quem confiasse.

Tenho usado comitês julgadores para todos os meus projetos importantes há mais de uma década. Esses comitês não são estruturas permanentes; são andaimes temporários. Penso neles como workshops rápidos. Para cada projeto, reúno um grupo diferente de cinco a sete especialistas e leigos com habilidades que se complementam. O comitê se une, se desfaz e se transforma em algo relevante.

Meu primeiro pedido não é por feedbacks ou conselhos. É por uma nota. Peço a cada árbitro que avalie meu trabalho numa escala de zero a dez. Ninguém nunca dá dez. Então pergunto como posso me aproximar da nota máxima.

A meta da nota varia conforme minha habilidade e a importância da tarefa. Para um projeto como este livro, determino duas metas: um objetivo aspiracional (nove) e um resultado aceitável (oito).[21] Quando consigo uma nota oito unânime, sei que posso ficar satisfeito com meu progresso. *Mas se eu tivesse esticado o dedo mindinho do pé esquerdo naquela frase...*

Uma nota não é apenas uma informação – ela também motiva. Quando vários árbitros me dão nota abaixo de sete, isso os incentiva a dar conselhos e me incentiva a aprender. Nesses casos, sei que não vou poder me contentar com mudanças bobas – o trabalho vai precisar de uma recauchutagem geral. Nada me motiva mais do que receber um 4,5 no primeiro rascunho. Isso me ajuda a me preparar para o feedback e os conselhos que estão por vir. O meu favorito: *Não me deu vontade de virar a página.* Então continuo fazendo revisões até todos os árbitros me darem pelo menos um oito e alguns me oferecerem um nove. Isso é minimamente amável. Já aceitei que a vida é como o salto ornamental: se você tiver sorte suficiente de receber um dez, não será por perfeição, mas por excelência.

Precisamos tomar cuidado com o peso que colocamos nas notas dos árbitros. Muitas pesquisas mostram que perfeccionistas tendem a definir "excelência" segundo os critérios de outras pessoas.[22] Esse foco em criar uma imagem impecável aos olhos dos outros é um fator de risco para depressão, ansiedade, *burnout* e outros transtornos de saúde mental.[23] A busca por aprovação tem um preço: 105 estudos com mais de 70 mil pessoas mostraram que valorizar objetivos externos como popularidade e aparência em detrimento de objetivos internos como desenvolvimento e conexão é um indicador de menos bem-estar.[24] Tentar receber a aprovação dos outros é um buraco sem fundo: a ânsia por status nunca é saciada.[25] Entretanto, se uma avaliação externa servir de ferramenta para o seu desenvolvimento, talvez seja válido utilizá-la.

No fim das contas, a excelência vai além de suprir as expectativas dos outros. Também se trata de corresponder às nossas próprias expectativas. Afinal, é impossível agradar todo mundo. A questão é se estamos decepcionando as pessoas certas. É melhor decepcionar os outros do que decepcionar a si mesmo.

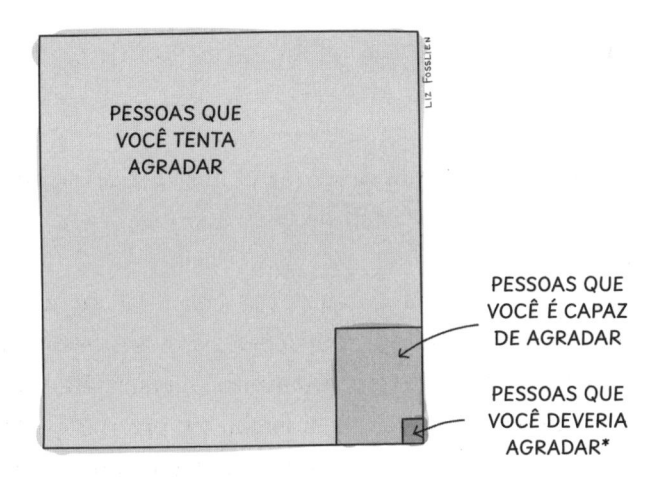

PESSOAS QUE VOCÊ TENTA AGRADAR

PESSOAS QUE VOCÊ É CAPAZ DE AGRADAR

PESSOAS QUE VOCÊ DEVERIA AGRADAR*

*INCLUINDO VOCÊ MESMO

Antes de entregar qualquer trabalho, é interessante recorrer a um último avaliador: você mesmo. Se esse fosse o único trabalho com sua assinatura, você teria orgulho dele?

Tadao Ando se faz essa pergunta o tempo todo. "Minha principal motivação não é a opinião dos outros sobre os meus projetos", diz ele. "É o meu desejo de satisfazer a mim mesmo e me desafiar."

Após o terremoto que abalou Kobe, Ando queria preservar os artefatos do passado e renovar a esperança para o futuro. Às margens do mar com vista para as montanhas, ele projetou um museu de arte. O deque exibe uma escultura feita por ele: uma enorme maçã verde. "Na vida, é melhor ser verde – e quanto mais verde, melhor", declara Ando. "A maçã verde é um símbolo da juventude." Ando já passou dos 80 e sua juventude se reflete no seu desejo contínuo de crescer.

Desejar permanecer verde é um comprometimento com o progresso vitalício; é querer se manter inacabado. Uma maçã que não amadureceu não está completamente formada – ela é incompleta e imperfeita. É isso que a torna linda.

PARTE II
Estruturas motivacionais
Um andaime para passar por cima dos obstáculos

No caminho para qualquer objetivo, obstáculos são inevitáveis. Quando deparamos com barreiras externas, elas costumam nos afetar por dentro. A labuta diária começa a nos entediar e, com o tempo, nos exaure. A estagnação nos desmotiva. Tarefas difíceis levam ao fracasso, ao abatimento e às dúvidas. Começamos a nos questionar se somos capazes de nos recuperar, que dirá de seguir em frente.

Habilidades de caráter nem sempre bastam para conseguirmos percorrer longas distâncias. Habilidades novas não costumam ter manual de instrução, e colinas mais altas exigem uma mãozinha. E essa mãozinha é o andaime: uma estrutura de apoio temporária que nos permite escalar alturas que não alcançaríamos por conta própria. Ele nos ajuda a desenvolver a resiliência para superar obstáculos que ameaçam nos dominar e limitar nosso crescimento.

Psicólogos costumam estudar a resiliência exibindo vídeos angustiantes para as pessoas. Pense na última cena violenta ou inquietante que você tenha visto na TV ou no cinema: seu personagem favorito sendo decapitado no espaço sideral por um sabre de luz ou devorado no Mundo Invertido por Demobats. Se você for como meus filhos (e minha esposa), ficará remoendo essas cenas, assombrado muito tempo depois de os créditos subirem. *Valeu, Irmãos Duffer.* Mas psicólogos descobriram que é possível dispersar esses flashbacks indesejados com um tipo de andaime especial.

No começo, imaginei que seria um tipo de terapia. Talvez eles mostrassem o vídeo repetidas vezes para as pessoas a fim de dessensibilizá-

-las (terapia de exposição) ou as ajudassem a reformular a cena como algo que não poderia machucá-las (reavaliação cognitiva). Mas eu estava errado. O andaime que os psicólogos oferecem para aumentar a resiliência é jogar Tetris.

Isso mesmo: Tetris.

Após assistirem a um vídeo especialmente inquietante, as pessoas costumam ter entre seis e sete flashbacks incômodos ao longo da semana. Porém, quando são aleatoriamente selecionadas para jogar partidas de Tetris após assistir à cena, os flashbacks são reduzidos à metade na semana seguinte.[1] De alguma forma, o ato de girar, mover e deixar cair blocos geométricos nos protege de pensamentos intrusivos e emoções intensas.

Só para deixar claro, jogar Tetris não vai curar seus vícios nem seu estresse pós-traumático. Um jogo não substitui intervenções terapêuticas nem farmacológicas. Mas o efeito foi replicado por diferentes equipes de pesquisa.[2] No começo, achei a informação simplesmente fascinante. Conforme fui me aprofundando nas evidências, no entanto, entendi que o efeito do Tetris ilustra quatro importantes características do andaime.

A primeira: o andaime costuma vir de outras pessoas. Eu jamais imaginaria que jogar Tetris afastasse pensamentos ruins – a ideia veio de pessoas com experiências e especialidades relevantes sobre o assunto. Quando as circunstâncias ameaçam nos dominar, em vez de olharmos para dentro, podemos focar em mentores, professores, coaches, modelos de vida ou colegas. Os andaimes que essas pessoas oferecem podem parecer diferentes dependendo do tipo de desafio que encaramos, mas o efeito é o mesmo: eles nos dão uma mãozinha ou nos impulsionam.

A segunda: o andaime é ajustado de acordo com o obstáculo que você tem pelo caminho. Os psicólogos sugeriram o Tetris porque oferece um benefício específico: ele muda a maneira como nosso cérebro constrói imagens mentais. Ressonâncias do cérebro sugerem que o Tetris bloqueia imagens intrusivas ao ativar nossos circuitos visuais-espaciais: ficamos ocupados demais processando as formas que caem para lidarmos com a ameaça de imagens desconcertantes.[3] Jogos diferentes, como de perguntas e respostas, não reduzem os flashbacks. O Tetris é um andaime eficaz porque nos ajuda a superar um desafio específico.

A terceira: o andaime surge no momento certo. Não adianta jogar Tetris antes de assistir à cena macabra – ainda não há imagens para serem interrompidas.[4] A estrutura se torna útil após a experiência de ver o vídeo, e o período crítico parece acontecer nas 24 horas seguintes.[5] Se esperarmos mais tempo, a memória já se consolidou, então precisaremos reativar a memória da cena antes de recorrermos ao Tetris para bloqueá-la.

A quarta: o andaime é temporário. Não é necessário passar uma vida inteira fazendo terapia com Tetris para se recuperar de um filme de terror. Jogar por apenas dez minutos é suficiente para frear a consolidação da memória e diminuir os flashbacks. Depois que conseguimos o apoio necessário, não somos mais dependentes dele; podemos seguir em frente sem ajuda.

Como o tipo de andaime de que precisamos varia de um dia para outro, encontraremos apoio de fontes diferentes em momentos diferentes para desafios diferentes. Podemos recorrer a um professor ou mentor

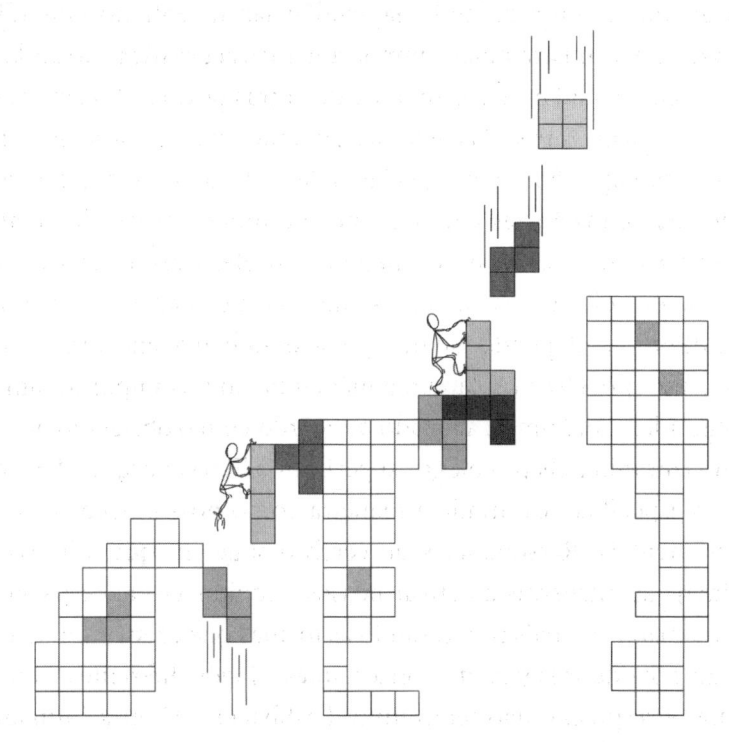

@RESEARCHDOODLES, POR M. SHANDELL

para nos mostrar que um obstáculo aparentemente insuperável pode ser transformado numa escada. Podemos contar com um colega de equipe ou um aluno para nos mostrar que o elemento essencial de que precisamos está bem na nossa cara. E podemos ter que trabalhar juntos para alcançar um nível mais elevado quando as chances não estão a nosso favor.

Nossos erros muitas vezes parecem se acumular, enquanto nossas conquistas desaparecem. Com o apoio certo nos momentos certos, podemos superar os obstáculos para crescer. Para aprender a construir essas estruturas de suporte, conversei com pessoas que percorreram distâncias extraordinárias diante de desafios físicos e emocionais extremos. Alpinistas, músicos, militares e atletas que venceram as probabilidades mudaram a forma como penso nos andaimes. Você não precisa ser fanático por esportes para apreciar as experiências dessas pessoas – elas se aplicam a qualquer estilo de vida.

O andaime libera o potencial oculto ao nos ajudar a abrir caminhos que não conseguíamos enxergar antes. Ele nos ajuda a encontrar motivação na labuta diária, nos impulsiona diante da estagnação e transforma dificuldades e dúvidas em fontes de força.

CAPÍTULO 4
Transformando a labuta diária
Como acrescentar paixão à sua rotina

> Não é nem o trabalho nem a diversão, o
> propósito ou a falta dele, que nos satisfaz.
> É a dança entre essas coisas.
> — BERNARD DE KOVEN[1]

Enquanto dava os retoques finais na sua apresentação, uma adolescente chamada Evelyn Glennie sentiu um frio na barriga.[2] Criada numa fazenda na Escócia, ela sonhava em ser instrumentista. O ritmo dos sons ao redor a atraía: a batida do trator, o zunido baixo das vacas, o tilintar dos ferreiros, o farfalhar das árvores ao vento. Após quatro anos aperfeiçoando sua habilidade na percussão e vários outros tocando piano, Evelyn se sentia pronta. Ela se inscreveu num dos conservatórios mais prestigiosos do Reino Unido.

A Real Academia de Música aceitava apenas a nata. Entre os ex-alunos estão Elton John e Annie Lennox. Quando Evelyn chegou a Londres para seu teste, tinha vinte minutos para demonstrar suas habilidades. Tocou a abertura de *Guilherme Tell* no tímpano, várias composições na caixa e no xilofone, e uma sonata de Mozart no piano.

A Academia não aceitou sua inscrição. Vários especialistas no júri expressaram preocupação com a falta de habilidade. Eles concluíram que ela jamais faria sucesso como musicista profissional.

Menos de uma década depois, Evelyn se tornaria a primeira percussionista solo em tempo integral do mundo.

Normalmente, multidões não se reúnem para assistir a shows de percussão. Esses músicos tocam no fundo de uma orquestra ou de uma banda, como Ringo sentado à sombra de John e Paul. Mas Evelyn era tão talentosa que, ao fazer turnês mundiais sozinha, costumava lotar cem shows por ano.

Ela venceu três prêmios Grammy por Melhor Solo Instrumental de Música Clássica, Melhor Apresentação de Música de Câmara e Melhor Álbum de Música Clássica Crossover. Já tocou com Björk, apresentou-se em *Vila Sésamo* e foi condecorada pela rainha. Em 2015, foi a primeira percussionista a vencer o Polar Music Prize – o "Nobel" da música –, juntando-se a uma lista que inclui Elton John, Yo-Yo Ma, Paul McCartney, Joni Mitchell, Paul Simon, Bruce Springsteen e Stevie Wonder.

A Real Academia de Música tinha razão ao dizer que faltava uma habilidade a Evelyn. Tecnicamente, ela não tinha um ouvido musical – ela não conseguia ouvir nada. A primeira e melhor percussionista solo do mundo é profundamente surda.

Os ouvidos de Evelyn começaram a falhar aos 8 anos. Aos 12, ela mal conseguia escutar qualquer som. Um otorrinolaringologista a diagnosticou com neuropatia auditiva e disse que ela jamais conseguiria tocar música. O grau de dificuldade era alto demais e a distância que precisaria percorrer seria intransponível.

Ter surdez profunda fez com que aprender música exigisse mais esforço que o normal. Só que Evelyn não passava horas intermináveis e entediantes debruçada sobre escalas musicais. Seu professor de percussão na escola, Ron Forbes, não a obrigava a passar por um cronograma enfadonho de ensaios e treinos. Ambos trabalharam juntos para criar um andaime que permitisse a ela se divertir com o aprendizado.

Quando Evelyn procurou Ron pela primeira vez, ele perguntou como ela ouvia música. Não havia outra opção para ela além de adotar um estilo de aprendizado alternativo. Ela explicou que, apesar de não conseguir ouvir todos os tons diferentes com seus ouvidos, conseguia sentir as vibrações nos braços, na barriga, nas maçãs do rosto e no couro cabeludo. Ela encarava seu corpo como um ouvido gigante. Enquanto Ron tocava o tímpano, Evelyn colocava as mãos na parede, tentando associar tons diferentes a determinadas partes do corpo. Algumas notas mais agudas ressoavam no rosto e no pescoço. As mais graves reverberavam principalmente por suas pernas e seus pés. Ela começou a ensaiar descalça para sentir as vibrações com mais intensidade.

No começo de cada aula, Evelyn adorava o desafio de sentir os sons. Conforme ela ia se aperfeiçoando, Ron diminuía o intervalo entre os tons. Era como passar de fase num jogo de videogame: ela fazia distinções cada vez mais sutis entre as notas usando apenas a ponta dos dedos. Ron alimentava seu entusiasmo apresentando novos desafios. "Sabe essa composição de Bach? Você acha que consegue tocá-la na caixa?" Estar sempre mudando de tarefa e aumentando o nível de dificuldade fez com que aprender fosse uma alegria. "Nunca faltou diversão no trabalho duro", me conta ela. "Eu era uma esponja." Ela acabou criando suas próprias versões das músicas de Bach num estilo contemporâneo de percussão.

Costumamos ouvir que, para desenvolver nossas habilidades, precisamos aguentar longas horas monótonas de treino. Só que a melhor maneira de revelar o potencial oculto não é sofrendo uma labuta diária – é transformando a labuta diária numa fonte de alegria constante.

ENTRANDO EM HARMONIA

Para se tornar especialista em qualquer área não basta ser um fenômeno. Ninguém nasce sabendo tocar "Amazing Grace" na gaita de foles, assar um pão de ló perfeito, fazer malabarismo com sete bolas ou soletrar palavras como *cóccix* e *vicissitude*. O domínio de uma habilidade exige prática.

A ideia de que podemos nos tornar especialistas num assunto após 10 mil horas de prática ganhou o mundo e desde então coaches, pais e professores estão fascinados por ela. A prática deliberada é a repetição sistemática de uma tarefa para melhorar o desempenho com base em objetivos claros e feedback imediato. Só que a ideia das 10 mil horas não engloba as nuances sobre quanto treino de fato é preciso.

Pesquisas mostram que a quantidade total de horas necessárias para alcançar a excelência varia muito entre pessoas e atividades. O que é indiscutível é que a prática deliberada é especialmente valiosa para aprimorar habilidades em tarefas previsíveis com movimentos repetitivos: manejar um taco de golfe, solucionar um cubo mágico ou tocar violino, por exemplo.[3]

Toda criança prodígio dedica longas e obsessivas horas ao treino. O pai violinista de Mozart o obrigava a passar por testes rigorosos e um cronograma de apresentações tão cansativo que um biógrafo chegou a falar em "escravidão absoluta".[4] Mas esse tipo de prática fanática cobra um preço. Mozart escreveu cartas sobre sua exaustão, confessando na adolescência que "meus dedos doem de tanto compor recitativos"[5] e que estava "cansado [...] de tanto me apresentar" quando já estava perto dos 30.[6] Há motivos para acreditar que ele obteve sucesso *apesar* de sua prática compulsiva, não por causa dela.

Pesquisas mostram que pessoas obcecadas com o trabalho dedicam mais tempo a ele, mas não apresentam um desempenho melhor que seus colegas.[7] Elas têm mais propensão à exaustão física e emocional. A monotonia da prática deliberada as torna suscetíveis à síndrome de *burnout* – e também à síndrome de *boreout*, relacionada ao tédio. Sim, a psicologia reconhece a síndrome do tédio como algo real. Enquanto o *burnout* é o esgotamento emocional que se acumula quando ficamos sobrecarregados, o *boreout* é o amortecimento emocional que sentimos ao sermos subestimulados.[8] Apesar de a prática deliberada ser necessária para alcançarmos grandes feitos, não devemos nos esforçar tanto a ponto de eliminar o prazer da atividade e transformá-la numa chatice obsessiva.

Num estudo com pianistas que alcançaram renome mundial antes dos 40 anos, poucos se mostraram obcecados pelo trabalho. Na infância, a maioria tocava piano durante apenas uma hora por dia. Eles não foram criados por capatazes ou sargentos; seus pais reagiam com entusiasmo à sua motivação natural. Na adolescência, eles foram aumentando a prática diária aos poucos, mas sem que isso se tornasse uma obrigação. "Eles praticavam porque tinham interesse no que faziam", explica a psicóloga Lauren Sosniak, "e porque gostavam das aulas com o professor".[9]

Músicos de elite raramente são motivados por uma compulsão obsessiva. Eles costumam ser impulsionados por algo que psicólogos chamam de paixão harmoniosa.[10] Paixão harmoniosa é sentir satisfação com um processo em vez de se sentir pressionado a alcançar um resultado. A pessoa não pratica sob o fantasma do "deveria". *Eu deveria estar estudando.*

Eu deveria ensaiar. Ela é envolvida pela teia do querer. *Estou com vontade de estudar. Não vejo a hora de ir para o ensaio.* Assim é mais fácil pegar o embalo: você entra rapidamente num estado de concentração total, em que o mundo desaparece e você e seu instrumento se tornam um só. Em vez de controlar sua vida, a prática a enriquece.

A importância da paixão não se resume à música. Em 127 estudos com mais de 45 mil pessoas,[11] a persistência se converteu mais vezes em bom desempenho quando havia entusiasmo.* A questão é como construir o andaime para injetar paixão na nossa rotina. Minha estratégia favorita se chama *diversão deliberada*.

PROGRESSO

"EU PRECISO FAZER ISSO" — 100%

"EU QUERO FAZER ISSO" — 100%

LIZ FOSSLIEN

---

* Minha colega Nancy Rothbard acredita que o desgaste de muitas horas de dedicação depende de como nos sentimos em relação à tarefa.[12] Pessoas apresentam riscos elevados de depressão, insônia, hipertensão e colesterol alto quando varam a madrugada por causa de uma obsessão – mas não quando fazem isso por causa de um entusiasmo. Evidências também mostram que a obsessão indica um conflito maior entre o trabalho e o restante da vida: a pessoa tem dificuldade para se desconectar do trabalho, o que contribui para o *burnout*.[13] Enquanto isso, a paixão harmoniosa é associada ao aumento de satisfação e ao equilíbrio entre trabalho e vida pessoal – é mais fácil manter prioridades diferentes em harmonia quando não nos sentimos pressionados a trabalhar o tempo todo.

DIVERSÃO PARA DAR E VENDER

A diversão deliberada visa tornar o desenvolvimento de habilidades mais agradável.[14] Ela mistura elementos da prática deliberada com a diversão livre.[15] Assim como a diversão livre, a diversão deliberada é prazerosa, mas organizada para também proporcionar aprendizado e especialização. Seu propósito é dividir tarefas complexas em partes mais simples para conseguirmos aprimorar habilidades específicas.

Evelyn Glennie me disse que dedica praticamente todo o seu tempo de ensaio à diversão deliberada. Quando fica entediada, ela alterna os instrumentos de percussão. "Se eu quiser manter meu interesse na marimba, troco para a bateria", explica ela. Essa mudança quebra a monotonia e mantém o entusiasmo. "Não existe rotina alguma", conta ela rindo. "Se houvesse, eu me sentiria presa."

A diversão deliberada costuma envolver novidades e variações, e não apenas na maneira como aprendemos, mas também nas ferramentas que usamos, nos objetivos que estipulamos e nas pessoas com quem interagimos. Dependendo da habilidade que tentamos desenvolver, a diversão deliberada pode ser obtida num jogo, numa encenação de papéis ou num exercício de improvisação.

Quando conheci as pesquisas sobre diversão deliberada, percebi que a paixão harmoniosa pode ser acrescentada a qualquer tipo de treino. Comecei a me perguntar se eu poderia aplicá-la ao treinamento de profissões mais tradicionais. Num experimento com profissionais da saúde, eu e meus colegas observamos que as taxas de *burnout* diminuíram depois que incentivamos os participantes a acrescentar um pouco de diversão deliberada a suas tarefas mais estressantes.[16] Uma enfermeira que aplicava injeções para o tratamento de alergias começou a se apresentar como Dona Seringa Rápida, algo que imediatamente tranquilizava seus pacientes. Ela deixava que cronometrassem seu trabalho e, quando os pacientes voltavam para a consulta seguinte, pediam pela Dona Seringa Rápida e a desafiavam a bater seu tempo anterior.

O uso da diversão deliberada no desenvolvimento profissional já é uma tendência. Faculdades de medicina começaram a oferecer cursos de comédia improvisada para dar alguma leveza à interpretação de sinais não verbais.[17] Num exercício chamado "Filme Estrangeiro", os alunos observam seus colegas gritando palavras sem sentido e tentam decifrar a mensagem a partir dos gestos e das expressões faciais. Eles relatam que, além de prazerosa, a diversão deliberada faz com que se tornem médicos melhores – e as evidências iniciais são animadoras.[18] Após sessões de improvisação desse tipo terem sido acrescentadas a um curso de farmácia, os alunos tiveram desempenhos melhores no exame de pacientes.[19] Eles estavam mais preparados para identificar a principal queixa do paciente e ter empatia com suas preocupações.

Essas vantagens não se limitam a serviços de saúde. Num curso de vendas, os alunos encenaram os papéis de vendedor e cliente.[20] Em determinado exercício, o cliente entrava com uma caixa e o vendedor perguntava o que havia dentro dela, com o objetivo de manter a conversa rolando por três minutos. No mês seguinte, quando foram vender ingressos para um jogo, os alunos que tinham participado do exercício venderam 43% mais ingressos do que o grupo de controle com alunos que não tinham feito o treinamento. Eles também se divertiram mais durante o curso.

O andaime da diversão deliberada costuma ser montado por um professor ou coach, mas é possível fazer avanços reais por conta própria. Para aprender a ler partituras de piano, por exemplo, você pode contabilizar as notas que acerta em cada partitura e acompanhar seu progresso toda semana. Se gosta de Scrabble e quer melhorar sua habilidade de formar palavras, pode pegar peças aleatórias e ver quantos termos consegue formar em um minuto.

A diversão deliberada se tornou especialmente popular nos esportes. Inúmeras evidências mostram que atletas que se especializam cedo num único esporte tendem a chegar ao auge rapidamente e depois perdem o ímpeto.[21] Começar cedo faz com que fiquem mais expostos a desafios mentais e físicos.[22] Com a diversão deliberada, fica mais fácil manter a satisfação e alcançar grandes conquistas.

No mundo dos esportes, a diversão deliberada costuma ser aplicada a uma habilidade específica.[23] No tênis, por exemplo, talvez você possa aprimorar seu saque contabilizando quantos saques consecutivos consegue fazer. O objetivo pode ser derrotar um oponente, bater um recorde pessoal ou vencer o relógio. Não se trata de contar as horas, mas de monitorar seu aprimoramento. A pontuação não é um símbolo de vitória; é uma medida de progresso.

Num pequeno experimento no Brasil, psicólogos esportivos compararam a diversão deliberada e a prática deliberada como estratégias para ensinar basquete a crianças e adolescentes.[24] Alguns dos jovens atletas passaram metade do treinamento em prática deliberada. Seus técnicos os orientaram a driblar, passar e lançar a bola, com e sem adversários, oferecendo feedbacks regulares.

Os atletas restantes passaram quase três quartos do treino em diversão deliberada. Para desenvolver suas habilidades, os técnicos bolaram brincadeiras em vez de exercícios. Às vezes um dos jogadores podia passar a bola, mas não lançá-la à cesta. Em outros momentos, eles jogavam em desvantagem – um contra dois ou três contra quatro. Vários meses depois, os psicólogos testaram a inteligência e a criatividade dos dois grupos no basquete, avaliando sua capacidade de entrar em espaços livres na quadra e fazer passes sem que os adversários pegassem a bola. Foi a diversão deliberada – e não a prática deliberada – que provocou uma melhoria significativa.

Ao incentivar a paixão harmoniosa, a diversão deliberada pode prevenir o esgotamento e a síndrome do tédio. Apesar de lembrar a ludificação, a diversão deliberada é outra coisa. A ludificação costuma ser um artifício – uma tentativa de causar distrações durante uma tarefa tediosa. O objetivo é oferecer uma onda de dopamina que desvie o foco do tédio ou amenize a exaustão. E um placar pode mesmo nos motivar a suportar a dor, mas não basta para nos fazer gostar de uma rotina que detestamos.* Na diversão deliberada, de fato reprojetamos a tarefa em si para torná-la tanto motivadora quanto formativa. E o melhor exemplo que já vi foi criado por um treinador de basquete.

---

* Recentemente descobri que as primeiras esteiras ergométricas foram inventadas como aparelhos de tortura.[25] No começo do século XIX, os prisioneiros britânicos precisavam passar cerca de seis horas por dia pisando nos aros de uma grande roda que bombeava água ou energizava moinhos. Um guarda escreveu que o que "constituía o terror" não era a "severidade" da função, mas a "monotonia constante".

QUEM PRATICA SEM DIVERSÃO

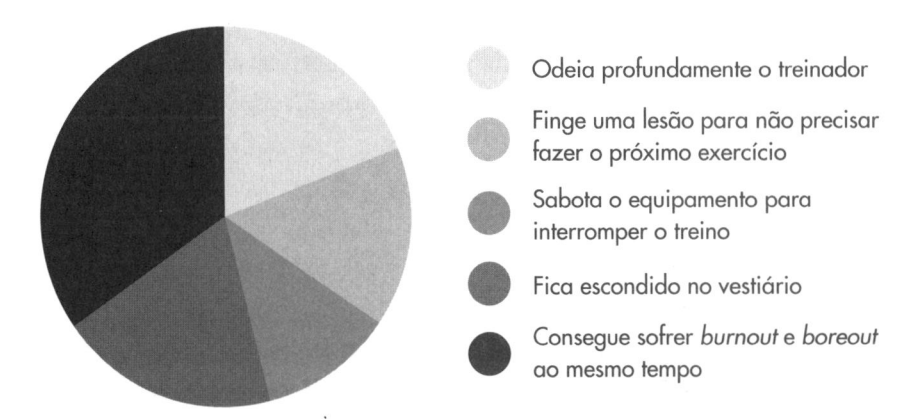

- Odeia profundamente o treinador
- Finge uma lesão para não precisar fazer o próximo exercício
- Sabota o equipamento para interromper o treino
- Fica escondido no vestiário
- Consegue sofrer *burnout* e *boreout* ao mesmo tempo

PERDA DE PRÁTICA

Assim que li a filosofia de Brandon Payne sobre treinos, precisei ligar para ele.[26] Quando era garoto nos subúrbios de Charlotte, na Carolina do Norte, Brandon só pensava em basquete. Filho de treinador, ele aprendeu as habilidades básicas do esporte logo cedo. Após passar tardes, noites e fins de semana lançando sua bola na cesta pendurada na garagem de casa, ele se tornou um franco-atirador conhecido por seus arremessos livres e suas cestas de três pontos. Só que, após chegar à Universidade de Wingate com a intenção de entrar para a equipe de basquete, Brandon deparou com um problema. Quando via uma abertura, não conseguia passar pelos adversários. Quando fingia que ia para um lado e driblava para outro, não conseguia enganá-los. Com o tempo, as habilidades de Brandon estagnaram e ele ouviu que era o fim da sua carreira. "Fiquei arrasado", lamenta Brandon. "Não há sensação pior do que ouvir que você está acabado quando ainda adora jogar."

Apesar de Brandon adorar o esporte, quando se tratava de desenvolver suas habilidades além dos arremessos, ele não adorava os treinos. Para deixar a defesa comendo poeira e conseguir arremessar a bola, ele precisava praticar sua rapidez e agilidade. "Eu era limitado atleticamente", admite. "Não fazia as coisas que precisava fazer." Ele não treinava corrida para melhorar sua velocidade, não fazia os alongamentos básicos para aumentar a flexibilidade nem executava os exercícios necessários para aprimorar os passes.

Brandon acabou virando treinador. Agora precisava motivar atletas a fazer os mesmos exercícios que ele tanto evitara. Os jogadores detestavam correr pela quadra até a exaustão e odiavam a monotonia repetitiva dos exercícios de passe. Assim como Brandon, eles adoravam arremessar a bola. Só que essa paixão harmoniosa não se estendia aos exercícios mais chatos – ela parecia tornar o treino ainda mais insuportável. A alegria dos arremessos com salto intensificava a mesmice dos dribles tediosos.

A paixão por uma tarefa pode nos levar a negligenciar as obrigações menos empolgantes.[27] É um padrão que demonstrei numa pesquisa com uma ex-aluna, Jihae Shin. Num estudo com vendedores coreanos, descobrimos que quanto mais eles gostavam de uma tarefa no trabalho, pior executavam a tarefa mais desagradável. Também identificamos esse efeito num experimento, pedindo aos participantes que executassem a chata tarefa de copiar nomes e números de uma lista telefônica. Eles cometeram mais erros quando foram aleatoriamente designados a ver vídeos interessantes no YouTube primeiro. O contraste entre as duas tarefas tornava a anotação dos dados ainda mais enfadonha.

A prática envolve várias habilidades, e é raro gostar de todas. Brandon começou a procurar maneiras de acrescentar a paixão harmoniosa a todos os elementos do treino. Apesar de não poder remover a dor dos exercícios, ele podia acrescentar prazer ao processo. Em vez de tentar forçar os jogadores a executar as partes mais sofridas do treinamento, ele decidiu reformular os exercícios para atraí-los. "Eu queria criar um sistema para que nenhum jogador passasse pelo que passei", reflete Brandon. Ele montaria o andaime para ajudar os atletas a alcançar seu potencial usando o amor que sentiam pelo esporte.

Em 2009, Brandon montou um centro de treinamento para jogadores de basquete. Certo dia, seu caminho cruzou com o de um jovem jogador da NBA cujos pontos fracos tinham sido rapidamente notados pelos olheiros. Um desses olheiros escreveu que ele era "extremamente limitado por seus atributos físicos insuficientes". Outro lamentou: "Ele não tem o tamanho, a força ou a agilidade necessários. [...] Sua falta de explosão provavelmente vai impedi-lo de se tornar um astro na liga."

Brandon reconheceu parte das próprias limitações no jogador e lhe entregou seu cartão de visita. Os dois começaram a trabalhar juntos na manhã seguinte. Na sua primeira temporada após os treinos com Brandon, o jogador marcou um novo recorde de cestas de três pontos na NBA. Alguns anos depois, ele seria considerado o jogador mais valioso da NBA por temporadas consecutivas. Seu nome é Stephen Curry.[28]

MUDANDO O JOGO

Stephen Curry é considerado por muitos o melhor arremessador da história da NBA. É comum ouvir dizer que Michael Jordan fez pelas enterradas aquilo que Curry fez pela cesta de três pontos – ele revolucionou o esporte ao transformá-lo numa competição de mira. Os dois recordistas anteriores de mais cestas de três pontos levaram mais de 1.300 jogos para alcançar seus recordes. Curry os ultrapassou em apenas 789 partidas.

Apesar de seu pai ter jogado na NBA, Curry não conseguiu uma única bolsa de estudos nos principais programas universitários de basquete. Ao se formar no ensino médio, ele era extremamente subestimado: numa escala de cinco estrelas, era considerado um recruta de três. No verão antes de seu último ano, o técnico da Faculdade de Davidson assistiu a um de seus jogos. "Ele era péssimo. Jogou a bola na arquibancada, não pegava passes, quicou a bola no pé, perdeu lances", lembra o técnico. "Mas em momento algum colocou a culpa no juiz nem criticou um companheiro de equipe. Quando estava no banco, sempre torcia [...] e nunca fugia da responsabilidade. Isso me chamou atenção."

Esses não foram os primeiros sinais das habilidades de caráter de Curry. Quando era garoto, convivendo com o time do pai, um dos jogadores notou que Curry era "como uma esponjinha [...] absorvendo informações aonde quer que fosse". No ensino médio, mesmo quando passava por dificuldades, ele tinha a determinação de apoiar seu time e a disciplina de manter a calma. Só que pesquisas sugerem que as pessoas com mais disciplina são as que menos a utilizam. Minha colega Angela Duckworth acredita que, em vez de contar com a força de vontade para suportar uma situação complicada, essas pessoas mudam a situação para torná-la menos difícil.[29]

Um claro exemplo é o teste do marshmallow.[30] Esse é um dos estudos mais famosos – e incompreendidos – da história da psicologia. Você provavelmente já ouviu falar da versão clássica: psicólogos colocaram um marshmallow num prato e disseram para crianças de 4 anos que, se elas esperassem alguns minutos para comer, ganhariam dois marshmallows. Os pequenos que conseguiram resistir à vontade de devorar o doce para receber uma dose dupla mais tarde acabaram tirando notas maiores no vestibular durante a adolescência – uma descoberta que foi replicada recentemente.[31]

Quando assisti aos vídeos do teste do marshmallow pela primeira vez, eu esperava deparar com um grupo de crianças mais determinadas que o normal. Na verdade, vi crianças criando andaimes para remover a necessidade da força de vontade. Algumas cobriram os olhos ou o marshmallow. Outras sentaram sobre as mãos. Uma fez uma bolinha com o marshmallow e começou a quicá-lo como se fosse um brinquedo. Elas improvisaram as próprias formas de diversão deliberada.* Foi isso que Brandon Payne fez por Stephen Curry.

PELO AMOR DA PRÁTICA

Brandon já treina Curry há mais de uma década. Ele me contou que começou com um princípio básico: "Não existe tédio nos nossos treinos." Seu andaime foi organizado para facilitar as partes mais difíceis

---

* A primeira pesquisa com o teste do marshmallow presumiu que atrasar a gratificação era um sinal de disciplina, ou seja, indicava a capacidade de priorizar objetivos de longo prazo em detrimento de recompensas imediatas. No entanto, uma replicação recente sugere que esperar pelo marshmallow extra pode ser um sinal ainda mais forte de apoio social: crianças criadas em ambientes mais positivos podem ser mais propensas a confiar que o examinador cumprirá a promessa da recompensa.[32] Por outro lado, crianças que imediatamente se rendem ao doce vêm de famílias com mais desvantagens socioeconômicas. Quando crescemos num mundo de escassez e incertezas, não podemos contar com uma recompensa maior que apenas talvez venha mais tarde.[33]

do treinamento – para ajudar Curry a progredir enquanto contava menos com disciplina pura.

Para tornar os treinos divertidos e ao mesmo tempo desenvolver habilidades técnicas, Brandon criou uma série de atividades de diversão deliberada. Na "Vinte e Um", por exemplo, o jogador tem um minuto para marcar 21 pontos com cestas de três pontos, *jump shots* e bandejas (que valem apenas um ponto). Só que, depois de cada arremesso, é preciso correr até o meio da quadra e voltar. Perder o fôlego durante essa brincadeira simula o cansaço de uma partida real. "Todo exercício é uma partida", explica Brandon. "Sempre é preciso vencer o relógio. Sempre é preciso vencer um número. Se você vencer um número e não vencer o relógio, vai perder do mesmo jeito."

O lado negativo de competir com outras pessoas é que você pode vencer sem melhorar. Os adversários podem estar num dia ruim ou talvez você esteja com sorte. Na versão de Brandon da diversão deliberada, a pessoa com quem você compete é seu eu passado, e o nível que você eleva é para seu eu futuro. O objetivo não é a perfeição – é o aprimoramento. A única forma de vencer é se desenvolvendo.

Eu achava que o ideal seria praticar uma habilidade até fazer progressos e então passar para a próxima. Só que, em vez de ficar repetindo os mesmos desafios, Brandon os mistura. Em intervalos de vinte minutos, Brandon faz Curry alternar entre desafios de arremesso e agilidade, um após outro. A variação não apenas motiva – também acelera o aprendizado. Centenas de experimentos mostram que as pessoas melhoram mais rápido quando alternam entre habilidades diferentes.[34] Psicólogos chamam isso de intercalação, e é algo que funciona em áreas que variam da pintura à matemática, especialmente quando as habilidades desenvolvidas são complexas ou semelhantes entre si. Até um pequeno ajuste, como alternar pincéis mais finos e mais grossos ou bolas de basquete mais leves e pesadas, pode fazer uma grande diferença.[35]

A diversão deliberada é especialmente valiosa durante o verão. Quando há vários jogos por semana, os atletas costumam se manter motivados. Só que, fora da temporada, é fácil perder o interesse. Após aparecer fora de forma nos treinamentos pré-temporada, o astro em ascensão Luka Dončić começou a treinar com Brandon e perdeu peso enquanto ganhava velocidade. "A menos que você continue jogando por hobby, os verões podem ser complicados. Se você deixar, os treinos vão acabar meio monótonos", explicou Stephen Curry para um jornalista. A diversão deliberada "cria um cenário de partida real, com pressão", disse ele, o que faz com que o jogador "permaneça atento e concentrado".

Ao longo de uma década de treinamento, Curry entendeu seu potencial oculto. O que lhe falta em tamanho, com 1,87 de altura e 80 quilos, ele compensa em força explosiva e precisão. Ele credita boa parte disso à diversão deliberada que Brandon proporciona e que leva paixão harmoniosa aos treinos. E ele se beneficia mais porque é determinado. "Ele adora o processo. Esse é um fator comum a todos os grandes atletas", observa Steve Kerr, técnico de longa data de Curry. "Há uma rotina [...], mas todo dia é divertido. Há uma paixão que envolve e mantém o processo ao longo do tempo. Quando você ama algo do jeito que esses caras amam, você se esforça, melhora e continua firme."

Mesmo que você não pretenda se tornar atleta profissional, a diversão deliberada pode aumentar sua motivação e acelerar seu desenvolvimento. Certa vez assisti a um vídeo de um YouTuber que passou duas horas por dia seguindo a rotina de treinamento de Stephen Curry.[36] No começo ele só acertava 8% das suas cestas de três pontos. Após cinquenta dias de diversão deliberada, ele chegou longe, acertando 40% desses arremessos.

Dá para perceber que a diversão deliberada pode despertar e manter a paixão harmoniosa. Mas será que essa paixão pode ser mantida por muito tempo? Evelyn Glennie acha que sim – para ela já faz meio século. Ela entendeu por conta própria aquilo que pesquisas demonstraram: nem mesmo a diversão deliberada deve ser feita o dia inteiro, todos os dias. Mas ela aprendeu isso do jeito mais difícil.

ME DÁ UM TEMPO

A primeira vez que vi Evelyn tocar foi em 2012, na cerimônia de abertura das Olimpíadas. Ela foi convidada a conduzir mil percussionistas. Parada diante de uma série de tambores de variados tipos, ela foi progredindo de batidas ritmadas a golpes rápidos e o estádio foi tomado pela energia. Mais tarde, quando um medalhista de ouro entrou no estádio com a tocha olímpica, Evelyn apresentou um novo som usando um instrumento que ela própria tinha ajudado a projetar: o alufone de concerto Glennie. Ele parece um conjunto de cogumelos metálicos e, conforme ela os acertava com quatro baquetas, seu som parecia uma versão mais confortável e mais empolgante dos sinos de uma catedral. Eu nem imaginava que ela tinha uma deficiência física – que dirá uma que a impedia de escutar a música que criava.

Quando Evelyn fez o teste para a Real Academia de Música na adolescência, os especialistas no júri simplesmente não acreditaram que uma garota surda conseguiria se tornar musicista profissional. Ela os desafiou a prestar atenção no calibre da performance, e não na deficiência do artista. Após um segundo teste, a Academia não apenas aceitou sua inscrição como mudou as regras para todo o Reino Unido para que os inscritos fossem avaliados por sua habilidade musical, não por suas capacidades físicas.

Na época de estudante em tempo integral na Academia, Evelyn adorava praticar. Começou tocando duas ou três horas por dia, mas logo se sentiu pressionada a aumentar o tempo. Ao ver os colegas se dedicando mais, ela sentiu uma compulsão dominando sua mente. Perguntou a si mesma quanto tempo *deveria* praticar e se *deveria* fazer isso com mais frequência. Passou a acordar uma hora mais cedo e a tocar até tarde da noite. Só que o senso de obrigação sugou o ritmo divertido da percussão, e sua criatividade e seu progresso evaporaram. Ela começou a se dar conta de que era possível praticar em excesso. Para se certificar de que a música não se tornaria uma chatice, passou a fazer intervalos regulares.

Fazer uma pausa oferece pelo menos três benefícios. Em primeiro lugar, um tempo longe da prática ajuda a manter a paixão harmoniosa. Pesquisas indicam que até microintervalos de cinco a dez minutos são suficientes para reduzir o cansaço e aumentar a energia.³⁷ Não se trata apenas de prevenir o *burnout*: estudos revelam que o interesse e o apreço que sentimos por uma tarefa diminuem quando trabalhamos durante a noite e nos fins de semana.³⁸ Até a lembrança de que é sábado basta para reduzir nossa motivação – nós nos damos conta de que poderíamos estar fazendo algo divertido e relaxante em vez daquilo. Yo-Yo Ma limita sua prática entre três e seis horas por dia e prefere evitar sessões no começo da manhã ou no fim da noite. Chopin incentivava os alunos a não praticar mais que duas horas por dia durante as férias de verão.³⁹

Em segundo lugar, intervalos despertam novas ideias.⁴⁰ Na minha pesquisa com Jihae Shin, observei que fazer pausas impulsiona a criatividade quando sentimos paixão harmoniosa por uma tarefa.⁴¹ Nosso interesse mantém o problema subconscientemente ativo, e é mais fácil refletir sobre soluções inesperadas e novas formas de encará-lo. Lin--Manuel Miranda bolou *Hamilton*, seu musical de sucesso estrondoso, enquanto sonhava acordado durante uma viagem, sentado numa boia na piscina, segurando uma margarita.⁴² É por isso que Beethoven, Tchaikovsky e Mahler faziam caminhadas regulares quase tão demoradas quanto seus expedientes de trabalho.⁴³

VOCÊ PODE FAZER UMA PAUSA QUANDO...

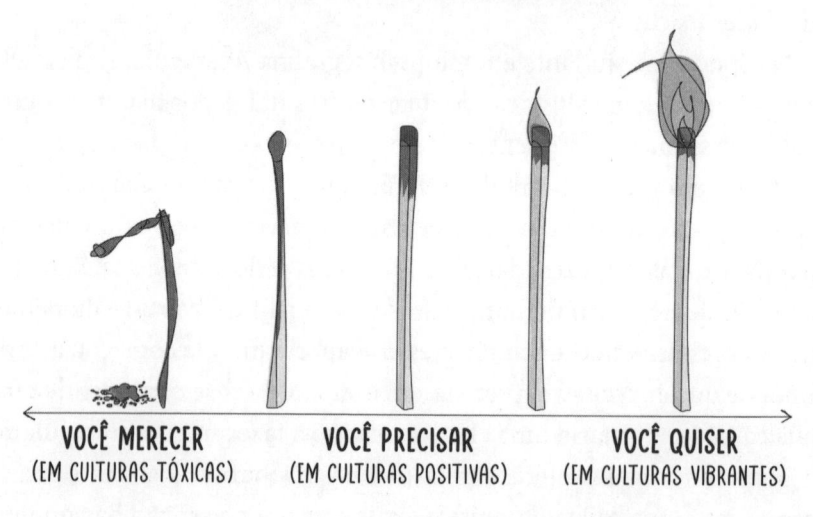

VOCÊ MERECER
(EM CULTURAS TÓXICAS)

VOCÊ PRECISAR
(EM CULTURAS POSITIVAS)

VOCÊ QUISER
(EM CULTURAS VIBRANTES)

@RESEARCHDOODLES, POR M. SHANDELL

Em terceiro lugar, intervalos aprofundam o aprendizado. Um experimento mostrou que fazer pausas de meia hora após aprender algo melhorou a memória dos alunos entre 10% e 30% – e até mais para pacientes que haviam sofrido derrame ou tinham doença de Alzheimer.[44] Após cerca de 24 horas, as lembranças começam a se dispersar e entramos numa curva de esquecimento.[45] Já foi comprovado que podemos evitar a curva de esquecimento com repetições espaçadas – intercalando intervalos e prática.[46] Você pode começar praticando a cada hora e então fazer intervalos cada vez maiores até passar a praticar apenas uma vez por dia.

A obsessão nos leva a acreditar que descansar é pisar no freio. Nós não paramos até chegarmos à beira da exaustão – é o preço que pagamos pela excelência. No entanto, sob o efeito da paixão harmoniosa, é mais fácil reconhecer que o descanso é uma fonte de combustível. Fazemos pausas regulares para manter a energia e evitar o esgotamento.

QUANDO PRECISAMOS
DE UM INTERVALO

QUANDO REALMENTE
FAZEMOS UM INTERVALO

LIZ FOSSLIEN

Relaxar não é perda de tempo – é um investimento no bem-estar. Intervalos não são uma distração – são uma oportunidade de restaurar o foco e incubar ideias. A diversão não é uma atividade boba – é uma fonte de alegria e um caminho para a excelência.

Se você observar Evelyn hoje, verá que ela exibe a mesma alegria praticando sozinha ou se apresentando na frente do mundo inteiro. Só que ela raramente toca por mais de vinte minutos antes de fazer uma pausa. "Tem dias em que quero muito pegar um par de baquetas e fazer alguma coisa, e há outros em que penso 'Não, só quero ficar sentada aqui olhando as paredes'. Há momentos em que quero escrever um pouco ou ler um bom livro."

Ela me conta que, quando perde o interesse ou o foco, simplesmente para de tocar. "A prática que vale a pena leva ao progresso. É uma questão de qualidade, não de quantidade. Você precisa sentir que uma mudança aconteceu – que há algo diferente depois que termina o treino."

Pouco tempo atrás, uma mãe entrou em contato com Evelyn para uma consultoria. Após passar por uma série de avaliações de música, a filha dela havia perdido o interesse no violino. A mãe queria que Evelyn conversasse com a garota e a motivasse a continuar aprendendo.

Em vez disso, Evelyn improvisou um pouco de diversão deliberada. Desafiou a garota a tocar as composições de trás para a frente, a inventar dez maneiras erradas de tocar violino e a incorporar sons que lembrassem um programa de TV ou um animal que adorasse. A garota saiu radiante do encontro. Antes, seu tempo de prática era focado "num resultado de julgamento", explica Evelyn. A diversão deliberada ensinou a ela que "o resultado verdadeiro é a alegria". Sem diversão, o potencial permanece oculto.

CAPÍTULO 5

Como sair do lugar

O caminho tortuoso que nos leva ao progresso

Todo limite é um começo e um fim.
– GEORGE ELIOT[1]

No sétimo ano, as pessoas começaram a dizer que ele era um fenômeno. No segundo ano do ensino médio, olheiros profissionais iam assistir às suas partidas de beisebol. Na faculdade, ele ganhou uma medalha olímpica de bronze como arremessador titular da equipe americana. No mesmo ano, foi contratado pelo Texas Rangers e recebeu um bônus de mais de 800 mil dólares. Ele começaria no topo das ligas menores e entraria para a grande liga em um ou dois anos. R. A. Dickey tinha um futuro promissor.

Até que, de repente, não tinha mais.

Quando Dickey foi assinar seu contrato em 1996, um técnico notou que seu braço fazia um ângulo estranho e sugeriu uma radiografia. Para surpresa de todos, Dickey não tinha um ligamento no cotovelo direito. Era um tecido essencial para seu braço de arremesso e isso limitava seu potencial. Talvez suas bolas nunca fossem lançadas rápido o bastante. O Rangers diminuiu seu bônus de contratação para menos de 80 mil dólares e o mandou para a categoria menos importante da liga. *Primeiro golpe.*

Não era para ter sido assim. O beisebol era a porta que permitiria a Dickey escapar de uma vida difícil.[2] Ele tinha crescido numa família pobre em Nashville, no Tennessee, e fora arrastado para bares desde os 5 anos pela mãe. Seu pai, pouco presente, saiu de casa anos depois. A sensação de abandono despertou nele uma necessidade de autoafirmação.

Por sete anos Dickey permaneceu nas ligas menores do beisebol. Parecia que ele estava desperdiçando o auge da sua carreira. Como não conseguia fazer um arremesso brilhante, ele aprimorou sua habilidade de despistar rebatedores, variando sua velocidade e seus movimentos. Finalmente, já com quase 30 anos, conseguiu sua oportunidade de ouro: o Rangers o levou para a grande liga.

Não demorou muito para Dickey entender que não daria conta. Olheiros e jornalistas faziam críticas avassaladoras sobre o seu desempenho e potencial. *Mediano. Regular. Medíocre.* Ele cedia corridas demais e perdia mais partidas do que vencia. E sabia o que isso significava. *Ultrapassado. Talento jogado fora.*

Na metade da sua terceira temporada na grande liga com o Rangers, os técnicos o chamaram para uma conversa difícil. Disseram que ele "não estava progredindo", recorda Dickey, "e era a mais pura verdade. Fazia um tempo que eu não progredia mesmo". Então ele foi rebaixado de volta às ligas menores. *Segundo golpe.*

Dickey estava determinado a voltar para a grande liga. No intervalo entre as temporadas, arremessou inúmeras bolas contra blocos de concreto e mantinha um taco no carro para refinar seu manejo enquanto dirigia. Ele se forçava a ir cada vez mais longe.

Na temporada seguinte, o Rangers lhe deu outra chance. No seu primeiro jogo de volta, ele bateu um recorde.

Mas não um recorde positivo. Dickey cedeu seis *home runs* em apenas três entradas – nenhum arremessador da grande liga já tivera um desempenho tão terrível. Enquanto a multidão vaiava, o Rangers o tirou do jogo e o rebaixou de liga... mais uma vez. *Terceiro golpe. Já chega.*

Normalmente, arremessadores chegam ao auge por volta dos 25 anos e se aposentam com 30 e poucos.[3] Com 31, era óbvio que Dickey não teria tempo para renascer das cinzas. Estava claro: sua carreira no beisebol tinha chegado ao fim.

Quando queremos aprimorar uma habilidade, poucas coisas são mais frustrantes do que se sentir empacado. Em vez de manter o progresso, estagnamos. Sentimos que alcançamos o máximo das nossas capacidades mentais e físicas. Como a estagnação marca o fim do crescimento, ela parece marcar também o começo da decadência. *Minha melhor fase ficou para trás. Agora é só ladeira abaixo.* Para cirurgiões, a derrocada começa com o declínio da visão e dos reflexos. Para cientistas, começa com a morte dos neurônios. Para os atletas, o fim tem início com a perda da força e da velocidade. Ou pelo menos é isso que presumimos. Só que a realidade é menos linear – e mais empolgante.

Aos 35 anos, R. A. Dickey virou o jogo de uma vez por todas. Após passar quatorze anos jogando principalmente nas ligas menores, ele retornou para a grande liga. Naquele ano, sua média de corridas cedidas fez com que se tornasse um dos dez melhores arremessadores do beisebol, e ele assinou um contrato longo e multimilionário com o New York Mets. Dos nove arremessadores que tiveram classificações melhores do que a dele no ano da sua contratação inicial, oito já haviam se aposentado e o nono nunca mais voltaria à grande liga. Enquanto isso, Dickey estava apenas começando a entender seu potencial oculto.

A chave para seu triunfo foi o andaime que outros o ajudaram a construir. Essa estrutura veio de muitas fontes diferentes e Dickey demorou um pouco para juntar as peças. Mas ele nunca sairia do atoleiro se seus técnicos não o tivessem mandado de volta ao começo.

Ficar preso numa rotina não significa fracasso. A falta de progresso não é um indício de que você chegou ao seu limite. Essas coisas indicam que pode ser o momento de dar meia-volta e encontrar um novo caminho. Empacar costuma ser um sinal de que estamos seguindo na direção errada, trilhando o caminho incorreto ou perdendo o ímpeto. Muitas vezes, para ter motivação, é necessário voltar atrás e encontrar uma rota para uma estrada diferente – mesmo que ela não seja a que pretendíamos seguir no começo. Talvez ela seja desconhecida, serpenteante e cheia de percalços. O progresso raramente acontece de maneira linear: ele costuma dar muitas voltas.

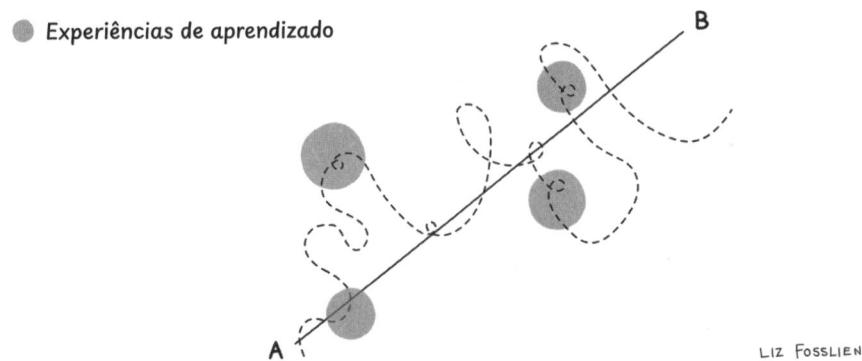

● **Experiências de aprendizado**

LIZ FOSSLIEN

VOLTAR ATRÁS PARA SEGUIR EM FRENTE

As habilidades não se desenvolvem num ritmo estável. Aprimorá-las é como dirigir montanha acima. Conforme subimos, a estrada se torna mais e mais inclinada, e nossos avanços, cada vez menores. Quando o impulso acaba, começamos a empacar. Não adianta pisar no acelerador – nossas rodas giram, mas não conseguimos nos mover.

Após avaliarem mais de um século de evidências sobre o progresso, os cientistas cognitivos Wayne Gray e John Lindstedt observaram um arco fascinante. Quando nosso desempenho fica estagnado, ele sofre um declínio antes de melhorar de novo.[4] Quando nossas habilidades – seja de memorizar fatos, jogar Tetris ou praticar golfe – deixam de se desenvolver, elas só voltam a progredir depois de piorarem um pouco.

Quando chegamos a um beco sem saída, é preciso descer a montanha para seguir em frente. Depois que nos afastamos o bastante, é possível encontrar outra rota – um caminho que nos permita ganhar o impulso necessário para alcançar o cume.

Costuma ser difícil admitir que precisamos bater em retirada. Andar para trás significa jogar fora nosso plano atual e recomeçar. É isso que causa um declínio temporário na performance: escolhemos desistir daquilo que já ganhamos. Fazemos uma reavaliação para conseguir progredir. "A performance sofre conforme novos métodos são inventados, testados, rejeitados ou aceitos", explicam Gray e Lindstedt. Evoluímos após "a implementação de um novo método bem-sucedido [...] para superar níveis anteriores de realizações".

Encontrar o método certo exige tentativa e erro, e algumas tentativas serão erro puro: uma nova estratégia pior que outra. Só que, mesmo quando descobrimos um método melhor, nossa inexperiência costuma nos tornar piores no começo. Esse declínio não é apenas normal – em muitas situações, é necessário.

Na digitação, se você ficar catando milho, provavelmente alcançará uma média de 30 a 40 palavras por minuto.[5] Não importa quanto você treine, vai deparar com esse limite. Para dobrar a média para 60 a 70 palavras por minuto, é necessário tentar um método novo: digitar sem olhar o teclado. Só que, antes de conseguir acelerar, você vai ter que diminuir o ritmo. É preciso tempo para decorar a posição das teclas.

Habilidades mais avançadas acompanham curvas de aprendizado mais íngremes.[6] Se você estiver resolvendo um cubo mágico, o método mais simples é fazer camada por camada.[7] Faça uma cruz azul de um lado, depois a gire para preencher os cantos e passe para o lado adjacente. O cubo estará resolvido após cerca de 130 movimentos. Se você quiser acelerar o processo, precisará decorar uma lista de algoritmos. No começo será mais demorado, mas com o tempo você precisará de apenas 60 movimentos. E nesse processo também precisará reconstruir sua memória muscular, abandonando velhos hábitos e adquirindo novos.

O mais surpreendente é que um passo atrás promove melhorias mesmo quando fazemos isso sem querer. Pesquisadores avaliaram mais de 28 mil partidas de basquete da NBA para ver o que acontecia com os times depois que seus atletas principais sofriam uma lesão.[8] Como esperado, o desempenho dos times piorava. Só que, depois que o astro retornava, a equipe passava a vencer mais jogos do que antes da lesão. Por que será que perder o melhor jogador acabava ajudando o time a melhorar?

Sem os craques, os times precisavam voltar à estaca zero e buscar novos caminhos para o sucesso. Eles trocavam os jogadores de posição para permitir que todos brilhassem e bolavam novas jogadas para valorizar os pontos fortes de cada um. Quando o craque retornava, o time já estava mais coeso e menos dependente de um herói que o carregasse nas costas.*

---

* A duração das lesões faz diferença. Quando um astro da NBA deixava de jogar apenas uma ou duas partidas, o time não melhorava após seu retorno – não parecia haver pressão nem tempo suficientes para trocar posições ou bolar novas jogadas. E quando o astro ficava longe por tempo demais, perdendo pelo menos metade da temporada, as vantagens também eram mínimas – talvez porque os jogadores se apegassem às novas posições e jogadas, tendo dificuldade para se readaptar à volta do craque. Antes que você comece a querer que o craque do seu time fique no banco, saiba que isso só compensa quando o astro joga cerca de 43 jogos após ficar fora de 15. É interessante analisar esse dado, que vai na contramão do que normalmente se vê. A tendência é deixar o jogador principal descansar por um jogo ou outro para evitar lesões e esgotamento. Só que, quando um time empaca, talvez seja mais vantajoso deixar o craque no banco por várias partidas consecutivas: é uma oportunidade para o time inteiro se reinventar.

Interações com o craque
(antes da lesão)

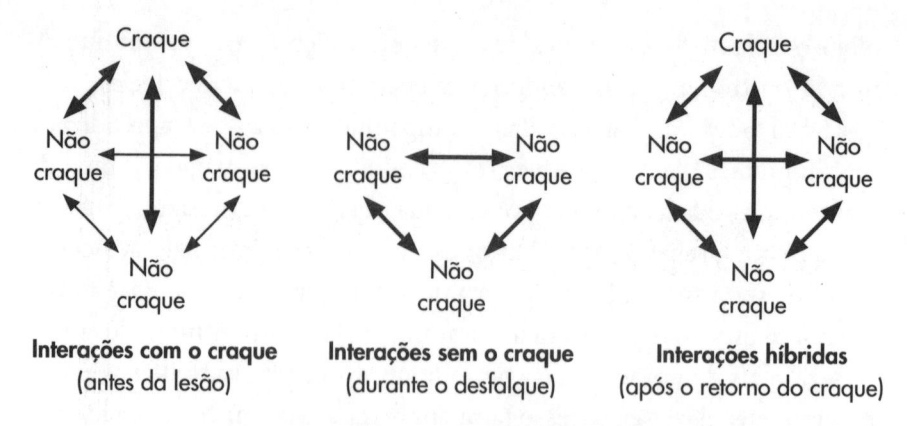

Interações sem o craque
(durante o desfalque)

Interações híbridas
(após o retorno do craque)

Linhas mais grossas representam mais passes

Um padrão parecido foi observado nos times de hóquei no gelo após um jogador se lesionar. Quanto mais as equipes mexiam na escalação para aproveitar os jogadores reservas, melhor era seu desempenho.[9]

Não deveria ser necessário um evento extremo como uma lesão para nos incentivar a parar, voltar atrás e mudar o trajeto. Mas a verdade é que temos medo de retroceder. Achamos que perder o ritmo é sinônimo de perder espaço, que dar marcha a ré é desistir e que trocar de rota é sair do caminho. Temos andar para trás e nos estatelar no chão. Isso significa que ficamos exatamente onde estamos – firmes mas estacionados. É preciso abraçar o desconforto de se sentir perdido.

UMA TENTATIVA E UM ERRO

Voltar atrás muda o cenário – nos leva a um território desconhecido. Seguimos um novo caminho até um destino inexplorado e talvez ainda nem vejamos o cume da montanha. Para encontrar a direção certa, precisamos de um andaime: nesse caso, de algumas ferramentas básicas de navegação.

A má notícia é que não existe mapa perfeito. Ninguém nos traçou a rota ideal – e pode ser que nem haja uma estrada. Talvez tenhamos que abrir nosso próprio caminho e descobrir aonde estamos indo à medida que caminhamos, uma curva de cada vez.

A boa notícia é que não precisamos de um mapa para recomeçar a jornada. Só precisamos de uma bússola para saber se estamos indo na direção certa.

O QUE JULGAMOS NECESSÁRIO PARA COMEÇAR

UM MAPA PERFEITO DO FUTURO

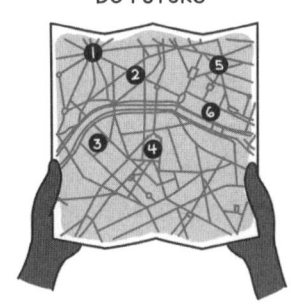

O QUE É REALMENTE NECESSÁRIO

SABER SE ESTAMOS NA DIREÇÃO CERTA

Dependendo da habilidade que tentamos aprender, nossa bússola pode ser um livro, a internet ou uma conversa. Uma boa bússola mostra quando saímos do caminho e nos guia por uma direção melhor. Se você estiver aprendendo a programar em C++ e se sentir empacado, pode usar a internet como bússola e encontrar um caminho para o Python: ele é mais fácil de aprender e também se aplica a inúmeros projetos. Se suas pinturas a óleo sempre ficam empelotadas, talvez você encontre a bússola numa conversa com um artista experiente que sugira um solvente para suas tintas. Se você for um arremessador de beisebol tentando sair de uma fase eternamente ruim, sua bússola pode ser um técnico que diga que você está lançando a bola devagar demais e lhe ensine uma nova jogada.

Esse foi o começo da transformação de R. A. Dickey. Eu o procurei porque nunca tinha visto ninguém melhorar de maneira tão impressionante após passar tanto tempo estagnado e dar tantos passos para trás. Se alguém sabia como sair do atoleiro, era o cara que tinha saído do fundo do poço e se tornado um dos melhores da sua área.

Após quase uma década como arremessador nas ligas menores, Dickey ainda tentava construir uma carreira e sustentar sua família. Certa vez, para conseguir pagar as contas fora da temporada do beisebol, ele vendeu bolas de golfe que pescava em lagoas cheias de jacarés. Ao longo de dez anos, ele se mudou mais de trinta vezes, apenas para descobrir que não havia saído do lugar. Era como se estivesse atolado em areia movediça: quanto mais tentava se libertar, mais difícil era sair dali.*

Quando Dickey foi rebaixado pela última vez para as ligas menores aos 31 anos, seus treinadores de arremesso lhe deram uma bússola. Disseram que ele estava seguindo o caminho errado: se continuasse por ali, nunca conseguiria voltar para a grande liga. Tentando salvar a carreira dele, os treinadores lhe mostraram uma via nebulosa, misteriosa, que poucos percorriam. Por anos, como parte de seu repertório, Dickey de vez em quando lançava a bola de um jeito estranho – ele chamava o movimento de "A Coisa". Seus treinadores reconheceram a maneira como ele segurava a bola: era parecida com a técnica para executar um lançamento raro chamado *knuckleball*. Eles incentivaram Dickey a treiná-lo e transformá-lo na sua marca registrada.

Em vez de arremessar a bola com uma velocidade violenta e giros fatais, o lançamento *knuckleball* é mais lento, tão reto quanto possível. Em vez de envolver os dedos ao redor da bola, o arremessador finca nela as unhas dos dedos médio e indicador. As duas juntas dos dedos ficam apontadas para fora, daí o nome do arremesso (*knuckle* significa "junta"). Esse

---

* De acordo com a ciência, é impossível um ser humano se afogar em areia movediça (sim, isso existe).[10] Com a menor pressão, a mistura de areia, barro e água salgada se liquefaz e nos puxa para baixo – mas nossa densidade nos impede de afundar muito. Mesmo assim, continua sendo difícil sair dali: botar um pé para fora exige a mesma força necessária para levantar um carro. Em vez disso, devemos sacudir as pernas, deixando a água passar e deslocar a areia que nos prende. Depois devemos nos deitar de costas e distribuir nosso peso pela superfície, reduzindo a pressão sobre a areia até que consigamos boiar. A partir daí podemos nadar de costas para sair do atoleiro.

toque diferente faz com que a bola não gire e, em vez disso, faça um zigue-zague errático pelo ar, confundindo os rebatedores.[11]

O *knuckleball* é tão imprevisível que os receptores usam luvas maiores para pegar a bola. Como não exige muita força nem um esforço fora do normal, essa técnica pode acrescentar anos de longevidade ao braço de um arremessador. Porém, por mais complicado que seja acertar e pegar uma bola lançada dessa forma, o *knuckleball* é ainda mais difícil de ser executado – e, como Dickey descobriria, ainda mais difícil de dominar.

Não havia um jeito óbvio de Dickey desenvolver suas habilidades. Seus treinadores de arremesso nunca tinham trabalhado com um jogador especializado nesse método – não podiam lhe oferecer o mapa do tesouro porque não o tinham. Não havia livros nem tutoriais ensinando o *knuckleball*. Tudo que podiam oferecer era uma bússola que apontasse a direção para arremessar uma bola sem girá-la.

Tudo sobre o *knuckleball* parecia estranho a Dickey. Para impedir a bola de girar, ele deveria lançá-la com o pulso o mais imóvel possível. Só que, desde a infância, ele tinha aprendido a rotacionar rapidamente o pulso ao executar um arremesso. Bolas rápidas giram para trás, bolas que fazem curvas giram para cima, bolas baixas giram para o lado. "Precisei desaprender isso tudo", me contou Dickey, "e reaprender meus mecanismos. Tive que me desconstruir para conseguir reconstruir. Precisei demolir tudo para recomeçar do zero". Não havia garantias de que seu esforço renderia frutos.

A busca pelo desconforto foi uma habilidade de caráter que ele aceitou de braços abertos. Só que as primeiras tentativas de executar *knuckleballs* não foram tão bem assim. No seu primeiro jogo nas ligas menores, ele cedeu doze corridas em seis entradas. Após o fracasso da estreia do seu *knuckleball* na grande liga – a partida em que ele bateu o pior recorde –, o Rangers o dispensou completamente do time. Mesmo assim, ele achava que seu *knuckleball* tinha potencial. Só não sabia como aproveitá-lo.

O ponto negativo da bússola é que ela só oferece uma direção – no singular. Ela pode nos ajudar a sair do caminho errado e mostrar um melhor. Só que, para percorrer bem esse caminho, precisamos de um guia.

INÍCIO → FIM

COISAS PELAS
QUAIS VOCÊ NÃO
ESPERAVA

QUEM SABE FAZ, MAS NEM SEMPRE ENSINA

Quando não sabemos bem qual caminho seguir rumo a um objetivo, costumamos recorrer a um especialista. Conhecemos o mantra: se quiser ser ótimo, aprenda com o melhor. Faça uma aula de culinária com um chef renomado. Contrate um tenista profissional para treinar seus filhos. Peça mentoria ao profissional mais reconhecido da sua área e siga os passos dele. O que poderia ser melhor do que estudar física com Einstein?

Muita coisa, na verdade. Num engenhoso estudo, economistas queriam determinar se alunos realmente aprendem mais com especialistas. Eles reuniram dados sobre todos os calouros da Universidade Northwestern entre 2001 e 2008. Sua investigação analisou se os calouros tinham resultados melhores no segundo semestre de uma disciplina quando o primeiro tinha sido lecionado por mestres mais qualificados. Talvez você esteja imaginando que os alunos se deram melhor quando aprenderam noções básicas com um especialista (um professor titular ou mais experiente). Só que os dados mostraram o oposto: alunos que fizeram o curso introdutório com um especialista acabaram tirando notas *piores* no semestre seguinte.[12]

Esse padrão foi observado em diferentes áreas ao longo dos anos tanto nas matérias difíceis quanto nas fáceis – num grupo de mais de 15 mil alunos. E os professores mais gabaritados tiveram um desempenho ainda pior quando lecionaram para alunos com menos preparo acadêmico.*

No fim das contas, quando seguimos por uma nova estrada, os melhores especialistas costumam ser os piores guias. Há pelo menos dois motivos para eles não conseguirem oferecer boas orientações aos iniciantes. O primeiro é a distância que percorreram – eles costumam estar longe demais para lembrar como é estar no início. Isso se chama "maldição do conhecimento": quanto mais você sabe, mais difícil é entender como é não saber.[14] Como resume a cientista cognitiva Sian Beilock: "Conforme nos aprimoramos no que fazemos, nossa capacidade de transmitir nossa compreensão ou de ajudar os outros a aprender essa habilidade costuma piorar."[15]

Essa era a maldição de Einstein na sala de aula.[16] Ele sabia demais e seus alunos sabiam de menos. Havia tantas ideias rondando sua mente que ele tinha dificuldade em preparar o conteúdo – que dirá em explicar a um iniciante como a gravidade curva a luz. Quando ele estreou como professor num curso sobre termodinâmica, apesar de ser um astro em ascensão no mundo da física, sua didática medíocre atraiu apenas três alunos. O material que ele apresentava costumava ser incompreensível e, após não conseguir atrair uma turma maior no semestre seguinte, Einstein cancelou o curso. Vários anos depois, ele quase não conseguiu ser contratado para outro corpo docente porque o reitor da universidade não se impressionou com suas habilidades de ensino.

Costumamos ouvir que quem sabe faz, quem não sabe ensina.[17] Seria melhor dizer que quem sabe faz, mas não consegue ensinar o básico. O conhecimento acumulado por especialistas é muitas vezes tácito – é implícito, não explícito.[18] Quanto mais progredimos rumo à expertise, menos

---

* Esse estudo apresenta um bom argumento para repensar a titularidade de professores universitários. O modelo típico americano é exigir que membros do corpo docente publiquem pesquisas e lecionem matérias, e já passou da hora de criarmos uma alternativa para pesquisadores que não são professores habilidosos e outra para professores que não fazem pesquisas. De toda forma, trata-se de habilidades diferentes: a correlação média entre produtividade de pesquisa e eficácia de ensino é zero.[13] Os que são bons na pesquisa poderiam analisar o rigor e a abrangência do currículo, enquanto os bons professores poderiam colaborar para um ensino mais eficiente.

noção temos do fundamento das informações. Experimentos mostram que golfistas habilidosos e sommeliers de vinhos têm dificuldade em explicar suas técnicas de tacada e degustação – até mesmo pedir que expliquem suas técnicas basta para interferir no seu desempenho, então eles costumam permanecer no piloto automático.[19] Quando vi um saltador de elite dar quatro saltos e meio para trás pela primeira vez, perguntei como ele conseguia girar tão rápido. Sua resposta foi: "É só pular com o corpo encolhido." Em geral, especialistas têm uma compreensão intuitiva de um caminho, mas não conseguem articular todos os passos que precisam tomar.[20] Há muito entulho misturado no seu fluxo de pensamento.

Em vez de apontarem o caminho certo, os especialistas podem nos deixar empacados. Pior ainda, podem nos fazer acreditar que nossas limitações impedem nosso progresso. Comecei a faculdade indeciso entre estudar psicologia ou física – meus dois assuntos favoritos no ensino médio. Fiquei empolgadíssimo quando consegui me inscrever numa matéria com um eminente professor de astrofísica. Certo dia ele proclamou que o Universo era tudo e apresentou evidências de sua expansão... mas não conseguiu explicar o que seria essa expansão. Eu, que antes estava fascinado e confiante, passei a me sentir frustrado e incompetente. Apesar de ser apaixonado pelo assunto e se importar com os alunos, ele já tinha aprendido demais – e sido aprendiz há tempo demais – para compreender minha ignorância. Nunca mais fiz outra matéria de física.

Mesmo que seu especialista escolhido consiga lhe explicar o caminho que ele seguiu, haverá um problema: vocês não compartilham os mesmos pontos fortes e fracos – as montanhas e os vales que precisam percorrer são diferentes. Talvez até estejam seguindo para o mesmo destino, mas você está num ponto bem mais distante do caminho. Isso faz com que sua caminhada seja tão desconhecida para ele quanto a dele é para você.

É claro que uma pessoa que nos conheça bem poderá nos oferecer conselhos mais personalizados. No entanto, por mais tentador que seja consultar um mentor de confiança em busca de bons conselhos, nenhum indivíduo monopoliza as respostas certas. Isso foi observado num estudo sobre advogados que almejavam se tornar sócios de seus escritórios e recorriam à mentoria para isso. Descobriu-se que um único mentor não fazia diferença nas promoções.[21] Havia vantagens: advogados que contavam com um mentor sentiam-se mais satisfeitos e comprometidos do que os colegas que não recebiam a mesma ajuda. Só que, quando se tratava de receber a promoção para sócio, o que fazia a diferença era ser orientado por vários mentores. Pessoas diferentes conseguiam compartilhar dicas diferentes sobre como avançar na carreira. Mas não era necessário um grupo enorme – dois ou três mentores bastavam para dar esse empurrãozinho.

Assim como é insensato querer aprender noções básicas com os maiores experts no assunto, é um erro contar com um único guia. Ninguém conhece o caminho exato que você vem trilhando. Porém, se você juntar dicas de vários mentores, talvez elas se misturem para revelar rotas que antes pareciam inexistentes. Quanto mais incerto for o caminho e mais alto for o cume, mais você precisará de uma mentoria abrangente.[22] O desafio é unir todo esse aprendizado para trilhar um caminho que funcione para você.

CRIE SEU PRÓPRIO MAPA

Aprender com vários guias é um processo iterativo e interativo. Não basta apenas chegar em alguém e pedir: "Pode me dar uma mãozinha?" *A própria ideia de dar uma mãozinha a alguém é esquisita.* A ajuda não fica esperando ali, pronta para ser servida. Não vivemos na Matrix. Mentores não podem simplesmente fazer um upload de conhecimento na nossa cabeça.

Não recorremos a mentores apenas para seguir cegamente suas orientações. O objetivo é compreender possíveis caminhos para explorarmos juntos. Para isso, precisamos que o conhecimento implícito que eles detêm se torne explícito. O ponto de partida para ser uma esponja é pedir conselhos – só que, em vez de pedir uma mãozinha, devemos pedir que eles refaçam os próprios passos.

A ideia é que os mentores nos falem sobre os momentos-chave e os pontos de virada na trajetória que tiveram. Para refrescar a memória deles, talvez você possa perguntar sobre os desafios que enfrentaram: as habilidades que tiveram que aprender, os conselhos que seguiram ou ignoraram, as mudanças que fizeram... Talvez também seja útil contar a eles sobre sua jornada até o momento. Ao conhecer seus caminhos passados e sua localização atual, eles podem encontrar rotas para o progresso que não tinham cogitado mencionar antes.

Os relatos que você colecionar não formarão um mapa exato. Alguns nem serão aplicáveis à sua realidade – podem levar você a um rio quando seu único transporte é uma bicicleta. Outros podem ter perdido a utilidade – levarão você a um caminho que nem existe mais. Talvez você acabe dando muitas voltas até encontrar a rota certa. E provavelmente há pontes recém-construídas que seus mentores nem conhecem.

PROGRESSO

COMO QUEREMOS NOS SENTIR:
BOLA RÁPIDA

COMO NOS SENTIMOS DE VERDADE:
KNUCKLEBALL

@RESEARCHDOODLES, POR M. SHANDELL

Quando perguntei a R. A. Dickey como ele encontrou seu caminho, uma das primeiras coisas que mencionou foi a quantidade de mentores que teve. Ele não recebia orientação constante de uma única pessoa. Em 2005, quando Dickey iniciou sua jornada, Tim Wakefield era o único jogador da grande liga que executava o arremesso *knuckleball*. Eram poucos os que tentavam; apenas uns doze jogadores aposentados já tinham feito a jogada com sucesso. Não havia especialistas que pudessem revelar todos os mistérios do *knuckleball* nem um treinador que pudesse lhe oferecer todas as dicas. Ele precisou se tornar uma esponja para encontrar fontes úteis, filtrando as orientações que não eram relevantes ao seu caso e adaptando sua abordagem conforme fosse necessário.

Após meses se esforçando sozinho, Dickey tomou a iniciativa de procurar orientadores. Como a sua estrada era longa e sinuosa, ele precisava de perspectivas diversas. Começou entrando em contato com os poucos jogadores que tinham se tornado craques do *knuckleball*. Sua esperança era descobrir o que havia feito diferença na carreira deles. Mas ninguém lhe ofereceu um pacote completo de soluções – apenas ideias para Dickey testar.

Em 2008, antes de uma partida contra o time de Tim Wakefield, Dickey o convenceu a lhe dar algumas dicas. *Isso nos mostra como a estrada para o knuckleball é solitária: um jogador aceita contar seus segredos de ofício para um oponente só para manter essa arte viva.* Após interrogar Tim e observar seu jogo, Dickey encontrou um novo caminho para testar: ele desceria o braço pelo centro do corpo enquanto soltava a bola. No ano seguinte, foi atrás do lendário Phil Niekro, o maior arremessador de *knuckleballs* de todos os tempos. Niekro notou que Dickey não estava impulsionando o quadril para a frente ao fazer o lançamento – outro caminho para testar. Dickey também fez várias viagens para conversar com outro arremessador de *knuckleballs* aposentado, Charlie Hough, que lhe ensinou a ajustar a mão e aperfeiçoar seu impulso final. Para impedir a bola de girar, Dickey aprendeu a se imaginar parado sob uma porta, executando o lançamento sem deixar o corpo atingir o batente. Isso restringia seu braço a ponto de ele se sentir um tiranossauro, mas foi uma virada triunfal.

Dickey também aprendeu a ignorar certos conselhos. Seus treinadores de arremesso insistiam que ele deveria jogar a bola mais devagar, dentro do limite de 100 quilômetros por hora que Wakefield e Hough preferiam. Só que, após testar velocidades diferentes, Dickey percebeu que seus melhores arremessos costumavam alcançar 130 quilômetros por hora.

Às vezes precisamos descobrir coisas que nenhum mentor é capaz de oferecer e bolar nossas próprias regras. À base de tentativa e erro, Dickey descobriu que precisava aprender uma nova habilidade: a arte da manicure. Para fazer um bom arremesso *knuckleball*, suas unhas precisavam estar compridas o suficiente para conseguir tração, mas curtas o bastante para não quebrarem. Ele se tornou expert nas próprias unhas.

Após três anos indo e vindo, Dickey não estava mais empacado. Havia encontrado o caminho para a frente, graças ao mapa que montara por conta própria.

Mesmo assim, não era um caminho fácil. Seus guias alertaram que a jornada emocional poderia ser tão atribulada quanto a física. Como o arremesso *knuckleball* não fazia a bola voar como uma bala, mirar seria impossível – ele só poderia soltá-la como uma borboleta. Seria necessário aceitar a imperfeição: seu desempenho seria tão errático quanto a rota de voo da própria bola. "Se não tivesse conversado com pessoas que passaram pelo mesmo que eu, eu jamais acreditaria numa volta por cima", me contou Dickey. "A esperança é um combustível incrível. As pessoas me ajudaram a mantê-la viva."

Ele avalia que fez mais de 30 mil arremessos *knuckleball* contra redes, paredes de tijolos e blocos de concreto antes de dominar a técnica. O ritmo vagaroso do seu progresso fazia com que a grande liga parecesse um sonho distante. O fato de ter batido outro "recorde negativo" em 2008 não ajudava. Talvez ele estivesse destinado a entrar para a história como Aquele que Errou Quatro Arremessos em Uma Entrada. Como ele descreveu para mim: "É desanimador quando você se joga em algo e não vê resultados."

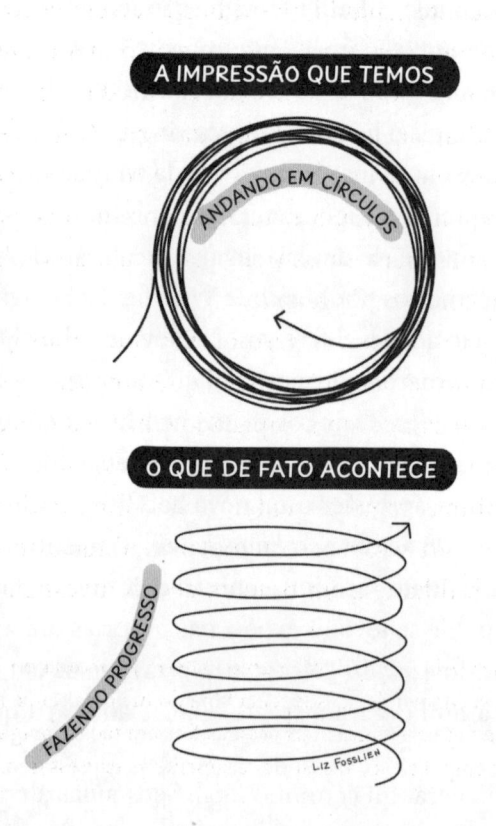

A IMPRESSÃO QUE TEMOS

ANDANDO EM CÍRCULOS

O QUE DE FATO ACONTECE

FAZENDO PROGRESSO

Liz Fosslien

QUANDO O COMBUSTÍVEL ACABA

O desânimo é um obstáculo normal depois de darmos meia-volta. Isso acontece porque andar para trás nem sempre leva diretamente a um novo cume. Às vezes nos sentimos empacados, e não por estarmos no caminho errado, mas porque estamos dando longas voltas até o topo e porque isso nos impede de enxergar nosso avanço. Não conseguimos notar progresso suficiente para manter nossa motivação.

Essa sensação tem nome: languidez.[23] É uma sensação de estagnação e vazio. O termo em inglês, *languishing*, foi criado por um sociólogo (Corey Keyes) e imortalizado por uma filósofa (Mariah Carey).

A languidez é o que sentimos quando empacamos. Talvez você não esteja deprimido nem esgotado, mas se sinta meio borocoxô. Todo dia parece segunda-feira. Os instantes passam se arrastando enquanto você só enxerga suas semanas em tons de cinza.*

Enquanto escrevia este capítulo, tive dificuldade em encontrar a metáfora certa para ilustrar o progresso não linear. Tentei inúmeras ideias que não deram certo: demolir e reformar um prédio, cavar um túnel, derrubar uma parede, arrancar uma planta da terra. *O rascunho recebeu nota quatro de dez dos meus avaliadores – por pura generosidade. "Corte a planta", me diziam.* Eu continuava voltando ao ponto de partida. Mas nada fazia sentido, então tentei ressuscitar a metáfora da planta, e eles retornaram com um cortador de grama.

Após várias semanas, eu havia perdido tanto o rumo que comecei a me sentir definhando. E percebia a ironia de empacar num capítulo sobre sair do lugar. Eu estava metaempacado e não via graça nenhuma nisso. Sou um escritor disciplinado, com pensamento linear, então costumava começar minhas manhãs sentando ao computador com uma visão clara. Não ter essa visão era inquietante. Enquanto encarava o cursor piscando na minha tela em branco, decidi investigar as origens

---

* Escrevi sobre languidez pela primeira vez numa matéria publicada no *The New York Times* em 2021, quando a chamei de "a esquecida filha do meio da saúde mental": o vazio entre a depressão e o vigor.[24] Nunca vi as pessoas ficarem tão empolgadas para falar sobre a própria falta de empolgação, apesar de raramente se expressarem com mais de uma sílaba: *nhé*.

do termo. *Cursor é "aquele que corre", em oposição ao usuário, que não sai do lugar?* Quando dei por mim já era noite e parecia que eu tinha desperdiçado o dia inteiro – e me irritei mais ainda. Tentei me distrair do capítulo ficando acordado até tarde e tomando sorvete na companhia dos meus amigos Monica e Chandler. *Olá, procrastinação vingativa de altas horas.*[25] Não ajudou. Meu combustível estava quase acabando.*

Enquanto estudava o potencial oculto, entendi que a languidez vai além da sensação de estar empacado. Ela também nos mantém empacados. Pesquisas mostram que a languidez atrapalha o foco e diminui a motivação. Ela se torna um dilema: você sabe que precisa fazer alguma coisa, mas acha que não consegue tomar uma atitude. É aí que precisamos sair da estrada e reabastecer o tanque.

UM DESVIO NO CAMINHO

Quando pergunto às pessoas o que é necessário para alcançar grandes conquistas, uma das respostas mais comuns é que precisamos ser muito centrados e nos dedicar apenas a um objetivo. É preciso insistir e bloquear qualquer coisa que ameace sugar nossa energia e desviar nossa atenção. Se quisermos ter sucesso no emprego, temos que passar mais tempo trabalhando: chegar cedo e sair tarde. Os hobbies devem ser deixados de lado... e fazer bicos está completamente *fora de cogitação*. Não queremos acabar distraídos e exaustos.

Só que as evidências mostram que não é bem assim. Uma digressão não precisa ser uma dispersão. Ela pode ser uma fonte de energia.

Um estudo comprovou que pessoas que passavam a noite se dedicando a algum bico tinham um desempenho melhor no trabalho principal.[27] O progresso que faziam à noite aumentava seu ânimo na manhã seguin-

---

* Para sua informação, *cursor* vem do latim *currere*, "correr", e na Roma antiga era usado para designar mensageiros. É também o nome da pecinha que se move na régua de cálculo, e alguns pioneiros da informática o pegaram emprestado. Por um tempo tentaram chamá-lo de inseto, mas sejamos sinceros: ninguém gosta de insetos.[26]

te. As vantagens da motivação eram maiores do que qualquer preço pago pela distração.

Hobbies oferecem benefícios semelhantes. Segundo outro estudo, quando as pessoas passam a se dedicar seriamente a hobbies em casa, sua confiança no trabalho aumenta – mas apenas se o hobby não estiver relacionado à área do emprego.[28] Se você for um artista e se sentir apático, fazer cerâmica para se distrair não vai estimular muito seu ofício. Por outro lado, se estiver se sentindo desanimado como assistente social ou contador, um projeto de cerâmica pode ser seu novo caminho para o sucesso.

De todos os fatores que foram estudados, o combustível mais poderoso para a motivação diária foi a sensação de progresso.[29] Nem sempre é possível encontrar motivação insistindo em algo que não está dando certo. Às vezes recuperamos o impulso fazendo um desvio para um novo destino.

Desvios são rotas fora do caminho principal que tomamos para reabastecer o tanque. Não é um intervalo; não ficamos parados, à toa. Podemos sair temporariamente da estrada e continuar em movimento. Estamos avançando rumo a um objetivo diferente.

Psicólogos observaram que a sensação de progresso não vem apenas com grandes conquistas. O combustível pode vir na forma de pequenas vitórias.[30] Quando fazemos um avanço, mesmo fora da estrada principal, lembramos que é possível seguir em frente. Em vez de nos sentirmos desanimados com o longo caminho que ainda está por vir, nos sentimos prontos para fazer a próxima curva.

Enquanto eu quebrava a cabeça com este capítulo, percebi que precisava seguir meu conselho. A distração escolhida foi jogar Scrabble on-line – um hobby que tenho há muito tempo. Depois de algumas partidas, eu tinha *r-a-l-g-n-o-i*. Desembaralhei as peças e lhes acrescentei um *i* que já estava no tabuleiro. *Original*. A pequena vitória foi meu combustível. Eu me senti pronto para voltar à estrada principal e encarar o capítulo.

O primeiro passo foi reconfigurar minhas expectativas. Eu não conseguiria revisar o capítulo inteiro num só dia. Em vez de esperar pelo mapa perfeito, eu devia começar a fazer uma curva de cada vez. Cortar a planta. Encontrar uma metáfora mais abrangente (uma estrada). Escolher uma ferramenta principal (uma bússola). *Tinha evitado essas analogias porque tenho um péssimo senso de direção. Tão péssimo que, quando preciso fazer um retorno porque errei o caminho, meus sogros sempre dizem que estou fazendo "O Retorno de Adam".* Depois de algumas pequenas vitórias, voltei a ganhar velocidade. Algumas curvas me faziam voltar para trás, mas, juntas, elas me ajudaram a seguir em frente – da mesma forma que tinha acontecido com R. A. Dickey.

No começo, Dickey encontrou suas pequenas vitórias sem sair do caminho. Ele media seu progresso contando quantos arremessos conseguia fazer sem girar a bola. Cada bola que não girava era uma pontada de motivação. No início ele conseguia fazer um bom *knuckleball* em metade das tentativas, e após alguns anos passou a acertar em cerca de três quartos das vezes.

Quando foi recrutado pelo Mets em 2010, aos 35 anos, Dickey era um bom arremessador da grande liga, mas ainda não havia chegado ao topo da montanha. Se sua bola não ziguezagueasse o suficiente, os rebatedores a pegariam. Para continuar seguindo em frente, ele precisava de algum aditivo no seu tanque.

Contrariando os treinadores, ele decidiu reabastecer com uma nova montanha para escalar. E estava falando no sentido literal.

UM CUME MAIS ALTO

No inverno de 2012, Dickey resolveu escalar o monte Kilimanjaro – o ponto mais alto da África. Era um desafio que ele sonhava vencer desde que tinha lido uma história de Hemingway na adolescência. O objetivo de Dickey era ajudar uma instituição de caridade: ele havia angariado mais de 100 mil dólares para salvar adolescentes do tráfico sexual em Mumbai.

O Mets tentou convencê-lo a mudar de ideia e até enviou uma carta expressando que tinha o direito de anular seu contrato caso ele se machucasse. Arriscando seu salário para a temporada seguinte, Dickey seguiu em frente. Ao chegar à Tanzânia, passou sete dias escalando mais de 5 mil metros com um grupo, enfrentando o mal da altitude, exaustão extrema e os ventos cortantes. Ao chegar ao topo do Kilimanjaro, ele se sentiu "pequeno como nunca", escreveu. "É uma sensação inebriante."

Naquele ano, Dickey teve a melhor temporada da sua carreira no beisebol. Saindo da sua zona de conforto – o arremesso *knuckleball* em alta velocidade –, ele aperfeiçoou uma técnica extremamente lenta, variando a força para deixar os rebatedores na dúvida sobre quando e onde rebater. Às vezes eles caíam na gargalhada ao ver como tinham perdido feio a bola. Dickey ganhou um apelido: o Bruxo.

Com a madura idade de 37 anos, Dickey alcançou grandes feitos. Foi escalado para seu primeiro All-Star Game. Foi titular de jogos seguidos nos quais só perdeu um arremesso e bateu um recorde do Mets de 32 entradas consecutivas sem que os oponentes marcassem ponto. Foi líder de *strikeouts* na liga inteira e se tornou o primeiro lançador de *knuckleball* a vencer o prêmio Cy Young de melhor arremessador.

"O monte Kilimanjaro transformou o arremessador do New York Mets num astro?", questionou um jornalista. É uma questão intrigante. Como cientista social, posso dizer com segurança que a resposta para essa pergunta é um grande "talvez".

As evidências sobre bicos e hobbies sugerem que a escalada pode ter feito diferença. Mas também pode ter sido uma questão de sorte. Só que, quando conversei com Dickey sobre o assunto, ele não hesitou: "Não acho que tenha sido coincidência. Para mim foi muito importante. Gostei de me desafiar."

O desvio para o Kilimanjaro pode ter sido a recarga final das baterias de Dickey. Angariar fundos para a caridade lhe deu um senso de contribuição. Sentir-se pequeno aliviou a pressão de ter um bom desempenho e reabasteceu seu tanque para que ele seguisse rumo a novas conquistas grandiosas. A escalada bem-sucedida lhe deu um ímpeto de confiança. "Foi uma jornada", contou ele. "Comecei o ano no topo de uma montanha na África e vou encerrá-lo no topo da carreira no beisebol."

Para quem via de fora, a temporada de sucesso pareceu acontecer do nada. Mas isso estava bem longe de ser verdade. Dickey precisou ser rebaixado sete vezes para as ligas menores e dedicar sete anos ao arremesso *knuckleball* para fazer sucesso da noite para o dia. Aquilo que parece um grande golpe de sorte costuma ser o acúmulo de pequenas vitórias.*

Quando você empacar na subida de uma montanha, é melhor voltar atrás do que ficar parado. Entre retornos e desvios, é normal sentir que você está andando em círculos. A curto prazo, uma linha reta gera um progresso mais rápido. Mas, a longo prazo, as voltas levam aos maiores cumes.

O progresso raramente é visível num instante específico – ele se desdobra durante longos períodos. Concentrar a atenção num único momento difícil é a receita para a estagnação. É apenas quando olhamos para nossa trajetória ao longo de semanas, meses ou anos que conseguimos apreciar a distância que percorremos.

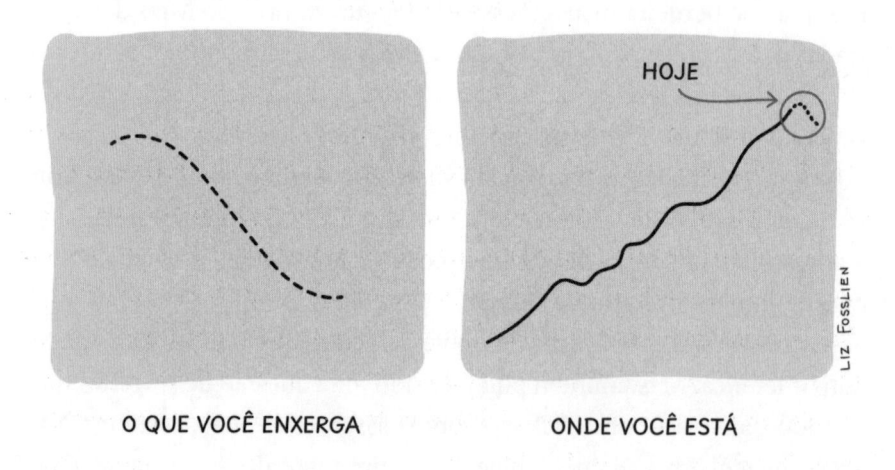

O QUE VOCÊ ENXERGA　　　ONDE VOCÊ ESTÁ

---

* Quando plantamos uma semente de bambu mossô, podemos passar meses ou até anos regando a terra antes de vermos um broto.³¹ Parece que nada está acontecendo até que ele irrompe na superfície. Então, em questão de poucas semanas, ele cresce mais de cinco metros. O que não conseguíamos enxergar é que, embaixo da terra, a semente criava raízes e armazenava energia. Ela crescia, devagar e sempre, sob a superfície. *Planta ressuscitada*.

CAPÍTULO 6

Desafiando a gravidade
A arte de se virar sozinho para conseguir voar

Acredito que podemos nos virar sozinhos.
Acredito que é possível.
Já vi um cara fazendo isso no Cirque du Soleil.
– STEPHEN COLBERT[1]

As mensagens misteriosas chegavam de diferentes formas, mas todos os destinatários sentiam sua urgência. Jesse Arbor estava no meio de uma partida de pôquer quando alguém veio lhe dizer que um carro esperava na rua e que seu trem sairia em 35 minutos. Ele nem teve tempo de tirar suas roupas da máquina de lavar. James Hair estava num rebocador de navios quando foi enviado de volta a terra firme para receber um envelope pardo. Ao partir o selo de cera vermelha, ele não encontrou um convite. Era uma ordem para que se apresentasse num endereço ao norte de Chicago.

A mesma ordem foi enviada para dezesseis homens nos Estados Unidos. Eles tinham idades entre 20 e 30 e poucos anos e experiências de vida diferentes – o grupo incluía um mecânico, um encadernador de livros, um carregador de malas, um advogado e um metalúrgico. Era janeiro de 1944 e eles não tinham a menor ideia do que os aguardava. No calor da Segunda Guerra Mundial, esses homens teriam a chance de entrar para a história. Estavam prestes a se tornar os primeiros negros a participar do treinamento de oficiais da Marinha americana.

Entre os braços das Forças Armadas, a Marinha era conhecida por ser especialmente preconceituosa. Apenas 25 anos antes, a instituição tinha proibido cidadãos negros de se alistarem. Quando as regras finalmente foram mudadas, homens negros eram limitados a cargos servis, como cozinheiros e engraxates. Agora a pressão política de Eleanor Roosevelt tinha aberto a porta para que se tornassem oficiais, porém muitos líderes duvidavam da inteligência deles para comandar marinheiros brancos.

Ao chegarem para o treinamento, os candidatos negros formaram uma tropa à parte, segregada. Aguentaram ofensas raciais e comentários degradantes vindos dos mesmos instrutores que deveriam orientá-los. Para eles, a mensagem era óbvia: esperavam que fracassassem.

Alguns dos homens tinham motivos adicionais para duvidar de si mesmos. Nem todos haviam sido bons alunos no passado. Jesse Arbor tirava notas baixas e tinha repetido economia básica, e Charles Lear não havia passado do segundo ano do ensino médio. Além disso, William "Syl" White não tinha qualquer experiência militar, tendo acabado de terminar o treinamento básico dos recrutas. "Era puxado", lembrou White. "Era como lutar no escuro."

Para piorar a situação, com o país em guerra, o período de treinamento foi reduzido pela metade. Os candidatos precisavam completar um semestre inteiro de curso em apenas dez semanas cansativas. Acordavam todo dia às seis da manhã para marchar, assistiam a oito horas de aula e varavam a noite estudando. Era necessário dominar matérias sobre marinharia, navegação, artilharia, direito, leis navais, reconhecimento de aeronaves, sinalização com bandeiras, código Morse e sobrevivência – tudo em tempo recorde.

Num curso normal de treinamento de oficiais da Marinha, apenas três quartos dos candidatos passavam nas provas. Porém, naquela primeira turma de candidatos negros, ninguém passou se arrastando – todos os dezesseis tiraram notas estelares. Os líderes em Washington ficaram desconfiados na mesma hora. Para provar que não tinham colado nem estavam tirando vantagem de algum erro de avaliação, os homens precisaram refazer as provas. Acabaram tirando notas ainda mais altas, terminando com uma média geral coletiva de 3,89 de um total de 4,0. Anos depois, eles descobririam que tinham tirado as notas mais altas da história da Marinha. O potencial deles já não era mais oculto.

Treze candidatos acabaram sendo convocados para servir como

oficiais.* O primeiro grupo de afro-americanos a usar estrelas e listras douradas ficou conhecido como os Treze Dourados.² Em vez de sucumbir à força da gravidade que os puxava para baixo, os Treze Dourados conseguiram passar por cima dela. Como Samuel Barnes observou: "Estávamos determinados a ter sucesso apesar do fardo jogado nas nossas costas."

Os Treze Dourados acertaram algo que o restante de nós costuma errar. Diante de uma quantidade aparentemente interminável de obstáculos, desistir é tentador. As circunstâncias são difíceis demais; as forças contra nós são muito intensas. Em momentos assim, somos aconselhados a nos virar sozinhos. A mensagem é que precisamos olhar para dentro de nós e encontrar reservas ocultas de confiança e conhecimento. Mas é olhando para fora, para buscar recursos externos com os outros e para os outros, que descobrimos e desenvolvemos nosso potencial oculto. Quando as chances não estão a nosso favor, olhar para fora é o que nos faz sair do chão.

DIAS TERRÍVEIS AOS QUAIS SOBREVIVEMOS ATÉ AGORA

100 %

ENSINANDO UNS AOS OUTROS

Quando encaramos uma tarefa intimidadora, precisamos tanto de confiança quanto de competência. A capacidade de elevar nossas habilida-

---

* Ainda não se sabe por que três dos dezesseis candidatos originais – Augustus Alves, J. B. Pinkney e Lewis "Mummy" Williams – não foram convocados. Também permanece um mistério por que esses dezesseis homens específicos foram escolhidos.

des e expectativas depende, em primeiro lugar, de como interpretamos os obstáculos no caminho. Diversas evidências mostram que tendemos a dar meia-volta e desistir quando encaramos dificuldades como ameaças. Por outro lado, quando encaramos as barreiras como desafios a serem conquistados, costumamos dar conta do recado.[3]

Pensar nos obstáculos como desafios depende, em parte, de ter uma mentalidade de crescimento – de acreditar na nossa capacidade de melhorar.[4] Mas a psicóloga pioneira por trás dessa ideia, Carol Dweck, recentemente demonstrou que a mentalidade de crescimento não tem muita serventia se não houver o apoio de um andaime. Experimentos rigorosos com mais de 15 mil estudantes revelam que o incentivo de uma mentalidade de crescimento entre alunos do ensino médio só aumenta suas notas quando os professores reconhecem seu potencial e as escolas têm uma cultura de encarar desafios.

Se não tivermos a sorte de alguém nos oferecer um andaime, talvez tenhamos que montar um por conta própria. É aí que precisamos nos virar sozinhos e usar os recursos que já temos para sair de situações complicadas. É o que, em inglês, chamamos de *bootstrap*, cuja tradução literal é "cadarço de bota". O termo é muitas vezes associado a uma lenda popular sobre um barão que ficou preso num pântano com seu cavalo e fugiu usando o próprio cabelo como corda. Versões posteriores podem ter substituído o cabelo do barão pelo cadarço das botas dele.

A habilidade de se virar sozinho costuma ser encarada como um talento individual. Você não conta com a ajuda dos outros. *Você* tira o cadarço das *suas* botas para ajudar a *si mesmo* a passar por cima dos obstáculos. Parece uma expressão pautada por puro individualismo – um ato independente. Mas é quando lidamos com ela de forma interdependente que ganhamos competência e a confiança de superar desafios. Eu mesmo já vi isso acontecer em sala de aula.

Certo outono, expliquei aos meus alunos na Wharton que a prova final seria mais difícil que o normal e lhes mostrei algumas questões como exemplo. Eles ficaram apavorados com a parte de múltipla escolha. Eu queria incentivá-los a se aprofundar no material, mas acabei destruindo sua confiança.

Lembrei a eles que estava torcendo pelo seu sucesso. Até prometi que arredondaria suas notas para cima se a média da turma fosse baixa demais. Os alunos continuaram estressados e cheios de dúvidas, então resolvi dar uma folga a eles. Na questão de múltipla escolha mais difícil, avisei que poderiam escrever o nome de um colega de classe que talvez soubesse a resposta. Se esse aluno acertasse, quem escrevesse seu nome também levaria o ponto. Era o equivalente acadêmico de ligar para os universitários no *Show do milhão*.

Quando vi as notas das provas, me surpreendi. Em comparação com as avaliações do ano anterior, a média da turma tinha subido bastante, e não foi por causa do recurso para ajudá-los. Nos anos seguintes, o desempenho de cada nova turma continuou melhorando. Comecei a cogitar explicações. Com o tempo entendi o que estava acontecendo: aquele pequeno recurso tinha um grande impacto na maneira como os alunos estudavam.

Para tirar uma nota boa na prova, eles ainda precisavam aprender todo o conteúdo – não dava para cada aluno estudar uma parte. Só que, se quisessem o ponto extra numa pergunta, precisavam descobrir quem saberia o quê. Então, em vez de estudarem sozinhos, eles faziam isso juntos. Começaram a se reunir em pequenos grupos para repassar os pontos principais.

Os alunos criaram seu próprio andaime. Se uniram tanto que, numa disciplina posterior, criaram um diagrama gigante com a matéria de todo o semestre. Um deles reservou uma sala para estudarem nas tardes de sábado e convidou a turma inteira. Outros ofereciam suas anotações e elaboravam guias de estudo e simulados. Aqueles jovens logo entenderam que podiam compartilhar com os colegas tudo que faziam sozinhos, e assim construiriam algo juntos e ganhariam força.

Há muitas evidências que mostram que estudar com colegas faz bem ao desenvolvimento. Nas agências de inteligência dos Estados Unidos, se quisermos prever quais equipes produzirão os melhores trabalhos, o fator mais importante a ser observado é a frequência com que os agentes trocam ensinamentos e conselhos.[5] Em faculdades de medicina, os alunos aprendem da mesma forma quando são instruídos por seus colegas ou pelo corpo docente.[6] Nas minhas turmas, nenhum aluno chegava às aulas de sábado sendo especialista na matéria. Eles precisavam usar o conhecimento coletivo do grupo. E há um motivo para acreditar que eles também aprendiam ao ensinar.

Ensinar é um método surpreendentemente poderoso de aprendizado. Numa metanálise de dezesseis estudos, alunos aleatoriamente selecionados para dar aulas a seus colegas acabaram tirando notas maiores na matéria que estavam explicando.[7] Os alunos que deram aulas de interpretação de texto melhoraram na interpretação de texto; os que ensinaram matemática ficaram bem melhores em matemática. Quanto mais tempo passavam explicando a matéria, mais aprendiam. Como um grupo de pesquisadores concluiu,[8] "assim como os colegas que eles ajudaram, os tutores passaram a compreender melhor e desenvolveram atitudes mais positivas sobre o tema ensinado".

Psicólogos chamam isso de "efeito da mentoria".*[13] Ele é ainda mais eficaz para os iniciantes: a melhor maneira de aprender uma coisa é ensinando. Fixamos melhor a informação na nossa mente depois que a recordamos – e a compreendemos melhor depois que a explicamos.[14] Para isso, é necessário apenas aceitar o desconforto de ocupar o lugar de instrutor

---

* O efeito da mentoria ajuda a esclarecer um dos maiores mistérios da mente: por que primogênitos têm uma vantagem cognitiva em comparação com os irmãos que nascem depois?[9] Apesar de não ser um dado apontado em todas as análises, vários estudos rigorosos e em grande escala mostraram que o filho mais velho de uma família tende a ter um desempenho levemente melhor do que os filhos mais novos em testes de inteligência – mesmo levando em conta o tamanho da família, o status socioeconômico, a inteligência dos pais e uma série de outros fatores. Podemos descartar causas biológicas e pré-natais: um estudo com mais de 240 mil adolescentes noruegueses mostrou que as crianças mais novas cujos irmãos mais velhos morrem na infância – e que, assim, são criadas como primogênitas – acabam demonstrando taxas de inteligência mais elevadas.[10] Quando o filho mais velho tem uma vantagem de aprendizado, isso acontece por incentivo, não por natureza. Uma teoria popular é que os primogênitos recebem mais tempo e energia dos pais. A atenção parental pode ser um fator, mas não explica por que filhos únicos – que recebem mais atenção direta – mostram-se *menos* inteligentes nos testes do que primogênitos com irmãos mais novos.[11] É aí que entra o efeito da mentoria. Se você for filho único, não tem a oportunidade de transformar seus irmãos em alunos e, assim como acontece com os caçulas, isso limita seu desenvolvimento. Se você for o primogênito de uma grande família, aprende ao educar seus irmãos menores. A parte interessante é que as vantagens dessa mentoria começam a se manifestar por volta dos 12 anos, quando os irmãos mais velhos têm mais a ensinar e os mais novos estão prontos para aprender.[12]

antes de dominar um assunto. Apenas a informação de que teremos que ensinar algo já basta para impulsionar o aprendizado.[15]

Essa é outra reviravolta na ideia de que quem sabe faz e quem não sabe ensina. Aqueles que ainda não conseguem fazer aprendem ao ensinar. O historiador Henry Adams se tornou especialista em história medieval ao lecionar um curso sobre o assunto.[16] Logo no início, ele confessou aos alunos que não sabia nada sobre a matéria e que até então só tinha aprendido o conteúdo das duas primeiras aulas. A pintora Georgia O'Keeffe aprimorou suas técnicas de abstração em carvão e aquarela enquanto dava aulas de arte.[17] O físico John Preskill aprendeu computação quântica ao se candidatar para dar um curso sobre o tema.[18] E os Treze Dourados gabaritaram suas avaliações de oficiais ao ensinar aquilo que desejavam aprender.

POTENCIAL INESPERADO

No começo do treinamento de oficiais, muitos membros dos Treze Dourados achavam que seria impossível acumular tanta informação em tão pouco tempo. Como conta George Cooper, ele e seus colegas disseram: "Dane-se isso tudo! É coisa demais!" Sem o apoio dos líderes, o melhor que podiam fazer era apoiar uns aos outros. Só que teriam que fazer isso num ambiente notoriamente impiedoso.

Como a tradição da Marinha ditava que nem todo mundo seria aprovado, os candidatos a oficiais tendiam a encarar uns aos outros como rivais, não como colegas de turma. Entretanto, os Treze Dourados se reuniram no alojamento e fizeram um pacto: *Um por todos e todos por um.* "Decidimos logo cedo que iríamos crescer juntos ou fracassar juntos", explica Cooper. "Por sorte, quase todos os assuntos que nos apresentavam já eram conhecidos por pelo menos um de nós."

Para lidar com a carga de estudos avassaladora, os Treze Dourados resolveram contar uns com os outros. Eles se tornariam esponjas, reunindo e filtrando o conhecimento distribuído. Cada membro ensinaria sua especialidade para o restante do grupo. Quando eles pegavam seus livros teóricos, liam os tópicos e esperavam alguém gritar: "Nisso eu sou bom!"

Por serem bons em matemática, Cooper, Graham Martin e Reginald Goodwin lideravam as matérias analíticas, enquanto John Reagan ficava encarregado dos assuntos técnicos. Os fanáticos por história, Samuel Barnes e Dennis Nelson, cuidavam de história militar. Mesmo sem uma educação formal, Lear era um ótimo líder e tinha experiência com marinhagem e nós, então ajudava nessas questões junto com Alves. E, como Arbor tinha passado por treinamentos avançados de navegação e acumulado muita experiência, o grupo recorreu a ele para um curso rápido sobre código Morse – ele batia na parede e oferecia dicas aos colegas quando eles batiam de volta. Juntos, os homens estavam se virando sozinhos.

O horário oficial para as luzes se apagarem era 22h30. Noite após noite, os Treze Dourados se reuniam no banheiro com lanternas, estudando até muito depois da meia-noite. Para se certificar de que não seriam pegos, penduravam lençóis nas janelas para bloquear a luz.

Descobri sobre os Treze Dourados graças a um importante livro escrito por Paul Stillwell, um historiador da Marinha que fez um ótimo trabalho documentando a experiência deles antes de falecerem. Enquanto eu devorava suas extensas entrevistas em busca de histórias, citações e observações, a explicação óbvia para o sucesso daqueles homens era que conseguiram aprender com colegas qualificados. Então me ocorreu que o efeito da mentoria também estava em ação: o ato de compartilhar conhecimento aumentou a competência de quem estava ensinando.[19] Eles trabalhavam juntos, usando o que tinham conquistado por conta própria.

Quando a primeira pergunta sobre direito surgiu, todos se voltaram para White, advogado de formação. Ele explicou que não tinha qualquer conhecimento sobre as leis da Marinha – precisaria pesquisá-las. Ele aprendeu sobre os regulamentos ao ensiná-los – e se tornou proficiente em assuntos que tinha acabado de aprender no treinamento ao explicar alguns deles também. White fixou o conteúdo ao servir de professor.

Usando sua experiência como maquinista, Frank Sublett era responsável por assuntos de mecânica, artilharia e caldeiras junto com Dalton Baugh. Só que eles não sabiam a resposta para muitas das questões que surgiam. Quando o professor escolhido não tinha conhecimento relevante, todos os Treze Dourados davam um palpite. Isso lhes permitia ensinar algo que era relativamente novo para eles. Depois que chegavam a um consenso sobre a melhor explicação, era o momento de fazer exercícios e repassar a matéria. Ao questionar uns aos outros, eles criavam mais oportunidades para todos compartilharem o conhecimento que tinham acabado de adquirir. Sublett entendeu que cada um tinha ideias a compartilhar e, com isso, "tinham também a capacidade e a habilidade de absorver as informações". A base deles era firme. Quando chegou o momento das provas, todos tinham conhecimento para passar em todas as matérias com notas incríveis.

SEGUINDO NOSSOS PRÓPRIOS CONSELHOS

Ensinar aos outros pode desenvolver nossa competência, mas o que aumenta nossa confiança é ajudar os outros. Quando incentivamos as pessoas a superar obstáculos, nossa própria motivação pode se beneficiar. Como pai, já vi isso acontecer.

Antes de dar minha primeira palestra no TED, fiquei nervoso e fui pedir conselhos à minha filha mais velha. Na época, Joanna era uma menina de 8 anos extremamente tímida; ela me disse para procurar uma pessoa na plateia que estivesse sorrindo e concordando com a cabeça. Após a palestra, voltei para casa empolgado para contar a ela que tinha sido encorajado por um rosto radiante na primeira fileira.

Algumas semanas depois, eu e minha esposa, Allison, notamos que Joanna estava nervosa com seu papel na peça da escola. Quando ela subiu ao palco, encontrou nosso olhar na plateia e abriu um sorriso tão grande quanto o nosso. Em vez de nos pedir conselhos, ela se lembrou do que havia me oferecido e o seguiu. Esse foi um ponto de virada: depois disso, vimos sua autoconfiança disparar. Não demorou muito para ela se oferecer para apresentar trabalhos e ser elogiada pelos professores.

Passei a pensar nisso como "efeito da ajuda". Ganhamos confiança na nossa capacidade de superar obstáculos após orientarmos outras pessoas a fazer o mesmo. É o que indicam os elegantes experimentos conduzidos pela psicóloga Lauren Eskreis-Winkler. Em um deles, estudantes do ensino médio tiraram notas melhores em várias matérias – inclusive matemática – após serem aleatoriamente selecionados para oferecer conselhos a alunos mais jovens sobre como permanecer motivado e evitar a procrastinação. Em outro, estudantes do ensino fundamental dedicaram mais tempo aos deveres de casa após serem aleatoriamente selecionados para oferecer conselhos motivacionais a alunos mais novos – em vez de receberem conselhos motivacionais de professores experientes. E pessoas que estavam batalhando para economizar dinheiro, perder peso, controlar a raiva e encontrar emprego acabaram mais motivadas após oferecer conselhos do que após recebê-los.

Com o efeito da mentoria, conseguimos aprender ao compartilhar o mesmo conhecimento que desejamos absorver. Já com o efeito da ajuda, canalizamos motivação ao oferecer aos outros o incentivo de que nós mesmos precisamos. Ajudar os outros aumenta nossa confiança porque nos recorda as ferramentas que já temos.

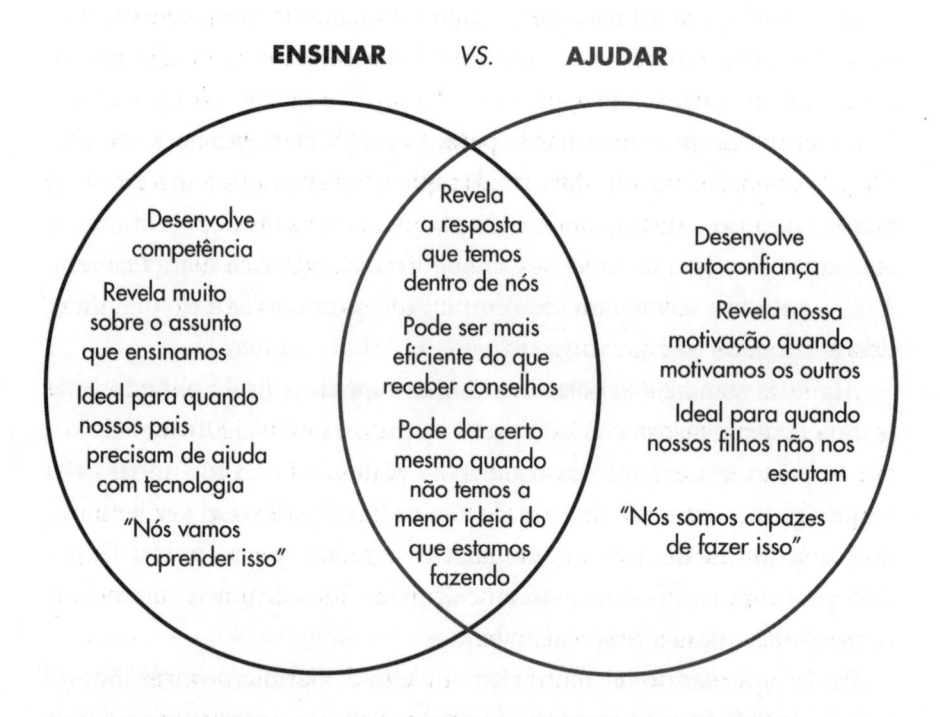

ENSINAR VS. **AJUDAR**

Desenvolve competência
Revela muito sobre o assunto que ensinamos
Ideal para quando nossos pais precisam de ajuda com tecnologia
"Nós vamos aprender isso"

Revela a resposta que temos dentro de nós
Pode ser mais eficiente do que receber conselhos
Pode dar certo mesmo quando não temos a menor ideia do que estamos fazendo

Desenvolve autoconfiança
Revela nossa motivação quando motivamos os outros
Ideal para quando nossos filhos não nos escutam
"Nós somos capazes de fazer isso"

Ajudar costuma ser o oposto do que fazemos quando precisamos de uma luz. Em momentos difíceis, nosso primeiro instinto é pegar o telefone e pedir conselhos. Mas seria melhor pararmos para refletir sobre os conselhos que oferecemos no passado ou ligar para alguém numa situação parecida e oferecer sugestões. Precisamos ouvir o conselho que damos para os outros – ele costuma ser o conselho que nós mesmos deveríamos seguir.

Nas minhas pesquisas, descobri que doar é mais estimulante que receber.[20] Receber é passivo – se você sempre recebe ajuda, acaba se colocando na posição de dependente. Doar é ativo – ajudar os outros nos lembra que temos algo a oferecer. Somos convencidos de que conseguimos nos virar sozinhos. Afinal, conseguimos ajudar os outros.

Os Treze Dourados se ajudaram e se incentivaram ao longo daquele inverno. Para reunir o grupo, Lear chegava cedo. Quando tiveram dificuldade em aprender a usar um sextante para navegação, Lear os incentivou a continuar tentando e explicou algumas técnicas. Isso mostrou a ele – e a seus colegas – que ele podia contribuir.

Os Treze Dourados não apenas ofereciam conselhos e incentivos uns aos outros. Eles também se cobravam. "Cada um de nós, em algum momento ou em vários, esteve prestes a desistir", lembrou George Cooper. "E os outros tinham que estar lá para dizer 'Ah, não, cara, a gente precisa continuar.'" Graham Martin dizia que precisavam passar na prova e não aceitava desculpas quando fugiam dos estudos. Outros chamavam a atenção dos colegas quando eles se distraíam, dando dicas para manter o foco. Conforme se viravam sozinhos juntos, as expectativas que tinham para si mesmos iam aumentando.

Após entrevistar boa parte dos Treze Dourados, Paul Stillwell estava completamente fascinado: "Nem seus instrutores mais rigorosos exigiam tanto quanto eles exigiam de si mesmos." A tarefa difícil que tinham que enfrentar não era mais uma ameaça – era um desafio. Em vez de questionarem sua capacidade individual, eles acreditavam no grupo. Como George Cooper explicou: "Estávamos convencidos de que, se um de nós conseguisse, todos conseguiríamos."

Os Treze Dourados encontraram um jeito de dar um primeiro impulso na autoconfiança e na própria competência. Mas poderiam duvidar de si mesmos ao ver que os líderes não acreditavam neles. Quando outras pessoas questionam nosso potencial, podemos ficar paralisados ou sair correndo na direção oposta. O desrespeito oferece uma barreira específica para o crescimento e exige um tipo especial de andaime para ser superado.

Recentemente conheci alguém que superou esse desafio. Por anos, ouvi falar dela como a palestrante que encantava a plateia antes de eu subir ao palco. Quando finalmente a conheci, ela me ensinou algo surpreendente sobre encontrar motivação numa batalha árdua.

UM MONTE DE QUESTIONAMENTOS

Ofegante, Alison Levine se perguntou o que estava fazendo ali.[21] O ano era 2002, e Alison liderava a primeira expedição de um grupo de americanas pelo monte Everest – o ponto mais alto do planeta. Alison havia alcançado a parte mais complicada do trajeto: a cascata de gelo Khumbu. Acima dela havia um paredão de gelo de mais de 600 metros que se tornaria cada vez mais instável com o calor do sol. Ela precisaria avançar rápido para evitar uma rachadura no gelo ou uma avalanche repentina.

Só que velocidade não era o forte de Alison. Com 1,62 metro e 50 quilos, ela não tinha tamanho nem força para dar passadas longas. Aos 30 e poucos anos, havia começado a escalar pouco tempo antes. Durante a infância, nos verões abafados de Phoenix, no Arizona, ela devorava livros sobre exploradores do Ártico e assistia a todos os filmes que conseguia encontrar sobre alpinistas. Seu sonho era sair numa expedição polar, mas as limitações físicas a impediam de encarar o frio.

Alison havia nascido com um furo no coração; não podia nem cogitar uma vida aventureira. Passou a adolescência tendo desmaios esporádicos e indo e vindo de hospitais. Após várias cirurgias, o buraco finalmente foi fechado e ela recebeu permissão para fazer escaladas. Mas ainda havia um grande obstáculo: um distúrbio de circulação. Em temperaturas muito baixas, suas artérias paravam de enviar sangue para os dedos das mãos e dos pés, que ficavam dormentes e corriam forte risco de congelamento.

Isso não impediu Alison de ir ao Everest. Ela havia passado meses buscando patrocínio e reunindo mulheres que amavam esporte. Agora elas estavam juntas, encarando o buraco enorme que precisavam atravessar no meio de uma geleira. Se escorregassem, cairiam para a morte. Quando Alison pisou no estribo, ouviu uma voz às suas costas:

– Nesse ritmo vocês nunca vão chegar ao topo! – berrou um homem. – Se não conseguem ir mais rápido, não deviam estar aqui. Talvez seja melhor desistir e voltar para casa.

Alison tentou ignorá-lo, subindo devagar, mas em ritmo constante.

Ela e seu grupo conseguiram passar pela cascata de gelo. Pouco depois, um trecho desabou numa avalanche e outro alpinista mal conseguiu escapar vivo. Esse não seria seu único contato com a morte. O helicóptero que transportou o grupo pelo vale Khumbu caiu numa montanha próxima quando fazia o caminho de volta e ninguém sobreviveu. E um dos alpinistas que conheceram no acampamento-base acabaria escorregando e caindo para a morte pouco tempo depois. Alison sabia que suas vidas dependiam de cada pequena decisão e de condições que estavam fora do seu controle.

Após quase dois meses de escalada, Alison e suas colegas alcançaram o último trecho da subida. Era a chamada "zona da morte" – uma altitude em que a maioria dos seres humanos não consegue absorver oxigênio suficiente para sobreviver. Mesmo com um tanque de oxigênio, Alison precisava respirar fundo umas cinco ou dez vezes antes de dar um único passo. Conforme seguiam em frente, elas finalmente avistaram o topo.

Então veio uma tempestade. Em meio a ventanias e nevascas, era perigoso demais continuar a subida ou até mesmo esperar que o clima melhorasse. Após subirem quase 8.800 metros, elas foram obrigadas a desistir... quando faltavam menos de 100 metros até o cume. Em vez de se tornarem o primeiro grupo de mulheres americanas a chegar ao topo do Everest, elas bateram em retirada. Alison as guiou de volta até o pé da montanha.

Assim que chegou em casa, ela teve que encarar uma série de perguntas dos jornalistas: *Parabéns, vocês não conseguiram. Como se sente tendo desistido?* Mesmo sabendo que não era boa ideia, Alison leu os comentários na internet: *Elas não tinham condições. Não mereciam estar lá.* Em eventos sociais, ouvia comentários desdenhosos: *Pare de falar que você escalou o Everest... Você nem chegou ao topo.* Ela se sentia fracassada.

Alison caiu numa espiral de insegurança e depressão. Sentia que havia decepcionado sua equipe, seu patrocinador e seu país. A voz do alpinista não parava de ecoar na sua cabeça: *Você não é rápida o bastante.* Ela jurou que nunca mais pisaria no Everest.

UMA FAÍSCA É ACESA

As expectativas que os outros têm sobre nós muitas vezes se tornam profecias autorrealizáveis. Quando acreditam no nosso potencial, as pessoas nos oferecem uma escada. Elas nos fazem mirar mais longe e nos ajudam a alcançar picos mais altos. Dezenas de experimentos mostram que, no ambiente de trabalho, quando os gestores têm altas expectativas, os funcionários costumam trabalhar com mais afinco, aprender mais e ter desempenhos melhores.[22] Nas escolas, quando professores estipulam grandes metas, os alunos se tornam mais inteligentes e tiram notas melhores – especialmente quando começam em desvantagem.[23]

Enquanto expectativas altas nos ajudam a subir, as baixas tendem a nos segurar no chão, como bolas de chumbo nos tornozelos. Isso se chama "efeito Golem": quando nos subestimam, isso limita nosso esforço e nosso crescimento.[24] É algo que vemos acontecer especialmente entre grupos estigmatizados, assolados por baixas expectativas.[25] Só que uma inovadora pesquisa conduzida por meu colega Samir Nurmohamed descobriu algo surpreendente: é possível usar a nosso favor as baixas expectativas dos outros.[26] Elas não precisam nos limitar – podemos usá-las para ganhar impulso.

Num dos experimentos, Samir pediu aos participantes que clicassem com o mouse em círculos que se moviam. Depois que terminaram uma rodada de treino, um observador enviou uma mensagem para eles. Algumas pessoas foram aleatoriamente escolhidas para receber expectativas altas: *Você vai arrasar nessa tarefa... Sei que é capaz de vencer todo mundo.* Outras receberam expectativas baixas: *Você vai fracassar... Duvido que consiga vencer alguém.*

O impacto das expectativas dependeu de quem as transmitira. Expectativas altas geravam mais esforço e um melhor desempenho... quando vinham de alguém que tinha conhecimento sobre a tarefa. Por outro lado, se o observador não tinha credibilidade ou não conhecia bem a tarefa, o efeito era oposto: os participantes acabavam se esforçando mais e obtendo resultados melhores quando eram subestimados.

		Credibilidade	
		Leigo	Especialista
Expectativas	Cético	Desafiado: Vou provar que ele está errado!	Ameaçado: Não sou capaz.
	Incentivador	Indiferente: Que pessoa impressionável...	Empoderado: Vou provar que ele está certo!

Quando nos dedicamos a um objetivo e somos subestimados por especialistas, entendemos isso como uma ameaça. Essas pessoas têm credibilidade mas não nos servem de incentivo, porque não reconhecem nosso potencial. A descrença delas rapidamente se transforma na nossa insegurança, impedindo nosso crescimento. É uma profecia autorrealizável.

Pesquisas sugerem, porém, que baixas expectativas podem se tornar uma profecia às avessas quando vêm de fontes com pouca credibilidade. *Nós* é que ficamos dispostos a baixar a bola dos críticos, provando que estão errados. Samir chama isso de "efeito azarão".

Quando leigos duvidam de nós, nos sentimos desafiados. Ficamos cheios de motivação. Eles não sabem de nada, então não internalizamos seu ceticismo – mas também não o ignoramos. Em vez disso, queremos desafiá-los. *Vocês vão ver só.* A descrença que ameaça nossa autoconfiança pode se tornar uma prova de fogo que a fortalece. Podemos nos sentir como um azarão capaz de vencer as probabilidades.* Alison Levine que o diga.

---

* O efeito azarão não se limita a pessoas muito autoconfiantes. Samir acredita que baixas expectativas vindas de críticos leigos podem nos motivar independentemente de nos sentirmos capazes de realizar uma tarefa. No entanto, lidar em excesso com baixas expectativas pode ser prejudicial, como Samir e seus colegas mostraram em experimentos com pessoas que procuravam emprego.[27] Aquelas que encaravam mais discriminação tinham mais dificuldade para conseguir um contrato – e isso abalava sua autoconfiança. Mas bastava pedir que elas recordassem uma conquista pessoal inesperada para que isso aumentasse sua eficiência e suas chances de conseguir emprego. Depois que superamos obstáculos, podemos relembrar essa vitória para impulsionar nossa confiança. Como disse Michelle Yeoh, atriz vencedora do Oscar: "As restrições que nos impomos devem ser respeitadas, mas as restrições que nos impõem devem ser superadas."[28]

Após a frustração no monte Everest em 2002, Alison permaneceu assombrada pelos críticos. Ela sabia muito bem que a opinião deles não tinha valor. *Trolls* da internet, jornalistas e semiconhecidos não sabiam nada sobre montanhismo. Aquele alpinista que a criticara não tinha a menor ideia da dificuldade de escalar uma montanha com o tamanho e o peso dela. "Meu medo de falhar de novo não era tão forte quanto meu desejo de provar que os críticos estavam errados", me conta Alison. "Quando um leigo duvida de você, isso soa como um desafio. Eu não queria deixar que os críticos vencessem. Queria fazê-los engolir o que diziam sobre mim."

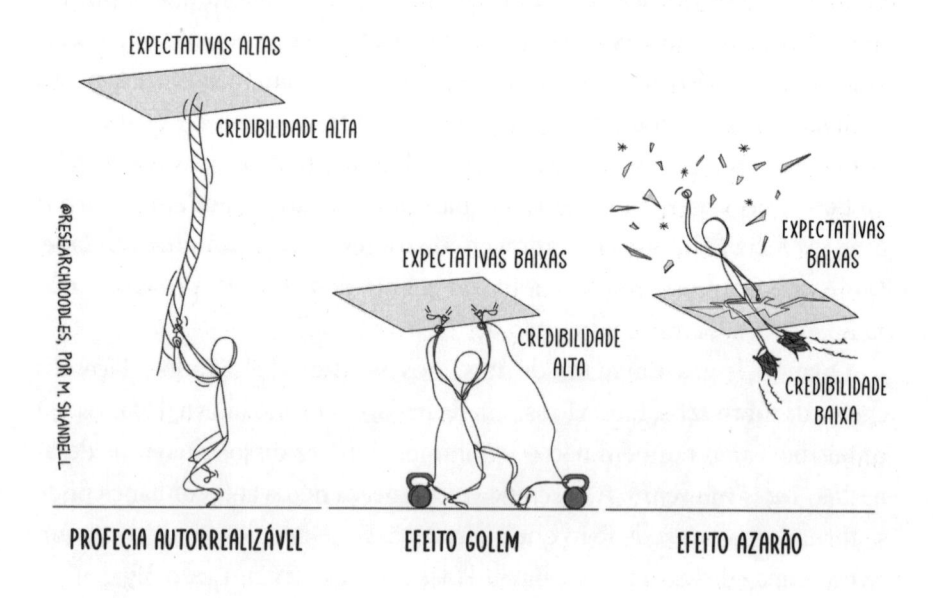

EXPECTATIVAS ALTAS	EXPECTATIVAS BAIXAS	EXPECTATIVAS BAIXAS
CREDIBILIDADE ALTA	CREDIBILIDADE ALTA	CREDIBILIDADE BAIXA
PROFECIA AUTORREALIZÁVEL	EFEITO GOLEM	EFEITO AZARÃO

@RESEARCHDOODLES, POR M. SHANDELL

Grandes desafios exigem um andaime que vá além do efeito azarão. Para Alison, a vontade de colocar os críticos no devido lugar não bastava para levá-la de volta ao suplício do Everest. Se ela tentasse se virar sozinha de novo, talvez se desse mal, e um segundo fracasso poderia acabar com sua carreira de alpinista. Talvez ela nunca mais conseguisse atrair outra equipe ou patrocinadores. Ela precisava de um motivo maior para correr tamanho risco.

EM NOME DE ALGUÉM

O desejo de provar que os outros estão errados pode acender uma faísca de motivação. Transformar essa faísca numa chama, por outro lado, exige algo mais. Críticos leigos podem nos incitar à luta, mas o fogo só arde mesmo quando temos algo pelo qual lutar.

É fácil superar obstáculos pelas pessoas que amamos. Quando sabemos que alguém conta conosco, reunimos forças que nem sabíamos ter. Num estudo, eu e Marissa Shandell comparamos o desempenho de saltadores olímpicos quando competiam individualmente e quando competiam em dupla. Esses atletas tinham menos chances de errar em dupla do que quando executavam o mesmo salto sozinhos.[29] Um padrão semelhante foi observado em crianças numa variação do teste do marshmallow. Em experimentos na Alemanha e no Quênia, crianças foram informadas de que poderiam comer um biscoito imediatamente ou esperar alguns minutos para ganhar um biscoito extra. Elas esperavam mais pela recompensa quando sabiam que desistir também privaria outra criança da chance de ganhar um biscoito extra.[30] Ter uma dupla pode evitar que duvidemos das nossas habilidades (*Será mesmo que consigo fazer isso?*) e aumentar nossa determinação (*Não vou deixar que você saia no prejuízo*). Como Maya Angelou escreveu: "Faço o melhor possível porque quero que você possa contar comigo."[31]

Depois da expedição fracassada no Everest, Alison Levine tinha uma pessoa contando com ela. Sua amiga Meg a incentivou a tentar de novo. "Só se você for comigo", respondeu Alison, sabendo que isso seria impossível. Apesar de Meg ser uma atleta de elite, dois linfomas haviam acabado com seus pulmões.

Tragicamente, Meg faleceu em 2009 em decorrência de uma infecção. Alison queria fazer algo significativo para honrar o legado da amiga, então decidiu escalar o Everest em homenagem a ela. Aquilo era algo pelo qual valeria a pena lutar. Em questão de meses, Alison havia entalhado o nome de Meg em sua piqueta e comprado uma passagem aérea para o Nepal, juntando-se a uma expedição com alpinistas desconhecidos. Dessa vez não lideraria uma equipe escolhida a dedo – ela estaria despretensiosamente integrando um grupo de alpinistas independentes.

Enquanto atravessava a cascata de gelo Khumbu, ela pensou em todas as pessoas que tinham duvidado da sua capacidade. Não apenas no alpinista intrometido ou nos críticos da internet, mas também nos médicos que diziam que seu problema vascular tornaria a aventura perigosa demais. *A única coisa que preciso fazer para provar que todo mundo está errado*, pensava ela, *é dar um passo de cada vez*. Quando isso não era suficiente, ela olhava para sua piqueta e lembrava: *Estou aqui pela Meg.* Isso renovava sua confiança.

Após longas e numerosas semanas, Alison voltou ao ponto em que sua escalada havia terminado oito anos antes. Ela estava quase sem forças e começava a duvidar de si mesma. Então escutou alguém gritar seu nome: "Ei, Alison! Preciso que você me prometa que vai mais longe do que isso." Um guia de outra expedição, Mike Horst, havia ficado para trás para incentivá-la. "Senti um peso sair das minhas costas", me contou ela. Como ele era um especialista, Alison confiava no incentivo dele: "Mike já tinha chegado ao cume do Everest várias vezes. Se ele achava que eu conseguiria, então eu conseguiria mesmo." Além dos críticos leigos que ela precisava surpreender e da grande amiga que ela queria homenagear, agora Alison tinha um incentivador confiável torcendo pelo seu sucesso. Ela apertou a mão de Mike e seguiu em frente.

Ao chegar ao topo, Alison alcançou não apenas seu objetivo de escalar o pico mais alto do planeta. Subir o Everest era seu último passo para completar o Adventurers Grand Slam: Alison se tornou uma entre apenas poucas dezenas de pessoas a já terem escalado a montanha mais alta de todos os seis continentes e esquiado até o Polo Sul e o Polo Norte. Só que, olhando para trás, ela diz que seu momento de maior orgulho não foi o último passo que deu para chegar ao topo – foi a distância que percorreu de volta ao Everest para alcançar o ponto em que sua primeira escalada havia terminado.

Fazer progresso nem sempre significa seguir em frente. Às vezes é uma questão de se recuperar. O progresso não se reflete apenas nos cumes que alcançamos – ele também é visível nos vales que cruzamos. A resiliência é uma forma de crescimento.

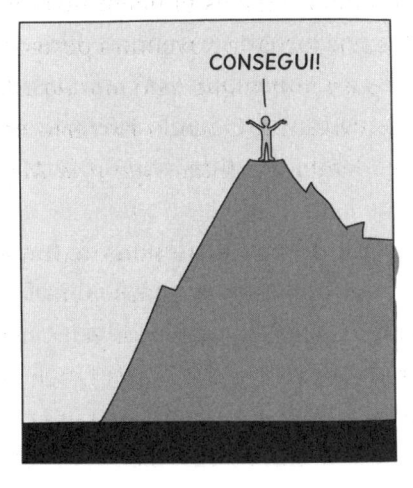

ABRINDO CAMINHO

Os Treze Dourados encontraram motivação ao decidir lutar uns pelos outros – e contra as baixas expectativas, enfrentando os críticos mais ferozes. Em várias ocasiões, líderes da Marinha precisaram chamar a atenção dos instrutores preconceituosos. "Muitos deles não queriam se misturar", lamentou um tenente branco, John Dille. "Precisávamos lembrar aos oficiais que certos comportamentos eram inaceitáveis – que eles tinham que tratar os recrutas negros do mesmo jeito que tratavam os brancos." Mesmo assim, vários instrutores continuavam dizendo aos candidatos negros que eles jamais teriam sucesso.

Para os Treze Dourados, estava óbvio que os críticos não eram qualificados para julgá-los. O instrutor principal, por exemplo, tinha se formado na Academia Naval apenas dois anos antes. Tinha menos experiência do que muitos daqueles recrutas – e não sabia nada sobre a capacidade deles. Então o grupo usou isso como combustível: decidiu provar que o instrutor estava errado. "Havia quem torcesse pelo nosso fracasso só para ter uma desculpa para ser contra o alistamento de outros oficiais negros, já que não seríamos competentes nem inteligentes o bastante", explica Samuel Barnes. "Isso nos deixou ainda mais determinados a ter sucesso. [...] Dizíamos: 'Vamos tirar vantagem disso. [...] Vamos conseguir justamente porque esperam que a gente não consiga.'" Para provar que os críticos estavam errados, todos precisavam ter sucesso. Eles não queriam decepcionar uns aos outros – nem decepcionar sua comunidade.

Encontramos mais determinação quando um grupo inteiro conta com a gente. Minha colega Karren Knowlton demonstrou que, quando temos um forte senso de pertencimento a um grupo, sentimos que nossos esforços não são individuais.[32] Temos vontade de desafiar as baixas expectativas sobre nossa comunidade para melhorar a situação de todos. Queremos não apenas provar que somos capazes – queremos abrir caminho para que nossos semelhantes nos sigam.

Os Treze Dourados sabiam que representavam algo bem maior que eles. "Sabíamos que estávamos preparando o terreno", observou George Cooper. "Se fracassássemos, 120 mil homens levariam uma eternidade para ter a mesma chance. [...] Era uma responsabilidade enorme. A gente falava sobre isso o tempo todo." Para ajudar as gerações futuras, eles precisavam se virar sozinhos. Nas palavras de Jesse Arbor: "Aprendemos a andar com as próprias pernas para que a geração seguinte conseguisse correr."

Os Treze Dourados fizeram muito mais do que quebrar a barreira racial para futuros oficiais da Marinha. Eles abriram o caminho para conquistas ainda maiores. Dalton Baugh concluiu seu mestrado em engenharia no MIT e se tornou o primeiro engenheiro-chefe negro da Marinha. Dennis Nelson se tornou capitão-tenente e organizou um programa de alfabetização que educou milhares de marinheiros e permitiu que muitos votassem pela primeira vez. Reginald Goodwin liderou a secretaria admissional da Marinha. Samuel Barnes se tornou doutor em administração pedagógica e o primeiro oficial negro da Associação Universitária Atlética dos Estados Unidos. Syl White fez parte do conselho governamental de Illinois e se tornou juiz. Ele e George Cooper defenderam o direito das mulheres e dos gays na Marinha décadas antes de isso ser comum ou bem-aceito.

É mais importante ser um bom antecessor do que um sucessor servil. Muita gente passa a vida defendendo o passado em vez de organizar o futuro. Queremos encher nossos pais de orgulho, quando deveríamos querer orgulhar nossos filhos. A responsabilidade de cada geração não é agradar a anterior – é melhorar as condições para seus descendentes.

―

Apesar de suas conquistas históricas, os Treze Dourados passaram muitos anos sem receber qualquer reconhecimento da Marinha. Quando terminaram o treinamento de oficiais em 1944, não houve cerimônia de formatura nem comemorações. Eles foram inclusive proibidos de entrar no clube dos oficiais em Great Lakes.

Em 1987, os integrantes dos Treze Dourados que ainda estavam vivos retornaram às redondezas de Chicago, onde tudo havia começado. Um prédio estava sendo nomeado em homenagem aos feitos do grupo, e quem comandou a cerimônia foi o primeiro almirante negro da Marinha. Até hoje, quando novos recrutas chegam para fazer o treinamento básico, eles entram no Centro de Processamento de Recrutas Treze Dourados.

O nome do prédio foi uma honra, mas os Treze Dourados se emocionavam mesmo era com as pessoas que eles tinham influenciado. Até então, a maioria deles só tinha visto no máximo um punhado de oficiais negros reunidos. Agora, três décadas após o treinamento, centenas de pessoas lotavam um auditório graças às portas que eles tinham aberto. Os capitães vinham agradecer em fila: "Devemos tudo aos senhores."

Os Treze Dourados enfrentaram muita descrença das pessoas ao redor. Houve momentos em que duvidaram de si mesmos, mas acreditavam uns nos outros e estavam determinados a abrir caminho para a nova geração.

É possível superar obstáculos por conta própria, mas chegamos mais longe quando ajudamos uns aos outros. Se especialistas acreditam em nós, talvez seja hora de acreditarmos neles. Se leigos duvidam de nós, talvez precisemos provar que estão errados. E, quando nossa fé fraqueja, vale a pena lembrar pelo que estamos lutando.

PARTE III
Sistemas de oportunidades
Como abrir portas e janelas

Habilidades de caráter e andaimes podem nos ajudar a desvendar potenciais ocultos em nós mesmos e nas pessoas ao redor. Só que, para permitir que mais pessoas alcancem grandes feitos, precisamos de algo maior. Criar oportunidades em grande escala exige reformular nossas escolas, equipes e empresas. A oportunidade faz diferença, e isso foi amplamente evidenciado por Raj Chetty, o economista por trás da pesquisa que relaciona sucesso às habilidades de caráter aprendidas no jardim de infância.[1]

Chetty e seus colegas resolveram pesquisar como as oportunidades moldam futuros empreendedores. Chegaram à conclusão de que algumas crianças crescem em ambientes que lhes dão acesso especial a recursos. Ao levantar os registros de patentes de mais de um milhão de americanos e cruzar esses dados com declarações de impostos federais, os pesquisadores encontraram um resultado preocupante: pessoas criadas nas famílias que faziam parte do 1% mais rico do país tinham dez vezes mais chances de se tornar inventoras do que as que vinham de famílias de baixa renda.

Para alguém que havia crescido numa família abastada, as chances de registrar uma patente eram 8 em 1.000. Para alguém de origem pobre, as chances despencavam para 8 em 10 mil.

A renda familiar fazia diferença mesmo quando se comparavam pessoas com o mesmo nível de habilidades cognitivas. Se dois alunos do terceiro ano do ensino fundamental tinham as melhores médias de matemática da turma, o de família rica tinha o dobro de chances de inventar algo do que o de família pobre. E, para piorar a situação, esses mesmos craques da matemática que vinham de famílias de baixa renda não tinham mais chances de virar inventores do que os coleguinhas ricos que tiravam notas abaixo da média nas mesmas provas de matemática.

Quando pensamos em gênios como pessoas com habilidades extraordinárias, subestimamos o impacto das circunstâncias da vida. Quando têm uma ideia, as crianças ricas tentam colocá-la em prática. Já as menos afortunadas podem ser Einsteins perdidos: se tornariam grandes inovadoras se tivessem oportunidade.

Não é difícil entender por quê. A equipe de Chetty descobriu que uma das vantagens que crianças ricas têm é mais exposição e acesso a adultos empreendedores dentro e fora de casa. Há mais guias disponíveis para oferecer conselhos e direções. Elas podem sonhar mais alto, ter propósitos mais ambiciosos e percorrer jornadas mais longas.

E o efeito da oportunidade vai além da riqueza – também envolve geografia. Algumas regiões são mais férteis em invenções. A pesquisa de Chetty revelou que, depois que famílias se mudavam para áreas com níveis mais elevados de inovação, seus filhos tinham mais chances de registrar patentes na vida adulta. Quando a família trocava Nova Orleans por Austin, por exemplo – saindo de um percentual de 25% para o de 75% de inventores *per capita* –, a probabilidade de seus filhos registrarem uma patente aumentava em 37%. A geografia também pode prever em que área do conhecimento a inovação será aplicada. Se a criança se mudar para o Vale do Silício, terá mais chances de patentear algo relacionado a computação.

Mas estar na região certa não oferece as mesmas vantagens para todos os moradores. Ter pessoas que nos inspirem faz diferença, e grupos sub-representados costumam ter dificuldade em encontrá-las. Segundo os dados coletados, meninas só tinham mais chances de registrar patentes se crescessem numa região cercada por mulheres inventoras – o que era raro. Chetty e seus colegas estimam que, se as meninas tivessem tanta exposição a inventoras quanto os meninos têm a inventores, o número de patentes registradas por mulheres mais do que dobraria – acabando com mais da metade da disparidade de inovação entre os gêneros.

Bons sistemas permitem que as pessoas percorram longas distâncias. Eles abrem portas para quem cresce sem recursos financeiros, escancaram janelas para quem é proibido de passar pela porta e quebram tetos para quem não tinha chances de crescer. Quando criamos sistemas que despertam o potencial oculto da nossa população, reduzimos o risco de perder Einsteins – e Carvers, Curies, Hoppers e Lovelaces também.

Quando forem formulados do jeito correto, nossos métodos de admissão poderão reconhecer o potencial dos candidatos menos prováveis. Nossas empresas e equipes poderão reconhecer que boas ideias não vêm apenas de cima para baixo – e preencher o silêncio com vozes de baixo para cima. E nossas escolas poderão dar a crianças que começam em desvantagem uma chance de ganhar terreno. Em vez de procurar gênios apenas onde esperamos encontrá-los, poderemos alcançar o potencial máximo da humanidade cultivando a genialidade em cada um de nós.

@RESEARCHDOODLES, POR M. SHANDELL

CAPÍTULO 7
Toda criança faz progresso
*Como desenvolver escolas
que despertem o melhor nos alunos*

> Assim como Michelangelo acreditava que havia
> um anjo preso dentro de toda peça de mármore,
> acredito que há uma criança brilhante presa
> dentro de todo estudante.
>
> – MARVA COLLINS[1]

No começo do novo milênio, milhares de adolescentes representaram seus países numa competição internacional. Apesar de estar prestes a chocar o mundo todo, o torneio atraiu pouca atenção. Não havia apresentações em estádios, multidões na torcida nem medalhas. Só uma pequena coletiva de imprensa em Paris para anunciar os resultados.

Pela primeira vez na história, especialistas tinham encontrado uma forma de comparar diretamente os talentos de jovens de todo o mundo. A partir de 2000, a cada três anos a Organização para a Cooperação e o Desenvolvimento Econômico (OCDE) convidaria adolescentes de 15 anos de dezenas de países para fazer o PISA – um teste padronizado para avaliar suas habilidades de matemática, interpretação de textos e ciências.[2] As notas revelariam que nação tinha as mentes mais brilhantes – e, portanto, as melhores escolas.

Os resultados não serviriam apenas para se vangloriar. Nada é mais vital para o progresso de futuras gerações do que a qualidade dos sistemas de ensino. Os melhores países se tornariam exemplos para o mundo criar escolas melhores e sociedades mais instruídas.

Os favoritos na competição inaugural de 2000 incluíam o Japão e a Coreia do Sul, países conhecidos por seus estudantes inteligentes e aplicados. Os resultados, no entanto, surpreenderam. O país com a melhor classificação não fica na Ásia. Também não é uma das superpotências das Américas ou da Europa – não é o Canadá, o Reino Unido nem a Alemanha. Tampouco a Austrália ou a África do Sul. O vencedor foi ninguém menos do que um inesperado país azarão: a Finlândia.[3]

Apenas uma geração antes, a Finlândia era conhecida como o fim do mundo da educação – no mesmo nível da Malásia e do Peru, na lanterninha do restante da Escandinávia. Em 1960, 89% dos finlandeses só estudavam até o nono ano. Na década de 1980, em comparações internacionais de taxas de graduação, assim como do desempenho em olimpíadas de matemática e ciências, os estudantes finlandeses continuavam sendo medíocres.

Era raro que um país mudasse tanto em tão pouco tempo. Alguns críticos chegaram a suspeitar de erro na pontuação. Então veio a competição de 2003 para provar que estavam errados: a Finlândia ficou em primeiro lugar de novo, com notas ainda mais altas. Em 2006, o país foi tricampeão, desbancando outros 56 países participantes.

É claro que todos os testes têm suas falhas, mas a excelência educacional da Finlândia não se resumia ao PISA – nem ao ensino médio. Em 2012, quando a OCDE aplicou um teste de aptidão diferente para mais de 165 mil adultos em dezenas de países, a Finlândia ficou em primeiro lugar entre os jovens tanto em matemática quanto em interpretação de textos.[4]

Diretores de escola, políticos e jornalistas rapidamente foram até a Finlândia para descobrir a receita do sucesso. Só que especialistas em educação internacional avisaram que importar essa receita não seria fácil. Alguns dos principais ingredientes eram locais: a Finlândia tinha uma população abastada e culturalmente homogênea de apenas 5 milhões de habitantes.

Esses ingredientes até podiam ter influenciado as conquistas do país, mas não explicavam sua ascensão meteórica. Vejamos a vizinha da Finlândia ao norte, a Noruega, que tinha taxas de pobreza infantil ainda menores e turmas menos numerosas.[5] Estranhamente, durante a mesma época em que a Finlândia melhorava, as notas da Noruega despencavam.[6] Além disso, as notas finlandesas eram consistentemente melhores que as do restante da Escandinávia. Alguma outra coisa devia estar acontecendo.

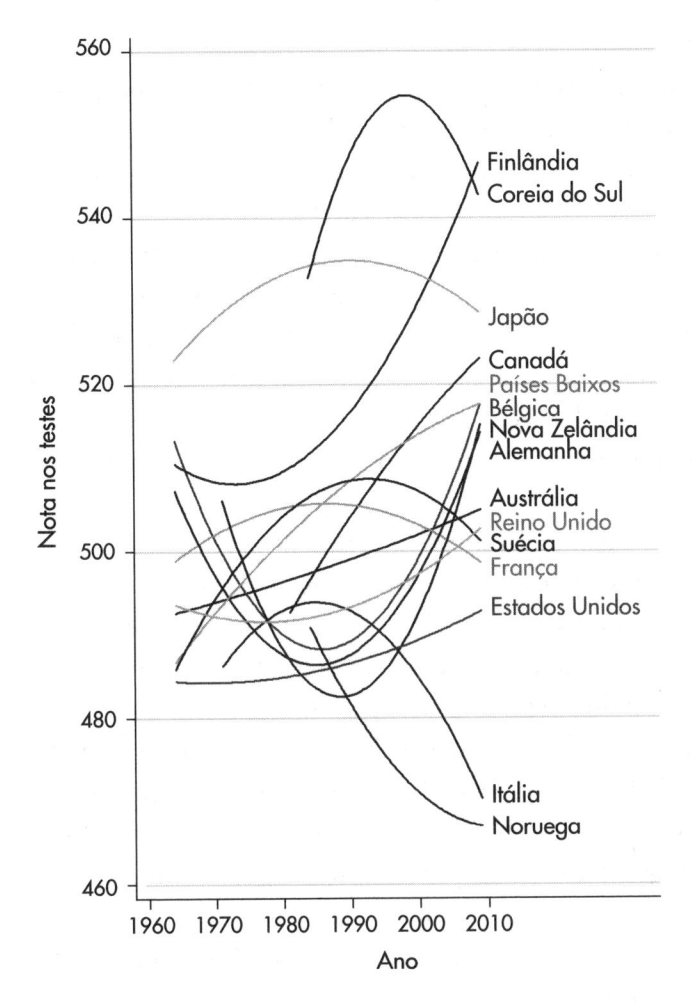

Fontes: Ripley, *As crianças mais inteligentes do mundo*; Hanushek e Woessmann, *The Knowledge Capital of Nations*. Anos antes do primeiro PISA, economistas já tinham estipulado um parâmetro comum para comparar os testes aplicados em países diferentes.

Enquanto a Finlândia continuava superando expectativas, os Estados Unidos se mantinham aquém delas. No PISA de 2006, disputado por 57 países, os Estados Unidos ficaram em 35º lugar em matemática e no 29º em ciências – e não melhoraram em 2018, ficando no 25º lugar geral. As escolas americanas ainda tinham muito a aprender com o salto extraordinário da Finlândia.

Também visitei a Finlândia em busca da receita da vitória. Conversei com uma série de especialistas em educação e analisei pesquisas extensivas. Ficou claro para mim que a Finlândia não tinha nenhum ingrediente mágico – *tirando seu delicioso suco de mirtilo*. Fortes evidências sugerem, aliás, que alguns dos melhores ingredientes finlandeses podem funcionar em qualquer lugar – e há ajustes que podemos fazer para aprimorá-los. Após estudar o que a Finlândia faz de diferente, acredito que boa parte do seu sucesso venha da sua cultura.

Essa cultura se fundamenta na crença de que todos os alunos têm potencial. Em vez de priorizar os alunos mais brilhantes, as escolas finlandesas oferecem a todos a oportunidade de crescer. No PISA, a disparidade de conquistas entre escolas e entre estudantes era a menor do mundo. Ter desvantagens é menos desvantajoso na Finlândia do que em qualquer outro lugar: além da taxa mais elevada de bons desempenhos, o país também tinha a menor taxa de desempenhos ruins.

Nas escolas finlandesas, o lema é "Não podemos desperdiçar nenhum cérebro".[7] Esse é seu diferencial. O país sabe que o segredo para nutrir o potencial oculto não é investir nos alunos que demonstram habilidade desde cedo. É investir em *todos* os alunos.

A TERRA DAS OPORTUNIDADES

Nossas experiências na escola podem impulsionar ou restringir nosso desenvolvimento. Usando os recursos disponíveis, algumas escolas e professores conseguem criar ambientes de aprendizado que despertam o melhor em nós. No mundo todo, evidências mostram que as chances de sucesso pessoal dependem, em parte, das culturas criadas nas escolas e nas salas de aula no início da vida.[8]

Na psicologia organizacional, dizemos que a cultura possui três elementos: práticas, valores e presunções.[9] Práticas são as rotinas diárias que refletem e reforçam valores. Valores são princípios compartilhados: o que deve ser recompensado e o que deve ser punido. Presunções são crenças profundamente enraizadas e tidas como óbvias a respeito do funcionamento do mundo.[10] Nossas presunções moldam nossos valores, que, por sua vez, motivam nossas práticas.

O sistema educacional americano é construído ao redor da máxima "O mundo é dos vencedores".[11] Partimos do princípio de que o potencial vem de uma capacidade inata que fica clara desde o começo da vida. Como resultado, valorizamos a excelência visível – o que nos leva a adotar práticas para investir em alunos que mostrem sinais óbvios de brilhantismo. Se você ganhou na loteria da inteligência, é recompensado com atenção especial em programas para alunos superdotados e talentosos. Se for classificado como lento, talvez seja obrigado a repetir uma série e sofrer um golpe duradouro na sua autoestima. E, se vencer na loteria da riqueza, será mais fácil frequentar as melhores escolas com os melhores professores, ao contrário dos seus colegas de famílias mais pobres. Em 2001, para melhorar as chances desses alunos em desvantagem, o Congresso americano aprovou o "No Child Left Behind Act" (ou Lei Nenhuma Criança Fica para Trás). O objetivo era alcançar 100% de proficiência em matemática e interpretação de textos em todas as séries – e cobrar as escolas para que não deixassem os alunos mais fracos para trás. Apesar de receber o apoio de democratas e republicanos, o plano não deu certo.[12] Ainda vemos grandes disparidades de desempenho entre escolas americanas e entre alunos ricos e pobres.

Em contrapartida, o sistema educacional da Finlândia criou uma cultura de oportunidades para todos. A presunção é que a inteligência assume muitas formas e toda criança tem potencial para se destacar. Essa crença leva a um valor central de igualdade educacional – e consequentemente a um conjunto de práticas projetadas para ajudar toda criança a evoluir.[13] O sucesso não é reservado apenas aos superdotados e talentosos; o objetivo é oferecer ótimos professores e um plano personalizado de desenvolvimento a todos os alunos. Se alguém fica para trás, é muito incomum que precise repetir uma série. Para ajudar esse estudante a acompanhar o ritmo da turma, a escola se antecipa e oferece intervenções com aulas particulares e apoio extra. E se concentra em desenvolver os interesses individuais de cada aluno – não apenas em promover seu sucesso.

CULTURAS EDUCACIONAIS DISCREPANTES

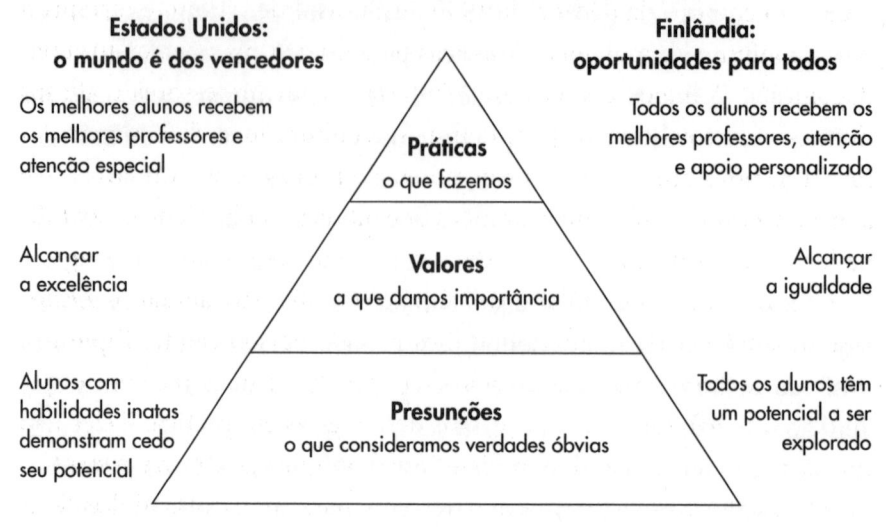

Estados Unidos: o mundo é dos vencedores		Finlândia: oportunidades para todos
Os melhores alunos recebem os melhores professores e atenção especial	**Práticas** — o que fazemos	Todos os alunos recebem os melhores professores, atenção e apoio personalizado
Alcançar a excelência	**Valores** — a que damos importância	Alcançar a igualdade
Alunos com habilidades inatas demonstram cedo seu potencial	**Presunções** — o que consideramos verdades óbvias	Todos os alunos têm um potencial a ser explorado

Inspirado no modelo cultural de Edgar Schein

O valor que atribuímos à educação não afeta apenas escolas; ele permeia a sociedade inteira. Nos Estados Unidos, se você perguntar às pessoas qual carreira consideram a mais respeitável, elas provavelmente responderão que é a dos médicos.[14] Na Finlândia, a profissão mais admirada é a dos professores.[15]

Pode parecer uma bela coincidência que a cultura finlandesa incentive uma ótima educação. Mas os valores e presunções de um país sobre a educação não são predeterminados – são uma escolha. Na década de 1970, a Finlândia iniciou uma imensa reforma para profissionalizar a educação. Como explica Samuel Abrams, especialista em pedagogia, eles colocaram em prática um valor básico de usar "a educação como instrumento para impulsionar a nação".[16]

A reforma começou com uma análise sobre como professores eram recrutados e treinados. Ao contrário da Noruega, a Finlândia começou a exigir que todos os professores completassem mestrados oferecidos nas melhores universidades. Isso atraiu candidatos extremamente motivados.[17] Eles receberam treinamento avançado em práticas baseadas em pesquisas, muitas das quais elaboradas em outros países.[18] E também receberam bons salários.

Esses valores e práticas não transformaram a cultura da noite para o dia. No começo da década de 1990, um novo líder surgiu e instaurou outro conjunto de mudanças drásticas para criar "uma nova cultura pedagógica".[19] Políticos começaram a interagir com professores e alunos num esforço colaborativo para definir sua cultura ideal.[20] Eles articularam uma nova presunção – "Professores são profissionais confiáveis" – e a promoveram ao introduzir práticas que ofereciam liberdade e flexibilidade para os professores moldarem um currículo até então muito rígido.

Hoje os professores finlandeses têm autonomia para ajudar os alunos a se desenvolver da maneira que lhes pareça mais eficiente. Espera-se que eles se mantenham atualizados nas pesquisas mais recentes e que ajudem uns aos outros a colocar suas descobertas em prática. E eles não precisam perder tempo dando matérias só porque vão cair na prova.*

Essas reformas prepararam o terreno para as escolas finlandesas construírem culturas de oportunidade. Ao valorizar a educação, o país sedimentou a crença de que todo mundo é capaz de aprender. Como disse Pasi Sahlberg, a maior autoridade mundial sobre o sistema educacional finlandês: "Uma boa escola na Finlândia é aquela em que todos os alunos superam as expectativas."

Para descobrir e desenvolver o potencial em cada um dos seus alunos, os professores partem da presunção básica de que a educação deveria ser ajustada de acordo com necessidades individuais. Surpreendentemente, isso não exige turmas pequenas; em média, um professor finlandês é responsável por vinte alunos. O que é necessário é um conjunto de práticas para o ensino personalizado. As escolas finlandesas criam culturas de oportunidade ao permitir que os alunos construam relacionamentos únicos, recebam apoio individualizado e desenvolvam seus interesses pessoais.

---

* A Finlândia avalia o progresso aplicando a um grupo muito pequeno de alunos testes padronizados que englobam o currículo inteiro.[21] Ao contrário dos seus contemporâneos nos Estados Unidos e na Noruega, os estudantes finlandeses não fazem nenhuma prova padronizada até o fim do ensino médio, quando estão prontos para se inscrever na faculdade. Além disso, o salário dos professores finlandeses parece menor que o dos americanos e noruegueses apenas em termos nominais, não reais. Como o dólar vale mais na Finlândia e os benefícios são mais generosos, pode-se dizer que os professores finlandeses têm um poder aquisitivo maior.[22]

VAMOS FICAR JUNTOS

E se houvesse uma prática simples que toda escola pudesse implementar – com os recursos que já tem – para facilitar o progresso geral de cada aluno? A Finlândia tem uma. Ela foi projetada para promover relacionamentos individuais, permitindo que os professores conheçam seus alunos, e não apenas a matéria. E faz pouco tempo que ela foi testada do outro lado do Atlântico.

Ao estudar milhares de alunos do ensino fundamental na Carolina do Norte, economistas observaram que certas turmas de quarto e quinto ano tinham uma propensão maior a alcançar picos de desempenho em matemática e interpretação de textos do que outras. Eles associaram essa vantagem a cerca de 7 mil professores específicos. Fiquei imediatamente curioso para saber o que eles faziam de diferente. Mas, no fim das contas, a diferença essencial estava no sistema escolar, não nos professores.

Os alunos que faziam mais progresso não tinham professores melhores. Eles só permaneciam com o mesmo professor por dois anos seguidos.[23]

É uma prática chamada aprendizado em ciclos. Em vez de continuar na mesma série e ensinar novos alunos todo ano, os professores mudam de série com os alunos. As vantagens do aprendizado em ciclos não se restringem à Carolina do Norte. Uma equipe diferente de economistas replicou o estudo com quase um milhão de estudantes do ensino fundamental em Indiana e encontrou os mesmos resultados.[24]

Com mais um ano para se aproximar dos alunos, os professores entendem melhor seus pontos fortes e seus desafios. Eles conseguem moldar sua didática para ajudar todos na turma a alcançar seu potencial.* O conhecimento profundo que ganham sobre cada aluno não é perdido ao passar a turma para um novo professor no ano seguinte.

---

* As vantagens do aprendizado em ciclos também afetam outros alunos. Contanto que pelo menos 40% de uma turma tenha tido o mesmo professor no ano anterior, é bem provável que sejam observadas melhorias no desempenho em matemática e interpretação de textos do restante da classe. Quando os professores já têm relacionamentos preexistentes com alguns alunos, tendem a se esforçar mais para conhecer os outros – e costumam ter mais facilidade para lidar com a turma e construir um ambiente de aprendizado positivo.

A Finlândia adora o aprendizado em ciclos, e fui surpreendido pela maneira como o país aplica o método. É comum que alunos do ensino básico permaneçam com o mesmo professor por vários anos – não apenas por dois anos seguidos, mas até seis.[25] Em vez de simplesmente se especializarem em suas matérias, os professores também se especializam nos alunos. Mais do que instrutores, passam a ser educadores e mentores. Além de ensinar a matéria, eles conseguem ajudar os alunos a progredir rumo a seus objetivos e a lidar com desafios sociais e emocionais.

Eu não tinha me dado conta até ler as pesquisas, mas tive a sorte de me beneficiar do aprendizado em ciclos. Minha escola de ensino fundamental foi pioneira num programa para manter os alunos com os mesmos professores principais por três anos. Quando tive dificuldade com geometria espacial, a Sra. Bohland não questionou minha capacidade. Após me ver gabaritar as provas de álgebra por um ano inteiro, ela sabia que eu pensava melhor de modo abstrato e me ensinou a usar equações para identificar as dimensões das formas antes de desenhá-las em 3D. E a Sra. Minninger conhecia bem meus interesses após passar anos observando minha empolgação com as matérias de humanas. Ela percebeu que minha paixão por estudar personagens da mitologia grega estava relacionada ao meu bom desempenho em debates escolares – e sugeriu que meu trabalho de fim de ano fosse sobre psicologia. *Obrigado, Mama Minnie.*

Ainda assim, o aprendizado em ciclos não é a regra para escolas americanas. Na Carolina do Norte, entre 1997 e 2013, 85% das escolas não utilizavam o método, e apenas 3% dos alunos tiveram o mesmo professor por dois anos seguidos. Há tempos, críticos alegam que a troca de turmas impede os professores de desenvolver habilidades especializadas. E os pais temem que seus filhos fiquem com um professor ruim por muito tempo. *E se meu filho acabar na turma do Sr. Voldemort?* Mas os dados mostram que o aprendizado em ciclos é ainda mais vantajoso para professores menos eficientes – e para alunos com mau desempenho. A construção de um relacionamento longo foi mais benéfica para os professores e alunos que tinham dificuldades, porque eles puderam melhorar juntos.

Mas o que acontece quando os alunos têm desafios que um único professor não consegue resolver? Se os alunos estão tendo dificuldade, eles precisam de mais do que apenas relacionamentos mais próximos.

É nesse ponto que a Finlândia se destaca ao oferecer práticas de apoio personalizado.

TODO O MEU APOIO

Anos atrás, na cidade finlandesa de Espoo, um aluno do sexto ano chamado Besart Kabashi estava tendo dificuldade. Tinha chegado ao país com os pais albaneses, fugindo da guerra do Kosovo e sem saber falar finlandês. O diretor da escola, Kari Louhivuori, pediu uma intervenção inicial diferente.[26] Ele decidiu que Besart deveria repetir o ano e estudar com um professor de necessidades especiais. Mas, para se certificar de que o garoto não ficaria para trás, Kari colocou a mão na massa: "Assumi o papel de professor particular de Besart naquele ano."

Nos Estados Unidos, não me lembro de ter visto nenhum diretor colocando o pé numa sala de aula para ver se os alunos estavam aprendendo. E lá estava um diretor finlandês que não hesitava em separar um horário na sua agenda atarefada para dar aulas particulares a um deles. O amor de Kari por seus alunos é tão profundo que, por anos, seu "exercício matinal" era parar nas turmas de jardim de infância e levantar 45 crianças no colo enquanto elas riam e davam gritos de alegria. Quando precisou ajudar Besart, Kari não pensou duas vezes. "Não foi nada de mais", disse ele. "É o que fazemos todos os dias: preparamos as crianças para a vida."

Benjamin Franklin observou que "um grama de prevenção vale um quilo de solução".[27] E, de fato, dezenas de experimentos mostram que intervenções precoces podem ajudar alunos a fazer grandes avanços em matemática e interpretação de textos.[28] Só que, nos Estados Unidos, alunos de escolas com poucos recursos não costumam ter acesso ao apoio individualizado de que precisam. A maioria dos estados americanos nem sequer segue as leis federais sobre educação especial, que dirá tem uma equipe para oferecer aulas particulares de graça e dar apoio a alunos que não conseguem acompanhar a turma ou encaram barreiras idiomáticas.[29] Estudantes como Besart se sentem perdidos por lá com muita frequência.

Na Finlândia, todo aluno tem acesso a ajuda e apoio personalizados. A prática começa no topo: os líderes escolares não são meros administradores. Eles são responsáveis por verificar o progresso e o bem-estar de todos os alunos. E espera-se que dediquem pelo menos parte da semana a dar aulas também.*

O cargo oficial do diretor Kari era professor-chefe. Toda semana ele dava aulas para uma turma do terceiro ano fundamental. Ele levou Besart para passar o ano em sua classe, ajudando-o a ler enquanto os outros alunos faziam suas atividades diárias. Ao pedir a Besart que ajudasse os colegas mais novos, ele ativou o efeito da mentoria. Ao longo do ano, esse andaime fez diferença. Besart aprendeu o novo idioma, alcançou os colegas e descobriu que era capaz de grandes conquistas.

No ano seguinte, Besart foi para outra escola. Kari entrava em contato com o novo professor dele com regularidade para acompanhar seu rendimento. Anos depois, Besart apareceu na festa de Natal de Kari e lhe deu uma garrafa de conhaque como agradecimento por sua ajuda. Kari ficou orgulhoso ao saber que, aos 20 anos, Besart administrava não apenas um, mas dois negócios – uma oficina de carros e uma firma de limpeza.

Apesar de começar no topo, o apoio vai além disso. A filosofia é aplicada a todo o sistema educacional finlandês. Cada escola na Finlândia tem uma equipe de bem-estar estudantil.[32] Além dos professores em sala de aula, a equipe costuma incluir um psicólogo, um assistente social, um enfermeiro, um professor de educação especial e o diretor da escola. Foi assim que Kari ficou sabendo sobre as dificuldades de Besart: a equipe de bem-estar estudantil se reuniu para debater como poderia ajudá-lo.

---

* Ter gestores que compreendem o trabalho central de uma organização não beneficia apenas escolas.[30] Pesquisas mostram que, quando são administrados por médicos, os hospitais oferecem tratamentos de mais qualidade – e o resultado das pesquisas fica ainda mais impactante quando se trata de universidades que nomeiam reitores que são acadêmicos bem-sucedidos. Uma compreensão profunda do trabalho parece ajudar líderes a atrair profissionais talentosos, ganhar sua confiança e desenvolver estratégias eficientes. E faz sentido argumentar que, assim como os diretores finlandeses continuam lecionando, os gestores médicos deveriam continuar tratando pacientes e os reitores deveriam continuar publicando pesquisas. Minha colega Sigal Barsade tem uma expressão para isso: liderar por ações.[31] Ela recomenda que, em vez de administrar instituições apenas andando pelos corredores, os líderes dediquem 5% a 10% do seu tempo ao trabalho real com suas equipes. É um ótimo jeito de se manter atualizado sobre o que acontece no dia a dia e de mostrar que o trabalho dos funcionários também tem seu valor.

Esse sistema de apoio é como uma rede de segurança social para os alunos. Na maioria dos casos, impede que repitam de ano.[33] As aulas particulares ajudam esses alunos a melhorar o rendimento. E isso não se resume aos que tiram as piores notas. Durante os nove primeiros anos escolares, cerca de 30% dos estudantes finlandeses recebem assistência extra.[34] Ao identificar os desafios no começo, eles conseguem prevenir problemas maiores no futuro.

Essa ênfase na prevenção ajuda a explicar por que a Noruega – a vizinha escandinava da Finlândia – não atende às expectativas. O sistema educacional norueguês não chega nem perto de realizar tantas intervenções quando os alunos mostram os primeiros sinais de dificuldade.[35] Nos Estados Unidos, alguns estados começaram a melhorar nesse aspecto: o Alabama e a Virgínia Ocidental melhoraram as taxas de conclusão do ensino médio ao fazer intervenções logo no começo para ajudar alunos do primeiro ano cujas notas despencaram após o ensino fundamental.[36]

Na Finlândia, os professores conversam com os pais dos alunos para montar planos de ensino personalizados desde o jardim de infância. Você deve estar se perguntando como encontram tempo para isso. A Finlândia resolveu o problema com uma prática *quase tão boa* quanto o suco de mirtilo.

O que é diferente no dia de aula finlandês não é a duração, mas a programação.[37] Os professores (e os alunos) da Finlândia têm uma hora a mais de intervalo em comparação com os americanos, por exemplo. Isso lhes dá tempo para planejar as aulas, corrigir avaliações e cuidar do desenvolvimento pessoal durante o expediente, evitando que trabalhem à noite e nos fins de semana. Também é um tipo de intervenção precoce para os professores: ter menos demandas e mais autonomia previne o *burnout*.[38] Com mais energia, os professores finlandeses podem cultivar sua paixão harmoniosa pelo ensino – e promover o amor pelo aprendizado em seus alunos desde os primeiros dias de escola. Esse amor floresce num ambiente projetado para que os alunos descubram e desenvolvam seus interesses individuais.

BRINCADEIRA DE CRIANÇA

Minha curiosidade sobre o que a Finlândia fazia de diferente na educação infantil foi originalmente aguçada por uma manchete.[39] "Os alunos alegres e analfabetos dos jardins de infância da Finlândia" foi escrito por um professor americano de ensino fundamental, Tim Walker, que havia sofrido síndrome de *burnout* após muito penar em sala de aula. Como sua esposa era finlandesa, ele decidiu se mudar para o país e recomeçar a carreira.

Após chegar a Helsinque e conseguir emprego como professor, Tim decidiu frequentar diferentes salas de aula para entender como as coisas funcionavam. Quando visitou uma escola pública de jardim de infância, mal conseguiu acreditar no que via. Esperava encontrar alunos sentados a suas mesas, fazendo tarefas para desenvolver habilidades cognitivas, como nos Estados Unidos. Com o tempo, o jardim de infância americano foi se tornando mais parecido com o primeiro ano fundamental.[40] Os alunos dedicam mais tempo a aprender a soletrar, escrever e fazer contas – e menos tempo a estudar dinossauros e o espaço, explorando seu lado artístico e musical e brincando. Afinal, de que outra forma eles aprimorariam suas competências principais e se tornariam aptos a gabaritar provas padronizadas dali a sete anos?

Só que Tim encontrou algo completamente diferente na Finlândia. Os alunos no jardim de infância só passavam um dia da semana sentados a suas mesas aprendendo a soletrar, escrever e fazer contas.* Toda

---

* Os educadores finlandeses não gostam de ensinar leitura no jardim de infância. Pesquisas mostram que os adolescentes que melhor interpretam textos não necessariamente eram os leitores mais proficientes no jardim de infância – eles eram os que falavam melhor e os que mais contavam histórias.[41] E, quando terminam a primeira etapa do ensino fundamental, as crianças que aprenderam a ler com 7 anos já alcançaram os colegas que aprenderam a ler com 5 – e podem até ter uma compreensão melhor.[42] Muitos alunos do jardim de infância ainda não desenvolveram o vocabulário para decodificar palavras[43] nem possuem conhecimento abrangente para entender frases e acompanhar histórias.[44] O tempo que professores de jardim de infância são obrigados a dedicar a exercícios e testes de leitura pode ser contraproducente;[45] nessa fase escolar, é mais útil aprender a dividir as sílabas oralmente do que por escrito.[46] Mas a Finlândia não proíbe a leitura no jardim de infância – se os alunos demonstram interesse e capacidade, ela se torna parte do seu plano de aprendizado individual.

aula durava 45 minutos no máximo, seguida por 15 minutos de intervalo. Essa é outra prática que tem base científica: assim como acontece com os adultos, intervalos rápidos entre atividades melhoram o foco das crianças e alguns aspectos do seu aprendizado.[47]

Na educação infantil finlandesa, os alunos passam a maior parte do tempo brincando. As segundas-feiras podem ser reservadas a jogos e excursões; as sextas, a músicas e mesas de atividades. Tim viu as crianças brincando com jogos de tabuleiro pela manhã e construindo pequenas represas à tarde; ora cantavam numa rodinha, ora faziam o que quisessem. Algumas queriam construir fortes; outras preferiam pintar e fazer artesanato.

Os professores não seguiam os supostos estilos de aprendizagem dos alunos. Eles simplesmente lhes davam tempo de sobra para explorar seus interesses individuais. "Por quê?", talvez perguntem alguns americanos. Porque os educadores finlandeses partem do princípio de que a lição mais importante que devem ensinar às crianças é que aprender é divertido.

Essa filosofia é confirmada pela ciência. Uma pesquisa no Reino Unido mostrou que estudantes que gostam de ir à escola aos 6 anos acabam tirando notas mais altas em provas padronizadas aos 16 – independentemente do grau de inteligência e da situação socioeconômica.[48] Os professores finlandeses têm um lema que transmite bem essa mensagem: "O trabalho da criança é brincar."[49]

Nos Estados Unidos, brincar é algo reservado a escolas montessorianas. Na Finlândia, essa é uma parte obrigatória do currículo para todas as escolas primárias. O governo finlandês insiste que as crianças brinquem, por entender que a brincadeira estimula o amor pelo aprendizado. Esse é um valor que deve ser desenvolvido no começo – e que acaba levando a melhores habilidades cognitivas e de caráter.

No jardim de infância finlandês que Tim visitou, uma das atividades favoritas era a sorveteria. As crianças usavam dinheiro de mentirinha para comprar e vender sorvete imaginário. Enquanto operavam a máquina registradora, anotavam pedidos e contavam o troco, elas aprendiam a ser proativas e sociáveis enquanto praticavam habilidades básicas de matemática e comunicação. De fato, dezenas de estudos observam que a diversão deliberada é mais eficaz do que instruções diretas para ensinar algumas habilidades cognitivas e de caráter, como determinação e disciplina.⁵⁰ E sabemos que os alunos finlandeses foram bem no PISA em parte porque estão entre os mais persistentes do mundo.

PROBLEMAS NO PARAÍSO

Quando fui à Finlândia alguns anos atrás, achei que a sociedade teria orgulho do seu sistema educacional. Mas as pessoas que conheci – desde pais de alunos e especialistas em pedagogia até o primeiro-ministro – geralmente fizeram críticas às suas escolas. No começo achei que fosse uma questão de humildade nórdica. Descobri que o maior princípio do código social escandinavo é "Nunca se considere especial".⁵¹

Não demorou muito para que eu descobrisse que havia bons motivos para eles estarem decepcionados e frustrados. Os resultados da Finlândia no PISA tinham começado a derrapar em 2009, na quarta edição do exame. Após três vitórias seguidas, suas notas tinham caído em todas as três matérias – matemática, interpretação de textos e ciências.⁵²

Proficiência da Finlândia nos ciclos do PISA

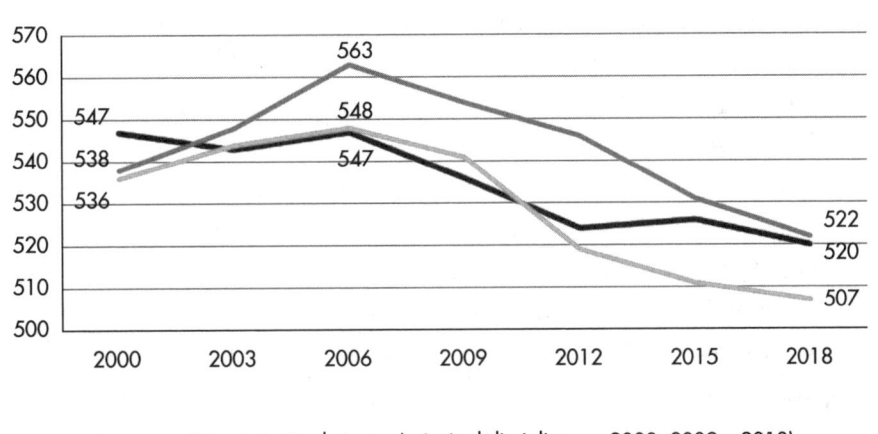

— Interpretação de textos (principal disciplina em 2000, 2009 e 2018)
— Matemática (principal disciplina em 2003 e 2012)
— Ciências (principal disciplina em 2006 e 2015)

As pontuações continuaram caindo nas três provas seguintes. Em 2018, a Finlândia não apenas tinha sido vencida por vários países asiáticos como tinha caído para o segundo lugar na Europa. Uma pequena nação do outro lado do mar Báltico havia passado à sua frente.

A Estônia havia subido no ranking apesar de ter um orçamento relativamente baixo e turmas numerosas.[53] Em 2018, o país já estava em quinto lugar no placar geral – e suas disparidades entre escolas e entre alunos ricos e pobres estavam entre as menores do mundo. Os políticos da Estônia haviam estudado a receita da Finlândia e importaram muitos dos seus ingredientes. Suas escolas primárias e secundárias tinham professores altamente qualificados, todos com mestrado e muita autonomia. Os professores do primeiro ano fundamental acompanhavam os alunos até o terceiro, quarto, quinto ou sexto ano; um forte sistema de apoio auxiliava alunos com dificuldade em vez de obrigá-los a repetir de ano; e o currículo escolar se baseava na educação lúdica. Então, se estava dando certo para a Estônia, por que a Finlândia começara a ficar para trás?

Que fique claro: a Finlândia até podia estar perdendo pontos, mas com certeza não estava fracassando. O país continuava entre os dez melhores do mundo e mantinha disparidades pequenas de desempenho entre escolas e entre classes socioeconômicas.[54] Mas parecia que seus alunos tinham dado um passo em falso.[55]

Especialistas rapidamente começaram a buscar motivos que explicassem o declínio.[56] Especularam sobre o aumento da complacência e o impacto dos cortes orçamentários da crise financeira de 2008. Debateram sobre o fato de outros países terem copiado as técnicas de ensino da Finlândia e prejudicado sua posição no ranking. Só que fortes evidências apontavam para outra explicação: a dificuldade de motivar os alunos do ensino médio.[57]

Em 2018,[58] 70% dos estudantes na Finlândia relataram não ter se esforçado muito para dar seu melhor no PISA.* E essa falta de motivação

---

* Mesmo num exame cuidadosamente formulado como o PISA, o desempenho é influenciado pela motivação, não apenas pela capacidade.[59] Há quem argumente que os americanos têm resultados ruins no PISA porque não há muito em jogo, ao contrário dos exames admissionais para faculdades. Esse parece ser parte do motivo, mas não é a principal explicação para as notas medíocres. Num experimento, economistas compararam o desempenho de estudantes chineses e americanos em avaliações com e sem

não se limitava ao exame: os alunos finlandeses estavam entre os que menos relatavam desejo de persistir e melhorar na escola. Parecia que, em algum momento, eles tinham perdido o amor pelo aprendizado – justamente a motivação que seu sistema de ensino tinha sido projetado para cultivar.[60] A cultura de oportunidades só dá certo quando os estudantes se sentem motivados a aproveitá-la.

MANTENDO O AMOR VIVO

Os políticos e educadores finlandeses não abandonaram seus valores diante do desafio. Quando as notas no PISA caíram, eles não se apressaram para implementar iniciativas que melhorassem a pontuação. Em vez disso, começaram a conduzir experimentos para descobrir como aumentar a motivação nas escolas. Várias pesquisas mostram que a maior fonte de motivação é a liberdade para explorar interesses.[61] Os políticos finlandeses testaram maneiras de oferecer a todos os alunos uma sensação de controle sobre o próprio aprendizado.

Num dos experimentos, os estudantes do sexto ano tiveram que desenvolver um grande projeto: administrar a própria cidade em miniatura. Eles administravam um banco, um supermercado e um hospital. Produziam um jornal e tinham um aluno-prefeito no comando do governo. Quando o projeto foi concluído, um dos alunos-prefeitos recebeu dois visitantes ilustres: o rei e a rainha da Suécia... de verdade.

O casal real estava no país para conhecer um dos novos programas da Finlândia, o Me & MyCity (Eu & MinhaCidade).[62] A iniciativa venceu prêmios internacionais por inovar na educação e promover o pen-

---

incentivos. Os alunos chineses foram bem nas duas provas, independentemente do incentivo, talvez porque culturas coletivistas enfatizem a importância de representar seu grupo mesmo na ausência de recompensas individuais. Já os alunos americanos tiveram resultados melhores quando receberiam um prêmio em dinheiro com base no seu desempenho, talvez porque sua criação numa cultura individualista os faça se dedicar mais quando existe um retorno pessoal. Ao que tudo indica, se houvesse mais em jogo no teste PISA, o resultado dos americanos melhoraria muito – mas não seria o bastante para alcançar campeões como a Finlândia, a Coreia do Sul e a China.

samento empresarial. Foi um ótimo exemplo da diversão deliberada aplicada a alunos mais velhos,[63] uma versão mais avançada da sorveteria de mentirinha do jardim de infância. Os estudantes se inscreviam para os trabalhos de que mais gostassem e passavam por uma entrevista de seleção com os professores.

Me & MyCity foi um sucesso tão grande que a maioria dos alunos finlandeses do sexto ano participa dele até hoje. O programa é poderoso porque coloca os alunos no controle do próprio aprendizado. Eles ficam empolgados com a ideia de passar semanas ensaiando um papel e decidindo como interpretá-lo. Cabe a eles estabelecer suas ideias, cuidar do dinheiro e manter a própria reputação. Eles recebem um "salário" digital e usam cartões bancários para comprar produtos e serviços dos colegas de classe. Os professores não precisam oferecer recompensas para incentivar os alunos a participar; a motivação deles vem de dentro. E há motivos para acreditar que ela seja duradoura: pesquisas preliminares indicam que, além de obter conhecimento, os alunos que participam do projeto se tornam mais interessados em economia.[64]

Para aprender mais sobre como as escolas finlandesas estão motivando seus alunos, voltei a procurar Kari Louhivuori. Hoje ele trabalha no Conselho de Educação Criativa da Finlândia junto com sua filha Nelli – uma adorada professora de ensino fundamental que oferece consultoria para escolas no mundo todo sobre como adotar as práticas pedagógicas da Finlândia. Pai e filha fizeram a gentileza de me receber numa reunião em família.

Eles me explicaram que, apesar de programas de ensino prático serem um começo, há outro ingrediente-chave para promover a motivação intrínseca. "Ler é a habilidade básica para todas as matérias", explicou Kari. "Se você não se sente motivado a ler, não consegue estudar outras disciplinas." Cultivar o desejo pela leitura nutre interesses individuais.

UM RECREIO DIFERENTE

O amor pela leitura costuma começar em casa. Ao descobrir recentemente que mais da metade dos pais acreditava não ler o bastante para os filhos,⁶⁵ o Centro de Leitura Finlandês começou a oferecer livros gratuitos para todo bebê nascido no país.⁶⁶

Embora ter livros em casa seja um começo, psicólogos acreditam que isso não basta. Se quisermos que nossos filhos gostem de ler, precisamos fazer com que a leitura seja parte da vida deles.⁶⁷ Isso envolve conversar sobre literatura, visitar bibliotecas e livrarias, dar livros de presente e deixar que nos vejam lendo. Crianças prestam atenção naquilo em que prestamos atenção: é assim que elas descobrem o que valorizamos.

Quando estava no jardim de infância, minha filha Elena me perguntou por que eu não lia livros. Só que minhas prateleiras estavam lotadas de exemplares. Como ela podia pensar que um escritor não lia? Era como achar que um ator não via filmes ou um pintor não frequentava museus. Então me dei conta do motivo de ela nunca ter me visto devorar um romance: eu fazia isso na cama, quando ela já estava dormindo. Na noite seguinte, anunciei para ela que estava na hora de começarmos a ler juntos o primeiro livro do Harry Potter. Sua irmã mais velha se juntou a nós e nos revezamos para ler o livro todo em voz alta. Em poucos anos, meus filhos já tinham organizado um clube do livro em família. Quando eles se interessam por uma saga, eu e minha esposa, Allison, lemos todos os volumes com eles e conversamos sobre a história. Certa noite, bem depois da hora de dormir, peguei nossos três filhos com as luminárias acesas – eles estavam lendo escondidos. Quase explodi de felicidade.

A leitura é uma porta de entrada para oportunidades: ela abre caminhos para que as crianças continuem aprendendo. Só que livros precisam disputar a atenção com a TV, o videogame e as redes sociais. Em 2018, os adolescentes finlandeses passaram 77 horas a menos lendo por pura diversão em comparação com 2000. E esse fenômeno não é exclusividade da Finlândia; nos Estados Unidos, o entusiasmo pela leitura continua caindo a cada ano entre os estudantes.[68] No ensino médio, os alunos costumam ser indiferentes à leitura, odiá-la com todas as forças ou algo no meio do caminho.

Um dos maiores fracassos das aulas de linguagem e literatura é obrigar os alunos a engolir os "clássicos" em vez de permitir que escolham seus livros. Pesquisas revelam que, quando os alunos escolhem os livros que vão ler na escola, eles se tornam mais interessados na leitura.[69] É um círculo virtuoso: quanto mais eles leem por diversão, melhor ficam e mais gostam.[70] E quanto mais gostam, mais aprendem – e melhor é seu desempenho nas provas. A tarefa do professor não é garantir que os alunos leiam grandes obras da literatura; é despertar o entusiasmo pela leitura.

Na Finlândia, quando percebeu que seus alunos do ensino fundamental não queriam ler, Nelli Louhivuori inventou um novo tipo de recreio. Toda segunda-feira, ela levava os alunos para o "recreio na biblioteca". Não havia uma lista determinada de livros – eles podiam escolher o que quisessem. As crianças passaram a conhecer os bibliotecários – que, por sua vez, passaram a conhecer os interesses dos alunos e começaram a ir até a sala de Nelli para anunciar os lançamentos relevantes. Depois que os alunos escolhiam seus livros da semana, Nelli também lhes dava a opção de decidir onde queriam ler. Não demorou muito para criarem uma nova tradição: eles levavam os livros para uma floresta próxima e devoravam as páginas em meio às árvores.

Ao longo do ano, Nelli incentivou cada aluno a escrever sobre seus livros preferidos. A ideia não era fazer um resumo e entregar a ela. "A turma não ficaria inspirada desse jeito", explicou. Para tornar a atividade atraente e interativa, sempre que os alunos se empolgavam com um livro, eles podiam fazer uma apresentação para contar a história para seus colegas de turma. Isso se tornou outra tradição – quando deu por si, Nelli tinha uma sala de aula cheia de críticos literários em formação.

Esse é o tipo de combustível capaz de impulsionar o aprendizado em qualquer lugar, para quase qualquer criança, sobre quase qualquer assunto. O interesse aumenta quando podemos escolher o que vamos aprender e quando compartilhamos esse conhecimento com os outros. A motivação espontânea é contagiante.[71] Quando os alunos falam sobre os livros que despertam sua imaginação, isso cristaliza seu amor pela leitura – e oferece aos outros a chance de viver a mesma experiência.

———

Só o tempo dirá se essas oportunidades são suficientes para gerar e manter o amor pelo aprendizado. Mas a Finlândia continua sendo um modelo sobre aquilo que pode ser a dimensão mais importante de todas. Por mais que o país valorize a educação, o que mais me impressiona é que sua cultura não coloca o desempenho acima do bem-estar.

Em muitos sistemas educacionais de elite, os alunos sacrificam a saúde mental pela excelência.[72] Nos Estados Unidos, pesquisas mostram que a taxa de depressão e ansiedade clínica entre estudantes de escolas de ensino médio focadas em resultados é três a sete vezes maior do que a média normal.[73] A China obteve os melhores resultados no teste PISA de 2018, mas ficou entre os dez piores países no quesito satisfação com a vida.[74] Entre a pressão para serem perfeitos[75] e o estresse de passarem muitas horas estudando,[76] mais de 75% dos alunos chineses declararam se sentir tristes às vezes ou sempre, e mais da metade declarou se sentir muito triste.

Em contrapartida, na Finlândia, menos da metade dos alunos de ensino médio se descreveu como triste e menos de um terço disse se sentir muito triste. Eles tiravam notas altas tendo dedicado, em média, apenas 2,9 horas por semana a fazer deveres de casa – menos do que um adolescente chinês costuma dedicar em um único dia.[77] No PISA de 2018, a Finlândia ficou em primeiro lugar entre os 77 países participantes no quesito performance por hora estudada. Isso significa que eles mantiveram seu reinado na principal métrica para o crescimento: eficácia de aprendizado.[78]

O método deles continua complexo demais para ser resumido numa receita simples. A maioria dos especialistas acredita que é uma mistura de (1) ensino de alta qualidade; (2) motivação genuína, que acaba impulsionando um aprendizado mais profundo; (3) foco melhorado, já que têm uma rotina mais leve e menos centrada em provas; e (4) habilidades de caráter que são desenvolvidas cedo e dão resultado com o tempo. Por enquanto, o que sabemos é que a Finlândia é o país que mais ajuda seus estudantes a progredir sem monopolizar o tempo deles e sem fazê-los odiar a escola. Talvez a crença mais profunda entre os finlandeses seja esta: mais vale estar bem do que se sair bem.

Um sistema educacional só é bem-sucedido de verdade quando todas as crianças – independentemente das condições socioeconômicas – têm a oportunidade de alcançar seu potencial. Uma educação voltada para grandes conquistas não deveria girar em torno de alguns poucos escolhidos que serão incentivados a dar tudo de si. É preciso fomentar uma cultura que permita que todos os estudantes cresçam intelectualmente e prosperem como seres humanos.

CAPÍTULO 8

A busca pelo ouro
Como trazer à tona a inteligência de uma equipe

Outros olhos vão observar os arredores e
encontrar coisas que nunca encontrei.
– MALVINA REYNOLDS[1]

No instante em que viram a avalanche desabando lá do alto, os homens correram para se proteger. Alguns ainda não conseguiam ver o que estava acontecendo, mas o som era inconfundível: um barulho baixo e alarmante que se intensificou num estrondo ensurdecedor. Uma rajada de vento ergueu um deles do chão e lançou outro pelo ar. Eles se levantaram e fugiram correndo.

Os homens mal enxergavam ou escutavam em meio às pedras que voavam para todo lado. Já temiam a morte quando viram uma picape descendo a toda pela estrada. Pularam para dentro da caçamba e precisaram se segurar com todas as forças nas duas vezes em que a picape bateu num obstáculo. Quando chegaram ao fim da estrada, já estavam a salvo da avalanche. Mas não completamente a salvo. Eles estavam 700 metros abaixo da terra.[2]

Era agosto de 2010, e uma mina de ouro e cobre no deserto chileno tinha acabado de desabar. Um pedaço enorme de pedra, da altura de um prédio de 45 andares, havia se soltado da montanha lá em cima. A única entrada estava bloqueada por mais de 700 mil toneladas de rochas. Havia 33 homens presos lá dentro. Acreditava-se que tinham menos de 1% de chance de sobreviver.

Ainda assim, 69 dias depois, todos reencontraram suas famílias. Foi um esforço de resgate monumental e milagroso – nenhum ser humano jamais tinha ficado tanto tempo preso embaixo da terra. Enquanto eu assistia à cápsula de resgate carregando o primeiro mineiro em segurança, chorei lágrimas de alegria e alívio. Se você estava entre o bilhão de pessoas que assistiram àquele momento ao vivo, deve ter chorado também. Na época, boa parte da cobertura da mídia girava em torno de como os mineiros tinham sobrevivido. Só anos depois fui me dar conta de quanto a equipe de resgate tinha para nos ensinar sobre como equipes prosperam juntas.

No início da missão de resgate, ninguém nem sequer sabia se os mineiros continuavam vivos. E não havia jeito simples de descobrir. Os mapas da mina eram incompletos e antigos, e a equipe "perfurava às cegas".[3] Era como procurar uma agulha num palheiro duas vezes maior que a torre Eiffel. Eles precisavam estimar a localização dos mineiros e a trajetória curvada de uma perfuradora imensa. Se errassem apenas poucos graus na superfície, podiam perder a mira em centenas de metros na mina.

No 17º dia, a equipe de resgate teve um vislumbre de esperança. Quando uma das perfuradoras finalmente alcançou a área em que poderia haver um refúgio, a equipe começou a bater na perfuradora com um martelo, na tentativa de enviar um sinal aos mineiros... e parecia que alguém batia de volta. Quando o equipamento retornou à superfície, a equipe encontrou sua extremidade coberta de tinta laranja e com pedaços de papel anexados. Os mineiros tinham escrito bilhetes avisando que todos haviam sobrevivido. Se os papéis se perdessem no caminho, a pintura laranja serviria de prova de vida.

No entanto, àquela altura a situação dos mineiros já era bem difícil. Seus suprimentos estavam acabando. Só lhes restavam água contaminada e um pedacinho de atum para cada três dias. A equipe de resgate conseguiu ganhar algum tempo para eles ao furar buracos minúsculos que não arriscariam outro colapso na mina – um para comida e água, outro para oxigênio e eletricidade. Mas, agora, precisavam encontrar um modo de fazer um buraco grande o suficiente para resgatar seres humanos... a 700 metros de profundidade... através de uma rocha mais dura que granito... sem enterrar os mineiros vivos. Um resgate como aquele nunca havia sido tentado antes, que dirá tido sucesso.

Quando encaramos problemas complexos e urgentes, sabemos que não conseguiremos solucioná-los sozinhos. Partimos do princípio de que nossa decisão mais importante é reunir as pessoas mais sábias sobre o assunto. Depois de encontrarmos os especialistas certos, colocamos nosso futuro nas mãos deles.

Só que não foi isso que os líderes do resgate da mina chilena fizeram. Em vez de apenas contar com um grupo exclusivo de especialistas de renome, eles construíram um sistema para trazer à tona ideias e raciocínios mais amplos e elaborados. Só fizeram o primeiro contato por voz com os mineiros graças a uma invenção de 10 dólares de um pequeno empreendedor. E o resgate final só foi possível graças a uma série de sugestões de um engenheiro de 24 anos que não fazia nem parte da equipe principal.

Maximizar a inteligência do grupo vai além de convocar especialistas – e envolve mais do que reunir pessoas para solucionar um problema. Desvendar o potencial coletivo exige práticas de liderança, processos de equipe e sistemas que aproveitem as capacidades e contribuições de todos os integrantes. As melhores equipes não são aquelas com os melhores pensadores; são as que revelam e usam as melhores sugestões de todo mundo.

NÃO É QUALQUER EQUIPE

Comecei a questionar como grupos alcançam grandes conquistas quando estava no penúltimo ano da faculdade. Aconteceu na aula que me deixou vidrado em psicologia organizacional, afetuosamente apelidada de "Psico das 8h30". Diziam que o professor tinha escolhido um horário tão cedo porque queria atrair apenas os alunos mais motivados.

Quando cheguei antes da hora para a primeira aula, a sala já estava lotada, mas o professor não havia chegado. Então olhei pela janela e vi um gigante desgrenhado do lado de fora, alto o suficiente para jogar na NBA. Ele andava de um lado para outro segurando um cachimbo numa mão e analisando uma pilha de papéis que carregava na outra. Quando entrou a passos largos na sala, não nos explicou a ementa do curso. Em vez disso, anunciou que havia fracassado com nosso país.

Era 13 de setembro de 2001.

O professor era Richard Hackman, o maior especialista do mundo em equipes. Por quase meio século, ele havia se dedicado a estudar grupos em todas as áreas possíveis e imagináveis: de tripulações aéreas a unidades hospitalares e orquestras sinfônicas.⁴ Na opinião dele, trabalho em equipe não costumava ser um sonho.⁵ *Estava mais para um pesadelo... como todo mundo que já fez trabalho em grupo na escola sabe muito bem.* A maioria das equipes não equivalia nem de perto à soma das suas partes.

Por muitos anos, Richard vinha estudando como aprimorar a colaboração entre grandes agências americanas de inteligência.⁶ Ele nos revelou que analistas já tinham avisado sobre a ameaça de sequestros de aviões por terroristas, mas que os agentes ignoraram esses alertas. Se a pesquisa dele tivesse produzido os resultados necessários mais cedo, os ataques do Onze de Setembro poderiam ter sido evitados.

Richard passou os anos seguintes trabalhando com uma das suas mais brilhantes pupilas, Anita Woolley, para entender como tornar equipes mais eficientes. Com o tempo, Anita e seus colegas revelaram algo essencial para transformar equipes em mais do que a soma das suas partes.

Anita tinha interesse na inteligência coletiva – na capacidade de um grupo de solucionar problemas em conjunto. Numa série de estudos pioneiros, ela e seus colegas acompanharam a qualidade do desempenho de vários grupos em inúmeras tarefas analíticas e criativas. Era basicamente um teste de QI comunitário. Eu imaginava que a inteligência coletiva dependeria da compatibilidade das tarefas com as habilidades dos participantes. Achei que equipes com mestres da oratória dominariam desafios verbais, que grupos com gênios da matemática levariam a melhor em problemas de geometria e que times de pessoas proativas teriam vantagem na hora de planejar e executar situações. Eu estava enganado.

Para minha surpresa, certos grupos obtiveram um sucesso após o outro independentemente da tarefa realizada. Não importava que desafio Anita e seus colegas colocassem à sua frente, eles conseguiam vencer. Minha conclusão foi que eles tinham sorte de ter reunido um monte de gênios. Só que, segundo os dados, a inteligência coletiva pouco teve a ver com QIs individuais.⁷ No fim das contas, as equipes mais inteligentes não eram as compostas pelos indivíduos mais inteligentes.

Desde que esses estudos iniciais foram divulgados, o interesse científico em inteligência coletiva aumentou exponencialmente, esclarecendo o que motiva equipes a conquistar grandes feitos. Numa metanálise de 22 estudos, Anita e seus colegas descobriram que a inteligência coletiva depende menos das habilidades cognitivas das pessoas do que de suas habilidades sociais.[8] Os melhores grupos têm os participantes que mais sabem trabalhar em equipe – pessoas que são ótimas em cooperar com os outros.

Mas trabalhar em equipe não requer ser meio hippie. Não se trata de se dar bem com todo mundo o tempo todo. Trata-se de entender as necessidades do grupo e saber aproveitar a colaboração de todos. Apesar de ser bom ter um ou dois crânios no grupo, eles não servirão de muita coisa se ninguém enxergar seu valor e se cada um seguir seus próprios interesses. Já foi comprovado que uma única maçã podre é capaz de estragar o lote inteiro:[9] quando uma única pessoa deixa de agir em prol do grupo, toda a equipe vai por água abaixo.[10]

É possível observar o problema da maçã podre num estudo sobre times de basquete da NBA – um ambiente em que os jogadores sem habilidades sociais se destacam como egoístas e narcisistas. Psicólogos encontraram sinais de narcisismo nos tuítes desses jogadores. *Vou ostentar meus músculos, sim. Quando me olho no espelho, só enxergo perfeição. Minha maior tristeza é não poder me assistir jogando ao vivo.* Quando tinham muitos narcisistas ou até um único narcisista extremo, os times acertavam menos passes e venciam menos jogos.[11] Também não conseguiam melhorar durante a temporada – especialmente se o armador (o principal jogador a dar passes e decidir jogadas) fosse um baita narcisista. Narcisistas são fominhas, e os jogadores mais subestimados são aqueles que ajudam seus colegas de equipe a marcar pontos.[12]

Quando têm habilidades sociais, os jogadores conseguem despertar o melhor uns nos outros. A inteligência coletiva aumenta quando os membros da equipe reconhecem os pontos fortes dos colegas, criam estratégias para aproveitá-los e unem forças em busca de um objetivo comum.[13] Libertar o potencial oculto vai além de encaixar as melhores peças – é uma questão de usar a melhor cola.

O MUNDO NÃO GIRA AO MEU REDOR

Habilidades sociais são a cola que transforma grupos em equipes. Em vez de operar como um lobo solitário, cada indivíduo se torna parte de uma matilha coesa. Normalmente pensamos em coesão como uma conexão interpessoal, mas dinâmicas de *team building*, utilizadas para melhorar as relações e definir papéis dentro de uma equipe, são superestimadas.[14] É verdade que brincadeiras e gincanas podem aumentar a camaradagem, mas metanálises indicam que não necessariamente melhoram o desempenho da equipe. O que faz diferença de verdade é o fato de as pessoas reconhecerem que precisam umas das outras para ter sucesso numa missão importante. É isso que permite que criem conexões em torno de uma identidade em comum e se unam para alcançar seus objetivos coletivos.

Foi esse tipo de coesão que os Treze Dourados criaram para gabaritar as provas do treinamento de oficiais. E é isso que Richard Hackman acabou descobrindo que faltava em muitas agências de inteligência: os analistas costumavam ser designados para unidades específicas, mas não passava justamente disso – de uma designação. Eles compartilhavam um chefe e um bebedouro, mas pouco além disso. Não passavam tempo suficiente trocando ideias, ajudando uns aos outros nem aprendendo juntos. Quando enviavam relatórios para o restante da equipe, era mais por formalidade do que por qualquer outro motivo. Estavam apenas riscando um item da lista de tarefas.

Reunir pessoas num grupo não as transforma automaticamente num time. Nas agências de inteligência, Richard observou que as melhores equipes buscavam um resultado coletivo. Elas se alinhavam em torno de um objetivo comum e delegavam tarefas específicas a cada membro. Seus integrantes sabiam que os resultados dependiam da colaboração de todos, então trocavam conhecimentos e ajudavam uns aos outros. Isso fazia deles esponjas ambulantes, capazes de absorver e filtrar as informações e de se adaptar às circunstâncias em tempo real.

Líderes são muito importantes na hora de promover coesão: eles podem transformar pessoas independentes numa equipe interdependente. Só que, quando se trata de decidir quem ficará no comando, nem sempre consideramos o "fator cola".

Não costumamos escolher como líder a pessoa com as melhores habilidades de liderança. É comum preferirmos aquela que mais fala. É o chamado "efeito tagarelice". Pesquisas indicam que grupos tendem a promover as pessoas mais comunicativas – independentemente da sua aptidão e do seu nível de conhecimento.¹⁵ Confundimos autoconfiança com competência, certeza com credibilidade e quantidade com qualidade. Acabamos seguindo pessoas que monopolizam a conversa em vez de enriquecê-la.

E isso não acontece apenas com quem fala muito e mais alto. Os fominhas também viram líderes mesmo sem ter qualificação para isso. Em muitos casos, os cargos de chefia são oferecidos às pessoas com as piores habilidades sociais e com o ego mais inflado – e quem paga o pato são as equipes e empresas. Numa metanálise, pessoas extremamente narcisistas se mostraram mais propensas a crescer em papéis de liderança,¹⁶ embora tenham sido menos eficientes.* Elas tomavam decisões egoístas e incentivavam uma visão de sucesso na qual só poderia haver um vencedor,¹⁸ incitando comportamentos cruéis e minando a coesão e a colaboração do time.¹⁹

A inteligência coletiva se desenvolve melhor com um tipo diferente de líder. As pessoas que devem ser promovidas são aquelas capazes de colocar a missão acima do ego – e a coesão da equipe acima da conquista pessoal. Elas sabem que o objetivo não é ser a pessoa mais inteligente do grupo; é tornar o grupo inteiro mais inteligente.

UNIDOS VENCEREMOS

Os primeiros esforços de resgate na mina chilena foram puro caos. No local do desabamento, havia policiais, mineiros, bombeiros, especialistas em resgate e alpinistas. Havia geólogos e engenheiros analisando as dificuldades técnicas. Havia grupos de mineração tentando conseguir seis tipos diferentes de perfuradoras. Todos eram capacitados, mas não formavam uma equipe coesa capaz de pensar coletivamente. Quatro dias depois, o presidente do Chile convocou um líder.

---

* Infelizmente, a atração por líderes narcisistas começa cedo: psicólogos observaram que crianças narcisistas são mais escolhidas por seus colegas para posições de liderança e alegam ser líderes melhores, apesar de isso não ser verdade. Num estudo conduzido em escolas holandesas, os alunos que tendiam a concordar com frases do tipo "Mereço mais do que os outros" foram os mais votados para posições de liderança em 22 das 23 turmas analisadas.¹⁷ Quando crescem, esses pequenos narcisistas costumam se tornar chefes catastróficos.

A ordem foi tão repentina que André Sougarret se sentiu sequestrado, como diria mais tarde. Após duas décadas trabalhando como engenheiro de minas no Chile, André administrava a maior mina subterrânea do mundo. E era lá que ele estava, cerca de 900 quilômetros ao sul do acidente, quando foi convocado ao palácio presidencial com máxima urgência. Ele ainda usava seu capacete de mineração quando embarcou no jatinho da presidência e recebeu ordens durante o voo: liderar o resgate dos 33 homens presos na mina de Copiapó.

Seria uma corrida contra o tempo – cada segundo faria diferença. A maioria de nós, numa emergência como essa com tantas vidas em risco, certamente recorreria a sargentos para comandar a situação e restabelecer a ordem. Só que, quando já estão motivadas, as pessoas não precisam de um líder autoritário. Pesquisas mostram que empresas que priorizam resultados acabam prosperando mais quando os gestores colocam as pessoas em primeiro lugar.[20] Quando precisamos fazer um resgate urgente, o ideal é ter no comando alguém que se importe conosco.

A competência é importante, mas não é suficiente. André com certeza era respeitado por seu conhecimento técnico, assim como muitos outros candidatos. O que fez com que ele se destacasse foi sua reputação: ele despertava o melhor nas equipes. "André era muito paciente", observou um executivo que recomendara seu trabalho, "e tinha uma habilidade excepcional de ouvir todos os lados antes de tomar uma decisão".

Não costumamos associar boa liderança a habilidades de escuta. Afinal, em todo o mundo, grandes líderes são vistos como extrovertidos e assertivos. Nos Estados Unidos, a grande maioria dos gestores pontua acima da média no quesito extroversão. Quanto mais perto do topo, mais extrovertidos encontramos.[21] Mesmo em países tradicionalmente mais introvertidos como a China, os extrovertidos são vistos como protótipos de líderes.[22] Então resolvi analisar, numa das minhas pesquisas, se extrovertidos são mesmo líderes mais eficientes e descobri que o estilo ideal de liderança tem mais nuances do que imaginamos. Para ser eficiente, um líder depende da proatividade da equipe.

Em equipes relativamente passivas, que ficam aguardando orientações de cima, os gestores extrovertidos obtêm os melhores resultados, motivando o grupo a seguir seu comando. Mas, no caso de equipes proa-

O topo é muito extrovertido

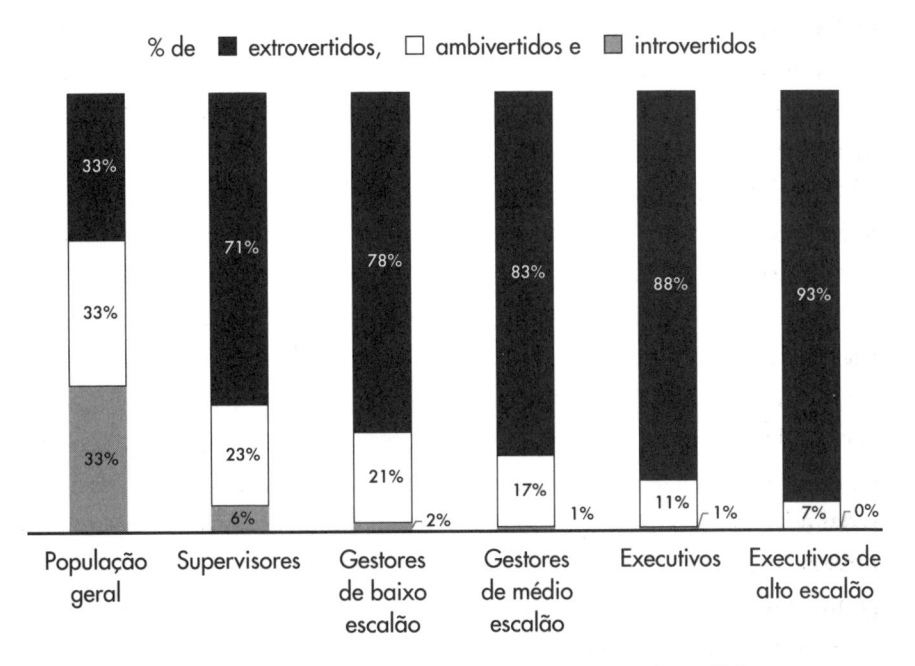

% de ■ extrovertidos, □ ambivertidos e ■ introvertidos

População geral	Supervisores	Gestores de baixo escalão	Gestores de médio escalão	Executivos	Executivos de alto escalão
33%	71%	78%	83%	88%	93%
33%	23%	21%	17%	11%	7%
33%	6%	2%	1%	1%	0%

Fonte: pesquisa conduzida por Stephan Dilchert e Deniz Ones com mais de 4 mil líderes americanos

tivas que oferecem muitas ideias e sugestões, são os líderes introvertidos que alcançam grandes conquistas. Um líder mais reservado passa a impressão de ser mais receptivo às opiniões dos subordinados, o que motiva a equipe a ter ideias melhores. Com um time de esponjas, o melhor líder não é a pessoa que mais fala; é a que mais escuta.[23]

Foi essa a primeira habilidade que André pôs em ação no Chile. Mesmo correndo contra o relógio, ele não pôs a mão na massa de imediato. Quando chegou à mina apelidada (apropriadamente) de Campamento Esperanza, foi recebido por rostos familiares. Sua equipe de 32 pessoas incluía colegas de longa data – superintendentes de minas com quem tinha estudado e um psicólogo com quem já havia trabalhado. A missão comum era clara: encontrar os mineiros e salvá-los o mais rápido possível.

Só que faltava uma estratégia coesa, então André conversou com os especialistas para descobrir o que sabiam. Enquanto ouvia, ele entendeu que seu plano original de entrar na mina pelos túneis não era uma opção e rapidamente mudou seu foco: eles perfurariam o terreno. Para isso, André selecionou a dedo os líderes que coordenariam cada atividade.

André fez questão de *não* entregar o comando para os perfuradores mais experientes ou para os supervisores mais assertivos. Em vez disso, preferiu pessoas com habilidades sociais mais desenvolvidas. O superintendente da mina que acabaria encabeçando a equipe de perfuradores era conhecido por seu estilo de liderança consultivo. Ele pedia a opinião de toda a equipe e explicava o motivo de cada decisão.

O desabamento tinha tornado a mina cada vez mais instável e o chão se movia aos pés da equipe. Para aumentar as chances de resgate, André e seus colegas tomaram uma decisão crítica: em vez de seguirem um único plano de perfuração, seguiriam vários planos ao mesmo tempo.

André precisava de ideias, e rápido, então começou a organizar reuniões diárias com toda a equipe de resgate. Como explicaria mais tarde, ele sabia que "não haveria um superlíder com todas as respostas". Estava na hora de desenvolver um processo em equipe e um sistema organizacional para destravar a inteligência coletiva.

MUITOS CÉREBROS, MENOS TRABALHO

Diante de uma questão complicada, costumamos recorrer ao brainstorming. Queremos encontrar as melhores ideias o mais rápido possível. Adoro ver isso acontecendo em equipe... a não ser por um pequeno detalhe. Normalmente, o brainstorming mais atrapalha que ajuda.

Em reuniões de brainstorming, muitas ideias boas são perdidas – e poucas são sugeridas.[24] Evidências mostram que, quando temos ideias em grupo, não conseguimos maximizar a inteligência coletiva. Grupos de brainstorming desperdiçam tanto potencial que conseguiríamos ter mais ideias – e ideias melhores – se todos trabalhássemos sozinhos. Como o humorista Dave Barry brincou: "Se tivéssemos que resumir numa palavra o motivo pelo qual a espécie humana não alcançou nem nunca alcançará todo o seu potencial, essa palavra seria 'reuniões.'"[25]

O problema não está nas reuniões em si – mas em como são organizadas. Pense nas sessões de brainstorming de que você já participou. É provável que tenha visto pessoas em silêncio, com receio de opinar; pessoas falando ao mesmo tempo e atropelando umas às outras; e pessoas concordando na marra com as opiniões da chefia. *Adeus, diversidade de pensamento; olá, mentalidade de grupo.* E o desafio é pior para quem não tem poder nem status: o funcionário com o cargo menos importante na sala, a única mulher não branca numa equipe de brancos barbudos, o tímido se afogando num mar de extrovertidos.

REUNIÕES
JUNTOS SOMOS MAIS BURROS.

Para trazer à tona o potencial oculto de uma equipe, em vez de sessões de brainstorming, seria melhor recorrer ao brainwriting – ou seja, colocar as ideias no papel.[26] Os primeiros passos são individuais: cada pessoa pensa sozinha nas próprias ideias. Depois essas ideias são reunidas e compartilhadas anonimamente com o grupo. Para manter a imparcialidade, cada participante as avalia por conta própria. Só depois disso a equipe se reúne para escolher e refinar as sugestões mais promissoras. Ao desenvolver e analisar ideias individualmente antes de selecioná-las e colocá-las em prática, a equipe consegue bolar e aplicar estratégias que talvez nem fossem cogitadas de outra forma.

As pesquisas de Anita Woolley e seus colegas ajudam a explicar por que esse método funciona.[27] Eles observaram que outra chave para desbloquear a inteligência coletiva é a participação equilibrada.* Em reuniões de brainstorming, as atenções costumam se voltar para quem tem o maior ego, a voz mais alta ou o cargo mais importante. Já o processo de brainwriting garante que todas as ideias sejam apresentadas e todas as vozes sejam ouvidas. Evidências indicam que o brainwriting é especialmente eficaz em grupos que têm dificuldade para acessar a inteligência coletiva.[33]

A inteligência coletiva começa com a criatividade individual, mas não se resume a isso. As pessoas têm mais ideias quando trabalham sozinhas, o que significa que elas bolam ideias mais brilhantes – e também ideias mais terríveis – do que se estivessem em grupo.[34] O julgamento coletivo é necessário para encontrar a agulha no palheiro.

No Chile, André Sougarret não conseguiu as melhores ideias em longas sessões de brainstorming com sua equipe. Em vez disso, ele e seus colegas montaram um sistema de brainwriting para garimpar sugestões numa diversa rede de contatos por todo o mundo. Formaram um grupo específico para receber e avaliar as ideias longe da confusão da mina, a centenas de quilômetros ao sul, em Santiago.

Esse grupo recebia sugestões do mundo todo pelo site do Ministério de Mineração do Chile e buscava ideias em diversas fontes: na NASA, na Marinha chilena, numa empresa australiana especializada em software de mapeamento em 3D e num grupo americano de perfuradores que prestou serviço no Afeganistão. A equipe organizava as propostas por ordem de viabilidade e entrevistava as pessoas com as ideias mais promissoras.

---

* Curiosamente, equipes mais inteligentes também tendem a ter uma proporção maior de mulheres.[28] O principal motivo é que, em média, as mulheres têm desempenhos melhores do que os homens quando o assunto é interpretar pensamentos e sentimentos alheios.[29] Não está claro se elas são mais capazes ou mais propensas a usar habilidades sociais, mas é possível argumentar que as mulheres tendem a incentivar essas habilidades nas suas equipes.[30] Economistas e psicólogos acreditam que pessoas que trabalham bem em equipe motivam o restante do grupo a contribuir mais.[31] Ao estudar a dinâmica de reuniões de diretoria nas empresas, um professor de direito notou que, na Noruega, as mulheres tinham mais propensão a ler o material da reunião antes do encontro.[32] Com o tempo, para não parecerem despreparados e incompetentes, os homens adotaram o hábito e começaram a fazer o dever de casa também.

O QUE ACHAMOS QUE FUNCIONA
BRAINSTORMING

O QUE DE FATO FUNCIONA
BRAINWRITING

PRIMEIRO PASSO
PRODUÇÃO DE IDEIAS INDIVIDUAIS

SEGUNDO PASSO
REUNIÃO PARA AVALIAR E DISCUTIR

Centenas de sugestões foram apresentadas, e algumas eram absurdas. Houve quem sugerisse prender botões de pânico em mil ratos e soltá-los na mina, na esperança de que os mineiros os encontrassem. Outro passou duas semanas inventando um minitelefone de plástico amarelo que pudesse ser enviado aos mineiros por um pequeno buraco. A geringonça parecia saída diretamente de 1986 e arrancou uma risada muito necessária dos engenheiros no local. Como sempre, o brainwriting rendia variedade e volume.

Por sorte, algumas das sugestões ofereceram mais que entretenimento. Um engenheiro de minas deu a ideia de transportarem comida e água por tubos de nove centímetros de diâmetro. A equipe colocou em prática a sugestão, que acabou salvando a vida dos mineiros e servindo de meio de comunicação.

A equipe de resgate enviou uma câmera de alta tecnologia para os mineiros. Pela primeira vez, eles conseguiram se ver. Só que o áudio não funcionou. Os engenheiros tentaram então uma série de alternativas, mas todas fracassaram. Por fim, deixaram o orgulho de lado e pegaram o telefonezinho amarelo. Preso a um cabo de fibra óptica, o aparelho de plástico cuja fabricação custara apenas 10 dólares se tornou a única maneira de falar com os mineiros. Seu inventor, Pedro Gallo, passou a falar com eles todos os dias.

DEIXANDO MIL FLORES DESABROCHAREM

Após localizar os mineiros e estabelecer um meio de comunicação, era hora de correr para tirá-los de lá. O Plano A era fazer um buraco com uma perfuradora enorme. O problema era que isso levaria quatro meses e não havia garantias de que a mina permaneceria intacta durante o processo. E ninguém era capaz de prever se os mineiros passariam por emergências médicas ou colapsos mentais antes disso.

O estudo mais abrangente sobre equipes de resgate foi conduzido por minha colega Amy Edmondson. Ela começou a carreira como engenheira, tornou-se discípula de Richard Hackman e hoje está entre as maiores especialistas em equipes do mundo. Amy entrevistou muitos dos profissionais que participaram do resgate no Chile e sugeriu que eu me aprofundasse numa história específica.

Certo dia, um jovem engenheiro chamado Igor Proestakis estava na mina, entregando um equipamento de perfuração, quando se deparou com os geólogos que acompanhavam as operações. Ele mencionou uma ideia que tivera para chegar mais rápido aos mineiros. Era uma alternativa ousada ao Plano A: em vez de abrirem lentamente um buraco, e se aumentassem rapidamente um dos buracos que já existiam? Igor achava que isso poderia ser possível com um caminhão perfurador com um sistema de martelos – uma ferramenta especial projetada para perfurar pedras.

Igor não esperava que sua sugestão desse em nada. Ele era um dos engenheiros mais novos e menos experientes no local. Seu papel era orientar os operadores da perfuradora sobre como usar o equipamento da maneira mais eficiente, não propor novas estratégias e tecnologias. Só que, quando mencionou sua ideia aos geólogos, eles pediram que Igor a apresentasse formalmente a André Sougarret dali a duas horas. "Vocês querem que eu faça *o quê?*", Igor pensou. Ele não entendia por que alguém quereria escutar o que ele tinha a dizer. "Eu era apenas um cara de 24 anos."

Mas Igor pôs a mão na massa na mesma hora. Nem sequer sabia se as ferramentas certas existiam, então ligou para o dono de uma empresa americana que produzia aquele tipo de perfurador e os dois bolaram um plano. A previsão era que o processo levaria apenas um mês e meio – mas essa velocidade acarretava riscos maiores. A tecnologia era nova no Chile e nunca havia sido usada para cavar buracos tão largos numa profundidade tão grande. Eles precisariam ajustar a máquina e não teriam tempo de testá-la com antecedência.

Mais tarde naquele dia, quando Igor apresentou a ideia, André não fez pouco caso. Não ficou buscando uma desculpa para dizer não – ele ouviu atentamente atrás de motivos para dizer sim. "É bem provável que esse tenha sido o trabalho mais importante da minha vida", lembra Igor, "e, apesar da minha pouca experiência e idade, o André me escutou, fez perguntas e me deu uma chance". André pediu que ele montasse uma apresentação para o ministro de Mineração do Chile. Não demorou muito para a ideia ser aprovada: agora ela era o Plano B, e os dois planos seriam executados ao mesmo tempo.

Em muitas organizações, Igor não teria nem a oportunidade de apresentar sua ideia, que dirá de vê-la sendo aceita. "Numa empresa normal, ele jamais teria falado nada", comentou Amy Edmondson.[35] "Mas naquele ambiente específico ele sentia que podia fazer isso – e fez."

É o que costumamos chamar de "clima de segurança psicológica e de participação".[36] Evidências indicam que receber a atenção do líder é o suficiente para incentivar os subordinados a se manifestarem.[37] Só que, conforme eu me aprofundava na pesquisa de Amy, algo chamou minha atenção. Os líderes do resgate não tinham apenas criado um clima favorável – eles tinham construído um sistema não convencional para se certificar de que as ideias fossem cuidadosamente analisadas em vez de dispensadas. E já vi isso despertar a inteligência coletiva em vários tipos de ambiente.

BÁRBAROS CONTRA BARREIRAS

Na maioria dos ambientes de trabalho, existe uma escada de oportunidades. Nosso crescimento está nas mãos do nosso chefe imediato. Ele determina nossas atribuições, avalia nossas sugestões e julga se merecemos ser promovidos. Se não conseguimos convencer nosso chefe, nossa proposta já era.[38] O sistema é simples. Mas é também idiota – dá poder demais a um único indivíduo. Basta um "não" para acabar com uma ideia criativa – ou para empacar uma carreira.

Gestores são mestres em encontrar motivos para dizer não.[39] Nossa ideia pode ameaçar o ego deles (se for boa) ou fazê-los passar vexame (se for ruim).[40] Eles podem questionar nossa motivação ou nosso raciocínio. E minha pesquisa mostra que, quando não somos vistos como funcionários cooperativos, temos menos chances ainda de convencer nossos chefes.[41]

Em muitos casos, ideias audaciosas trazem consigo muitos riscos e incertezas.[42] Os gestores sabem que, se apostarem numa ideia ruim, podem sair prejudicados, mas, se ignorarem uma ideia boa, talvez ninguém fique sabendo. E, mesmo quando os gestores apoiam uma ideia boa, costumam voltar atrás se outros superiores não gostarem dela.[43] Basta uma barreira para que novos territórios não sejam explorados.

Esse tipo de hierarquia acaba rejeitando ideias com potencial oculto.[44] É fácil enxergar isso no mundo da tecnologia. Os programadores da Xerox foram pioneiros na criação do computador pessoal, mas não conseguiram convencer a chefia a comercializá-lo.[45] Um engenheiro da Kodak inventou a primeira câmera digital, mas não conseguiu vender a ideia para seus gestores.[46]

A boa notícia é que esse problema pode ser solucionado com um tipo diferente de hierarquia. Uma ótima alternativa à escada corporativa é a treliça. Nas empresas, a treliça é um organograma com canais por todos os níveis e equipes. Em vez de oferecer um único caminho até o topo, a treliça nos oferece vários.

SISTEMA DE ESCADA   SISTEMA DE TRELIÇA

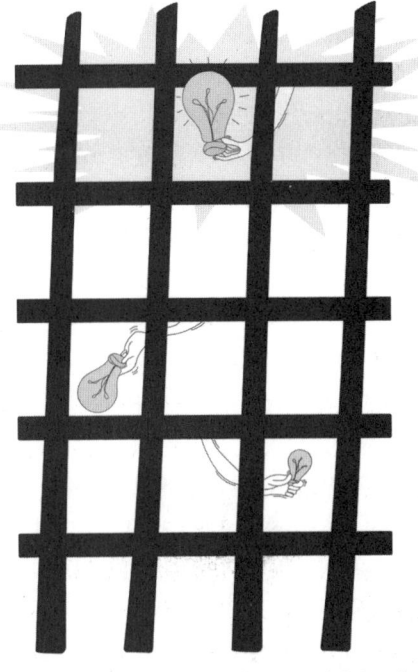

@RESEARCHDOODLES, POR M. SHANDELL

O sistema de treliça não é uma organização matricial. Não significa que teremos oito chefes diferentes pegando no nosso pé, embarreirando nosso desenvolvimento e dispensando nossas ideias. O objetivo é que tenhamos acesso a vários superiores que possam e queiram nos ajudar.

O melhor exemplo que já vi de um sistema de treliça foi na W. L. Gore, fabricante das luvas e jaquetas impermeáveis Gore-Tex.[47] Em meados da década de 1990, um funcionário do departamento de produtos médicos da Gore, o engenheiro Dave Myers, descobriu que cobrir os cabos da sua mountain bike com Gore-Tex os protegia de sujeira. Ocorreu a ele que o Gore-Tex também poderia ser útil para proteger cordas de violão, que acabam desafinando quando ficam sujas.

Apesar de aquilo não fazer parte do seu trabalho, Dave tomou a iniciativa de montar um protótipo. Ele o apresentou aos seus superiores, mas ninguém comprou a ideia. Havia objeções técnicas. *Não dá para cobrir com fluoropolímero uma corda que vibra – você vai estragar o som!*

Também havia preocupações estratégicas. *Não estamos no mercado da música – por que fabricaríamos cordas de violão?*

Numa empresa normal, esses protestos seriam suficientes para matar a ideia. Mas a Gore contava com um sistema de treliça. Sempre que alguém pensava numa ideia, tinha a liberdade de procurar vários líderes diferentes. Para tirar um projeto do papel, bastaria encontrar um único chefe disposto a levá-lo adiante. Então Dave continuou apresentando a ideia. Com o tempo, encontrou um apoiador, Richie Snyder, que o colocou em contato com um engenheiro chamado John Spencer.

Ao longo do ano seguinte, Dave e John dedicaram parte de cada semana àquela ideia mirabolante. Em vez de encarar o projeto alternativo como uma distração ou uma rebeldia, a Gore os incentivava – a empresa oferecia "tempo livre" para os funcionários fazerem experimentos. Para desenvolver as cordas de violão, Dave e John não precisavam da aprovação formal de Richie. Eles apenas o atualizavam regularmente enquanto elaboravam e testavam protótipos com milhares de músicos.

Um sistema de treliça rejeita duas regras implícitas que dominam hierarquias em escada: não tome uma atitude sem conhecimento do seu chefe nem passe por cima dele. A pesquisa de Amy Edmondson indica que essas regras tácitas muitas vezes impedem que funcionários façam sugestões ou sejam ouvidos.[48] O propósito de um sistema de treliça é permitir que driblemos um chefe sem sermos punidos por isso.

Na Gore, Dave e John não tinham medo de passar por cima de Richie quando precisavam de ideias e apoio. Eles aproveitaram a liberdade de poder entrar em contato com qualquer gestor a qualquer momento. Chegaram a pedir a opinião do presidente-diretor da empresa.

Dave, John e sua equipe improvisada levaram dezoito meses para desenvolver e lançar o produto. Apenas quinze meses depois, suas cordas Elixir se tornaram líderes de mercado. Não é todo dia que uma ideia nascida no departamento de produtos médicos causa impacto no mercado da música. Mas foi isso que aconteceu na Gore, graças ao sistema de treliça.

Mesmo quando organogramas parecem escadas, é possível criar sistemas de treliça específicos para gerar e propor ideias novas. Vejo esses sistemas com frequência em concursos de inovação, que visam encontrar novas soluções para velhos problemas.⁴⁹ A Dow Chemical certa vez emitiu um memorando interno pedindo propostas para economizar energia e reduzir desperdícios. A empresa se comprometeu a patrocinar as ideias mais promissoras que tivessem o potencial de recuperar um investimento de até 200 mil dólares dentro de um ano. Ao longo da década seguinte, a empresa apostou em 575 ideias, que economizaram uma média de 110 milhões de dólares por ano.⁵⁰

Nesse tipo de concurso, as decisões não dependem apenas de uma pessoa que embarreira tudo. Um sistema de treliça conecta funcionários em níveis diferentes e permite que avaliem as sugestões uns dos outros. Isso impede que as ideias sejam dispensadas de forma prematura ou injusta, garantindo que todas sejam levadas em consideração.

Líderes fracos silenciam vozes e atiram no mensageiro. Líderes fortes escutam vozes e agradecem ao mensageiro. Líderes excepcionais constroem sistemas que amplificam vozes e enaltecem o mensageiro.

A LUZ NO FIM DO TÚNEL

Quando ouvi pela primeira vez a história do Plano B de Igor Proestakis, imediatamente reconheci os sinais de um sistema de treliça. Foi por isso que ele conseguiu apresentar sua ideia aos geólogos que supervisionavam a perfuração – e foi assim que sua ideia chegou ao topo, apesar de sua juventude e sua inexperiência. Mas as vantagens do sistema de treliça só ficaram evidentes mesmo cerca de um mês após o início do resgate.

O Plano A estava levando ainda mais tempo que o esperado e o Plano B parecia cada vez melhor. Igor estava certo sobre o caminhão perfurador: ele atravessava as rochas rapidamente e sem problemas. Seu mecanismo de martelos era obviamente eficaz... até que parou de funcionar. Depois de percorrer um terço do caminho, ele continuava girando, mas não perfurava nada.

O perfurador tinha acertado uma série de barras de ferro que serviam para reforçar a mina, e isso destroçou a broca do martelo. Um dos pedaços da broca – um naco de metal do tamanho de uma bola de basquete – estava agora bloqueando o buraco que tentavam expandir. A equipe tentou partir o metal ao meio e tirá-lo com ímãs, mas ele não saía do lugar. O Plano B de Igor precisaria ser abandonado.

No dia seguinte, Igor teve outra ideia. Ele se lembrou de uma ferramenta de extração sobre a qual tinha lido na faculdade – uma versão industrial da garra usada nas máquinas de pegar bichinho de pelúcia. *Minha esposa, Allison, é craque nesse brinquedo, mas nunca imaginamos que essa habilidade serviria para qualquer outra coisa além de ganhar ursinhos.* Era exatamente disso que a equipe precisava. Se conseguissem baixar uma garra de metal para capturar o pedaço que obstruía o buraco, conseguiriam tirá-lo de lá e seguir em frente.

Quando Igor sugeriu a garra para algumas pessoas na operação, ninguém o escutou. Mas, por causa do sistema de treliça, ele sabia que podia seguir outras rotas. Após dois dias sendo ignorado pelo baixo escalão, Igor conseguiu entrar em contato com o ministro de Mineração chileno em pessoa, que lhe deu permissão na mesma hora. A equipe passou cinco dias tentando e fracassando até que finalmente capturou a peça quebrada e abriu o buraco. *Melhor brinde que uma garra já capturou na história.* Para o alívio de todos, o Plano B estava de volta.

Num fim de tarde no mês seguinte, um membro da equipe de resgate desceu por aquele buraco numa cápsula. Pouco depois da meia-noite, a cápsula voltou com o primeiro mineiro e, menos de 24 horas depois, trouxe o contramestre – o último dos 33 prisioneiros.

A ideia da garra salvou o Plano B de Igor – e seu Plano B ajudou a salvar 33 vidas. Não há dúvida de que devemos aplaudir os esforços heroicos e criativos de Igor e de tantos outros. Mas não podemos esquecer os heróis anônimos dessa história: as práticas de liderança, o trabalho em equipe e os sistemas de oportunidade que tornaram possível que as pessoas falassem e fossem ouvidas.

Se escutarmos apenas a pessoa mais inteligente no recinto, acabaremos não descobrindo a inteligência que o restante tem a oferecer. Nosso maior potencial nem sempre está escondido dentro de nós – às vezes está na nossa equipe, e às vezes pode estar fora dela.

CAPÍTULO 9

Diamantes brutos

Como achar pedras preciosas em entrevistas de emprego

O sucesso deve ser avaliado nem tanto pela posição que alguém alcança na vida, mas pelos obstáculos que superou ao longo do caminho.
— BOOKER T. WASHINGTON[1]

Numa noite histórica de 1972, José Hernandez, então com 10 anos, estava ajoelhado diante de uma velha televisão em preto e branco.[2] Ele agarrava as antenas duplas, usando o corpo para melhorar o sinal. Quando a imagem na tela se tornou mais nítida, José assistiu aos últimos astronautas da *Apollo* pularem sobre a superfície da Lua.

José ficou hipnotizado pela caminhada lunar e desejou ter uma visão ainda melhor. Tirou os olhos da tela, correu para o quintal para avistar a Lua e voltou em disparada a tempo de ver um dos astronautas dar seu último grande salto. José sonhava em poder deixar, algum dia, suas próprias pegadas na poeira lunar.

Muitas crianças passam pela fase em que desejam ser astronautas, mas José estava comprometido em tornar seu sonho realidade. Como suas melhores notas eram em matemática e ciências, decidiu que a engenharia seria seu caminho para o espaço. Ao longo das duas décadas seguintes, fez bacharelado e mestrado em engenharia elétrica e conseguiu emprego como engenheiro num centro federal de pesquisa. Ele queria um currículo que impressionasse a NASA.

Em 1989, José estava pronto para tentar. Preencheu cuidadosamente os 47 campos de inscrição para se tornar astronauta, anexou seu currículo e seu histórico acadêmico e enviou a documentação para Houston. Não demorou muito para começar a checar sua caixa de correios todos os dias, ansiosamente à espera de um envelope da NASA. Após dez longos meses, o envelope chegou. José o rasgou e leu a carta do chefe da secretaria de admissão de astronautas. *Reprovado.*

José não se deixou abater. Ele sonhava alto, mas suas expectativas eram modestas – ele sabia que tinha poucas chances. Depois de tomar a iniciativa de ligar para a NASA em busca de feedback, ele escreveu uma carta* perguntando como poderia melhorar:

> I would like to increase my chances during the next selection process by correcting or improving any deficiencies that I may be unaware of but were discovered in my application package. I would therefore deeply appreciate any feedback you can provide regarding the status of my application, the level of consideration it was given and any comments, if possible, made by reviewers concerning my application.
>
> A special thank you for taking time off your schedule to fulfill one of what must be thousands of requests.

A NASA respondeu com uma notícia decepcionante. Como José não havia passado da triagem inicial, eles não tinham observações nem conselhos para oferecer. Inabalável, ele se inscreveu de novo... e foi rejeitado mais uma vez.

José não perdeu as esperanças. Continuou voltando ao ringue – revisando seu currículo, destacando suas qualidades, atualizando suas referências a cada nova inscrição –, apenas para receber uma rejeição atrás da outra. Ele não conseguia nem sequer uma entrevista.

Em 1996, a última carta de rejeição acabou com seu ânimo. José ficou com a triste sensação de que nunca seria bom o suficiente para a NASA. Ele amassou a carta e a jogou no lixo. Ficou tão decepcionado quando errou a mira que simplesmente a deixou no chão.

---

* Ver a tradução das cartas deste capítulo a partir da página 286.

National Aeronautics and
Space Administration

Lyndon B. Johnson Space Center
Houston, Texas
77058

NASA

January 26, 1990

AHX

Mr. Jose M. Hernandez
9619 Apple Blossom Way
Stockton, CA 95205

Dear Mr. Hernandez:

This letter is in response to your application for the Astronaut Candidate Program.

I regret to inform you that you were not selected for the Astronaut Candidate Program. The Johnson Space Center received more than 2,400 applications for the 16 mission specialist and 7 pilot positions filled. The large number of well-qualified applicants available made the selection process a difficult one. Regrettably, we were able to select only a small number of those with the potential to make a contribution to this nation's space program.

We intend to select a small number of Astronaut Candidates every 2 years as our needs dictate. We will continue to accept updates and applications for consideration for the next selection process.

We appreciate having had the opportunity to consider you for the Astronaut Candidate Program and wish you success in your future endeavors.

Sincerely,

Duane L. Ross
Manager, Astronaut
Selection Office

AHX   April 7, 1992

Dear Mr. Hernandez:

Thank you for applying for the Astronaut Candidate Program.

I regret to inform you that you were not selected for the Astronaut Candidate Program during the recent selection process. The Johnson Space Center received more than 2,200 applications for the 15 mission specialist and 4 pilot positions filled.

AHX   December 20, 1994

Dear Mr. Hernandez:

Thank you for applying for the Astronaut Candidate Program.

I regret to inform you that you were not selected for the Astronaut Candidate Program during the recent selection process. The Johnson Space Center received more than 2,900 applications for the 9 mission specialist and 10 pilot positions filled.

AHX   May 9, 1996

Dear Mr. Hernandez:

Thank you for applying for the Astronaut Candidate Program.

I regret to inform you that you were not selected for the Astronaut Candidate Program during the recent selection process. The Johnson Space Center received more than 2,400 applications for the 25 mission specialist and 10 pilot positions filled.

Na vida, poucas coisas são mais importantes do que os julgamentos que as pessoas fazem sobre nosso potencial. Ao avaliar candidatos, as faculdades e empresas fazem previsões sobre o futuro sucesso dessas pessoas. Essas previsões podem se tornar portas de entrada para uma oportunidade, e são opiniões que determinam se uma porta se abre ou se fecha.

O que José não sabia era que nenhuma das suas inscrições tinha sido analisada pela NASA. Eles buscavam pessoas com experiência operacional em tomar decisões em ambientes muito estressantes. Esperavam encontrar engenheiros com conquistas notáveis. Prestavam atenção nos inscritos que tinham se formado entre os melhores da turma. A NASA buscava pessoas que já tinham alcançado muito sucesso e, segundo seus padrões, José não fazia parte desse grupo. Mas o que o processo da NASA não reconhecia – assim como muitas organizações não reconhecem – era o potencial de um candidato para alcançar conquistas ainda maiores.

Entre um processo seletivo e outro, José vinha desenvolvendo e demonstrando a rara combinação de habilidades técnicas, físicas e de caráter que a NASA supostamente valorizava. Com um mentor no trabalho, ele havia ganhado uma bolsa do governo e desenvolvido uma tecnologia de detecção digital de câncer que ajudou a salvar muitas vidas. No seu tempo livre, José correu sete maratonas com um recorde pessoal abaixo de três horas – pouco mais de quatro minutos por quilômetro. Além de ser disciplinado e audacioso, ele tinha consciência social: fazia trabalho voluntário dando aulas de matemática para estudantes do ensino médio, abriu uma associação profissional de cientistas e engenheiros de origem mexicana, e ajudava sua comunidade assumindo uma série de papéis de liderança, inclusive em âmbito nacional. Toda vez que se inscrevia para ser astronauta, ele destacava suas novas empreitadas, mas elas não faziam diferença.

A NASA não viu o potencial de José porque seu processo seletivo não era projetado para detectá-lo. Eles tinham informações sobre sua experiência e seu desempenho no trabalho, não sobre sua experiência e seu histórico na vida. Eles não sabiam que José vinha de uma família de trabalhadores rurais imigrantes. Não sabiam que, ao começar o jardim de infância na Califórnia, ele não falava inglês e que só se sentiu fluente de verdade aos 12 anos. Não sabiam que ele tinha percorrido uma longa distância para conseguir entrar na faculdade e se tornar engenheiro. A falta de conquistas nas suas inscrições iniciais parecia revelar uma ausência de capacidades, mas na verdade indicava a presença de adversidades.

É um erro julgar as pessoas apenas pelas alturas que alcançam. Ao favorecer inscritos que já tiveram sucesso, processos seletivos subestimam e ignoram candidatos que são capazes de conquistas ainda maiores. Quando confundimos desempenho passado com potencial futuro, perdemos pessoas cujas conquistas envolveram superar grandes obstáculos. Precisamos levar em consideração a dificuldade da caminhada e quanto cada pessoa percorreu e como cresceu ao longo do caminho. Não se testa um diamante bruto vendo se ele brilha desde o começo, e sim observando como ele reage ao calor e à pressão.

O CHAPÉU SELETOR ÀS VEZES PIFA

Por boa parte da história humana, oportunidades foram um privilégio que vinha de berço. Se você tivesse sangue azul, o mundo era seu. Se não viesse da família certa, seu destino já estava traçado e suas opções eram limitadas. Em muitas culturas, essa dinâmica foi se transformando ao longo dos séculos à medida que as pessoas desafiavam monarquias, aristocracias e sistemas de casta. Na China confuciana, dinastias sucessivas começaram a abrir cargos governamentais para qualquer um que conseguisse ser aprovado numa difícil prova para serviço civil. *Ainda estava longe de ser o ideal, porque mulheres e pessoas com deficiências eram proibidas de fazer a prova.* Na Grécia antiga, Sócrates e Plutão propuseram que as sociedades deveriam ser regidas por reis filósofos que se tornavam sábios por meio do estudo. Sua intenção não era apenas reinventar o poder; era pavimentar o caminho para novas ordens sociais que recompensassem indivíduos por capacidade e habilidade.

Hoje, abrir as portas para qualquer um que seja qualificado é uma prioridade para universidades e empresas. Em teoria, os processos seletivos convidam os mais diversos candidatos a mostrarem do que são capazes. Só que, na prática, nossos sistemas de avaliação cometem falhas.

No mundo acadêmico e corporativo, processos seletivos costumam ser projetados para detectar excelência. Isso significa que pessoas que estão caminhando rumo à excelência raramente recebem uma oportunidade.³ Não prestamos atenção suficiente nelas nem no caminho percorrido – que costuma estar cheio de quebra-molas e barreiras. Quando não enxergamos o potencial oculto de uma pessoa, não só destruímos seus sonhos como perdemos suas possíveis contribuições.

Falhamos em identificar potencial em vários estágios do processo de avaliação, seja por restrições de tempo, seja pela grande quantidade de inscrições. Durante uma triagem inicial, é impossível conhecer de verdade todos os candidatos. Não existe um algoritmo para encontrar diamantes brutos e não há tempo suficiente num dia de trabalho para mergulhar fundo na história de vida de alguém. Avaliadores acabam tomando decisões que mudam a vida de candidatos reduzidos a parcas informações.⁴

Nos primeiros estágios do processo seletivo, as empresas tentam lidar com esse desafio concentrando-se na formação do candidato. O senso comum é de que as melhores faculdades produzem os melhores profissionais. Só que esses pedigrees não valem de tanta coisa assim. Num estudo com mais de 28 mil alunos, os que frequentaram universidades mais renomadas tiveram resultados apenas levemente melhores na consultoria de projetos.⁵ Se olharmos para a qualidade do trabalho e das contribuições, um aluno de Yale foi apenas 1,9% melhor do que um estudante da Universidade Estadual de Cleveland.⁶ E, quando há exigência de ensino superior, metade da força de trabalho americana é excluída do processo. Isso sistematicamente coloca em desvantagem os candidatos que desenvolvem habilidades por meios alternativos – em cursos ou escolas técnicas, trabalhando como aprendizes ou no serviço militar, ou sendo autodidatas.⁷

Além de diplomas universitários, muitos gestores recorrem a experiências anteriores para ter uma noção inicial das qualificações dos candidatos. Mas, no fim das contas, a quantidade de experiência também é quase irrelevante.⁸ Numa metanálise de 44 estudos com mais de 11 mil participantes com uma ampla variedade de empregos, a experiência de trabalho anterior mal teve influência no desempenho. Um candidato com vinte anos de experiência no currículo pode ter apenas repetido o mesmo ano de experiência vinte vezes. Sendo assim, você precisa de ex-

periência para conseguir um emprego, mas precisa de um emprego para ter experiência... e essa experiência revela pouco sobre o seu potencial.*
O que mais importa não é por quanto tempo as pessoas fizeram um trabalho. É se elas são capazes de aprender a fazê-lo bem.

EXPERIÊNCIA EXIGIDA

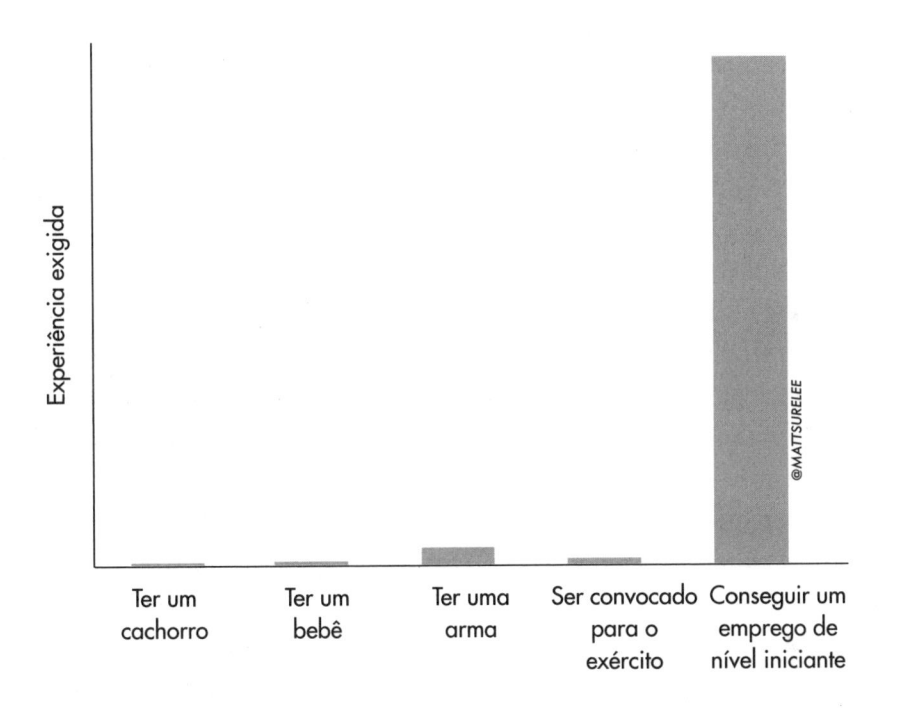

[Gráfico de barras mostrando "Experiência exigida" no eixo Y e as categorias: Ter um cachorro, Ter um bebê, Ter uma arma, Ser convocado para o exército, Conseguir um emprego de nível iniciante. A última barra é muito maior que as demais. @MATTSURELEE]

Para decidir quais candidatos levar para a próxima etapa, muitas empresas analisam a performance anterior. Em comparação com a formação acadêmica e o tempo de experiência, essa é uma pista melhor para o potencial. O desempenho de uma pessoa no passado pode nos dar uma noção da capacidade dela hoje,[9] mas essa métrica também tem desvantagens que nos levam a ignorar o potencial de muita gente.

---

* Empregos extremamente complexos são exceção, já que, nesses casos, a experiência se torna um indicador relevante da performance. Essa lista não inclui apenas áreas cognitivamente exigentes, como cirurgia e ciência espacial. Como você aprendeu no prólogo – e com a Finlândia –, ela também inclui ocupações social e emocionalmente desafiadoras, como dar aulas no jardim de infância.

O desempenho prévio só é útil se o novo emprego exigir habilidades parecidas com a do trabalho antigo. Num estudo com mais de 38 mil vendedores, economistas descobriram que aqueles que vendiam mais tinham mais chances de ser promovidos para a gerência. Só que habilidades de venda são diferentes de habilidades de gestão – os candidatos que tinham mais talento para fechar acordos se saíam pior ao gerenciar pessoas.[10] No fim das contas, os gerentes que melhoraram o desempenho da equipe não foram aqueles que geravam mais vendas, mas os que tinham mais habilidades sociais – aqueles que, por exemplo, faziam mais vendas conjuntas com seus colegas.

Esse é outro exemplo de um fenômeno chamado "princípio de Peter".[11] É a ideia de que as pessoas no trabalho tendem a ser promovidas até seu "nível de incompetência" – elas vão crescendo com base no seu sucesso em atribuições anteriores, até que ficam presas num novo cargo que está além das suas capacidades. Nesse caso, os melhores vendedores acabavam se tornando gestores incompetentes, e os funcionários que tinham potencial para se tornar ótimos gestores acabavam empacados como vendedores medíocres.*

Mesmo que o desempenho prévio de um candidato seja relevante para o cargo atual, esse quesito serve para detectar diamantes que brilham, não joias brutas. Veja o exemplo de Tom Brady: não importa se você o ama ou o odeia, ele é amplamente considerado o melhor *quarterback* da história do futebol americano. Mas, quando entrou na NFL, ele só foi recrutado na rodada de número 199. Com base no seu desempenho na

---

* A melhor solução que já vi para esse problema são dois planos de carreira: um para liderança e um para colaboradores que trabalham melhor sozinhos, com salários e prestígio semelhantes.[12] Essa abordagem expande as oportunidades de crescimento para candidatos que não têm motivação nem habilidade de gerenciar pessoas – e cria mais opções de crescimento para as pessoas com potencial de liderança. Mas precisamos tomar cuidado com a maneira como avaliamos esse potencial. Quando candidatos não se enquadram em nossos estereótipos para o emprego, costumamos ser tendenciosos. Economistas observaram que, apesar de geralmente receberem avaliações de desempenho melhores do que as dos homens, mulheres têm menos chances de ser promovidas porque seu potencial é considerado menor.[13] Essa ideia está por trás de quase metade da disparidade entre os gêneros quando o assunto é promoção na carreira – apesar de as mulheres promovidas serem mais eficientes que os homens e se mostrarem mais propensas a permanecer no emprego.

faculdade e nas avaliações antes do recrutamento, os olheiros achavam que o braço de Brady não teria força suficiente para lançar bem a bola nem para fazer passes longos.[14] Era muito improvável que ele fosse rápido o bastante para escapar da defesa adversária.

O problema era que os olheiros estavam se concentrando no corpo de Brady, não na sua mente. Eles tinham razão sobre suas limitações físicas: apesar de pesar apenas 95 quilos, Brady comia poeira de 25 atacantes diferentes que pesavam mais de 130 quilos. Mas os olheiros não consideravam aquilo que jornalistas chamariam de "nervos de aço". Eles "não abriram seu peito para olhar seu coração", lamentou um técnico. Talento é bom, mas caráter é tudo. Brady acabaria superando todas as expectativas: no ano em que completou 40 anos, venceu o recorde de corrida de 40 jardas que havia marcado aos 20 anos. *Nada mau para um molenga.*

Se o talento natural determina o ponto em que as pessoas começam, o caráter adquirido afeta a distância que elas percorrem. Mas habilidades de caráter nem sempre estão à vista de todos. Quando não olhamos além da superfície, corremos o risco de perder um potencial oculto de pura genialidade.

JOIAS BRUTAS

Quando resolvi pesquisar maneiras de identificar o potencial oculto, soube na mesma hora que deveria estudar a NASA. Afinal, há muitíssimo em jogo ali: escolher o astronauta errado pode ameaçar uma missão e custar a vida de uma tripulação inteira. Isso fazia com que a agência fosse muito mais preocupada com falsos positivos (aceitar candidatos ruins) do que com falsos negativos (rejeitar os bons).

Para entender por que não enxergamos potencial e como podemos notá-lo, entrei em contato com Duane Ross. Ele foi o responsável pela seleção de astronautas na NASA durante quatro décadas, assinando de próprio punho as cartas de rejeição – incluindo cada uma das que José recebeu. Eu queria aprender sobre o processo que peneirava os sonhos de milhares de candidatos para colocar o futuro da exploração espacial nas mãos de alguns poucos escolhidos.

Duane e sua colega Teresa Gomez estavam em busca dos raros candidatos com as qualidades certas.[15] Recebendo entre 2.400 e 3.100 inscrições para apenas 11 a 35 vagas, eles precisavam avaliar rapidamente quem tinha ou não potencial. Pelo que conseguiam ver, José Hernandez não tinha.

A NASA nem desconfiava que José havia crescido numa família pobre de imigrantes sem documentação. Todo ano, no inverno, a família inteira saía do interior do México e fazia a longa viagem até o norte da Califórnia para conseguir sobreviver. Eles paravam nas fazendas pelo caminho para colher de tudo, morangos e uvas, tomates e pepinos. No outono, eles voltavam para o México por alguns meses e então retomavam a rotina. A jornada fazia com que José perdesse vários meses de escola e tivesse que se esforçar para passar de ano estudando em colégios de três regiões diferentes. Depois que José começou o segundo ano fundamental, seu pai passou a procurar um emprego estável para que pudessem continuar no mesmo lugar, mas José ainda precisava trabalhar no campo durante os fins de semana para ajudar no sustento da família. Isso deixava pouco tempo para os deveres de casa, e ele não podia contar com a ajuda dos pais – que só tinham estudado até o terceiro ano fundamental.

Essa história era invisível para a NASA. A agência buscava os fatores certos, mas não tinha acesso a eles. "O que deveria ter feito parte do processo era a dificuldade que cada candidato teve para chegar até ali", me disse Duane Ross recentemente, aposentado após meio século na NASA. "No começo, bolamos nossos próprios formulários de inscrição e perguntávamos sobre isso. Mas então o governo decidiu que todas as inscrições precisavam ser exatamente iguais e perdemos boa parte desse aspecto." Com milhares de candidatos, só dava para verificar as referências de 400 e entrevistar os 120 melhores.

Na primeira etapa da triagem, o processo seletivo regulado pelo governo federal se concentrava em experiência de trabalho, formação acadêmica, habilidades especiais, conquistas e prêmios. O formulário não se interessava em saber sobre habilidades pouco convencionais como colher uvas. Não considerava o domínio da língua inglesa uma conquista. A seção de prêmios não reservava um espaço para o candidato mencionar que tirava notas altas em física enquanto trabalhava no campo. O sistema não era projetado para identificar e colocar na balança as adversidades superadas.

Isso reforçava a crença de José de que seu passado deveria permanecer escondido. A última parte do formulário perguntava sobre outras experiências em atividades pertinentes, como aviação. Quando perguntei a José por que ele não inseriu sua história como trabalhador rural imigrante, ele disse: "Não achei que isso teria relevância. Até pensei que poderia me prejudicar num mundo em que eu estava tentando me firmar como profissional." Se a NASA soubesse de suas dificuldades no passado, talvez vislumbrasse seu potencial no futuro.

QUANTIFICANDO O INQUANTIFICÁVEL

Todos sabemos que o desempenho não depende só de habilidade – ele também varia de acordo com o grau de dificuldade. Nossa performance costuma ser um reflexo de quanto uma tarefa é complicada. O participante de um programa de auditório parece mais inteligente ao responder às questões que valem pouco do que ao empacar nas que valem muito. Um comediante parece mais engraçado na frente de uma multidão embriagada numa boate do que diante de um bando de bancários pela manhã.

Ainda assim, quando julgamos o potencial, costumamos focar na execução e ignorar o grau de complexidade. Sem querer, favorecemos candidatos que se dão bem nas provas fáceis e dispensamos aqueles que superam os desafios árduos. Não enxergamos as habilidades que eles desenvolveram para vencer obstáculos – especialmente quando isso não aparece no currículo.

Poucos sistemas de avaliação são projetados para levar em conta o grau de dificuldade... porque fazer isso é, veja só, difícil. Alguns tentaram – e fracassaram feio. Em 2019, o exame admissional das faculdades americanas introduziu uma "nota de adversidade", recompensando alunos com até 100 pontos pelas dificuldades que sofreram na família, na vizinhança e na escola. As críticas foram tão intensas que isso não durou nem sequer um ano. Havia pouco consenso sobre os tipos de adversidade que deveriam ser considerados, e menos ainda sobre o critério de pontuação.

Cientistas sociais sabem há muito tempo que duas pessoas podem ter reações muito diferentes a um mesmo evento.[16] O trauma de uma pessoa pode ser o desafio de outra; o obstáculo de uma é o bloqueio de outra. Podemos calcular o grau de dificuldade de um salto ornamental, mas não existe uma fórmula para quantificar o grau de dificuldade de uma vida.

Esse é um problema que há muito atormenta esforços de ação afirmativa. Criar políticas que favoreçam grupos desfavorecidos é uma questão politicamente difícil. Progressistas e conservadores têm discussões acaloradas para concluir se a compensação de injustiças históricas equilibra a balança ou perpetua injustiças ao introduzir uma discriminação reversa.[17] Não importa a sua posição ideológica – como cientista social, é meu dever analisar as melhores evidências. E, no fim das contas, ações afirmativas costumam ser uma faca de dois gumes até para as pessoas a quem elas deveriam ajudar.

Numa metanálise de 45 estudos, quando organizações colocaram ações afirmativas em prática, membros de grupos em desvantagem tiveram mais dificuldade com suas tarefas e receberam avaliações piores do seu desempenho.[18] A mera presença de uma política afirmativa bastou para que a competência deles fosse questionada pelos outros (será que eles mereciam mesmo essa promoção?) e por eles próprios (eu consegui por mérito?). O efeito se manteve até mesmo em experimentos com mulheres e minorias raciais extremamente qualificadas.

Muitos grupos continuam sendo reprimidos por limitações culturais e estruturais. É importante encontrar formas sistemáticas de abrir portas para pessoas que foram privadas de oportunidades. Mas é uma pena que esses esforços bem-intencionados sejam implementados de modo a deixar as pessoas – incluindo os supostos beneficiários – se questionando se o sucesso foi merecido. Mesmo se pudéssemos resolver esse problema, políticas que lidam com dificuldades coletivas não capturam todas as dores individuais.

Quando orquestras profissionais finalmente se esforçaram para contratar mulheres, uma solução muito usada foi pedir que todos os candidatos se apresentassem atrás de uma tela. Incapazes de identificar o gênero dos músicos, os avaliadores foram obrigados a se concentrar na habilidade. Apesar de isso ter aumentado as chances para as mulheres, não diminuiu muito a disparidade entre os gêneros.[19] Como mulheres não tinham acesso ao mesmo treinamento profissional, os defensores da ação afirmativa poderiam pleitear cotas para gênero – ou temporariamente diminuir as exigências de habilidade para mulheres com base nas desvantagens que enfrentavam. Mas essa solução poderia lançar dúvidas sobre a competência das artistas. Uma opção mais útil seria observar o grau de dificuldade de cada uma, ou seja, ajustar expectativas de habilidade de acordo com o acesso a oportunidades. Por exemplo, testes de orquestra teriam parâmetros diferentes para candidatos autodidatas e para aqueles que estudaram em Juilliard.

O objetivo de medir o grau de dificuldade individualmente não é oferecer vantagens a pessoas que passaram por adversidades. É garantir que não coloquemos essas pessoas em desvantagem. A redação que as universidades americanas exigem dos candidatos poderia nos dar uma noção dos desafios pelos quais eles passam, mas quem enfrenta sofrimento extremo se sente compreensivelmente incomodado com a ideia de explorar seus traumas e sua dor.[20] Enquanto isso, os alunos que tiveram a sorte de não se deparar com problemas graves costumam se sentir pressionados a exagerar as próprias lamúrias. No fim das contas, o indicador-chave do potencial não é o tamanho dos obstáculos que as pessoas enfrentaram – mas como reagiram a eles. É isso que um processo seletivo mais inteligente deveria descobrir.

VENDO O INVISÍVEL

Com muita frequência, nossos processos seletivos fracassam em mensurar conquistas de acordo com o grau de dificuldade. Pesquisas mostram que, quando estudantes se inscrevem em cursos de pós-graduação, os avaliadores prestam surpreendentemente pouca atenção na complexidade envolvida em sua formação acadêmica.[21] Ter bons resultados em aulas fáceis pode dar mais chances de ser aceito do que ir razoavelmente bem em matérias difíceis.

Pense em quanto isso é injusto. É como se um patinador artístico que tirou seis no axel quádruplo perdesse para um que tirou oito numa pirueta simples. Ou como se uma vaga para conselheiro financeiro ficasse com um investidor que faturou muito no mercado em alta, e não com aquele que faturou um pouco menos no mercado em baixa.

Não culpo as bancas avaliadoras nem os recrutadores. Muitos não sabem que seus parâmetros de triagem são ruins, e poucos foram treinados para buscar sinais melhores de potencial. Faz duas décadas que trabalho em comitês admissionais e só agora me ocorreu analisar a nota dos inscritos considerando a dificuldade dos seus cursos. Sem poder comparar currículos, é difícil comparar as conquistas entre os candidatos. Como eu não tinha percebido isso antes?

Processos seletivos precisam colocar o desempenho em contexto, como fazemos com as categorias de peso no boxe. Uma abordagem promissora é criar métricas que comparem os alunos de maneira objetiva dentro de um grupo de semelhantes.[22] Junto com as notas de cada aluno, históricos exibiriam a média de notas e o nível da escola e do curso que frequentaram.

Levar em conta a dificuldade da tarefa é só uma das formas de contextualizar a performance. Também podemos fazer isso comparando estudantes a outros colegas em situação parecida. Algumas escolas tomaram a ótima iniciativa de expandir históricos para mostrar as notas dos alunos com relação à sua vizinhança.[23] Experimentos mostram que isso pode ajudar bancas avaliadoras a perceber o potencial em jovens de baixa renda sem reduzir seu entusiasmo por candidatos de famílias mais abastadas. No Reino Unido, universidades e empresas estão começando a avaliar sinais discretos de dificuldade financeira – como candidatos que trabalham e estudam ao mesmo tempo e recebem benefícios do governo.[24] Perguntei a Duane Ross sobre essa ideia e ele me disse que, se informações como essas tivessem aparecido na inscrição de José, a NASA teria prestado mais atenção no seu currículo. "Um candidato imigrante e trabalhador rural era algo que deveríamos ter notado – especialmente se ele tivesse alcançado grandes conquistas."

Apesar de essa abordagem poder revelar algumas joias brutas, muitos obstáculos são mais subjetivos e complexos de mensurar do que provas difíceis e problemas financeiros. Precisamos encontrar um jeito de avaliar a distância que as pessoas percorreram para superar as barreiras no caminho. A boa notícia é que universidades e empresas já têm acesso a alguns dados valiosos – se souberem onde procurar.

AUMENTO POR TEMPO

Num estudo surpreendente, o economista George Bulman analisou um enorme conjunto de dados sobre todos os alunos que concluíram o ensino médio na Flórida entre 1999 e 2002. O objetivo era investigar se suas notas poderiam prever seu futuro sucesso – medido em termos de taxas de conclusão de cursos universitários e renda uma década mais tarde.

As notas do nono ano não revelaram nada sobre o potencial de sucesso desses alunos. As notas do primeiro e do segundo ano do ensino médio já fizeram mais diferença: todo ponto a mais na média geral valia um acréscimo de 5% na renda futura. E as notas do último ano tiveram o dobro de importância: cada ponto na média geral valia 10% a mais de renda.

No entanto, o que realmente previa o potencial de ganhos era a melhoria do desempenho do aluno com o tempo. Infelizmente, faculdades americanas costumam apagar essa trajetória, resumindo o desempenho total do curso numa única nota. Elas classificam os alunos com base em médias gerais ao longo de quatro anos, sem considerar se suas notas melhoraram ou pioraram.[25]

Quanto à probabilidade de conclusão do ensino superior, o estudo demonstrou padrões semelhantes. Os alunos cujas notas melhoraram do nono até o segundo ano do ensino médio tiveram mais chance de terminar a faculdade – e menos de abandonar os estudos – do que aqueles cujas notas caíram no mesmo período. Mas as bancas avaliadoras não levavam isso em consideração.

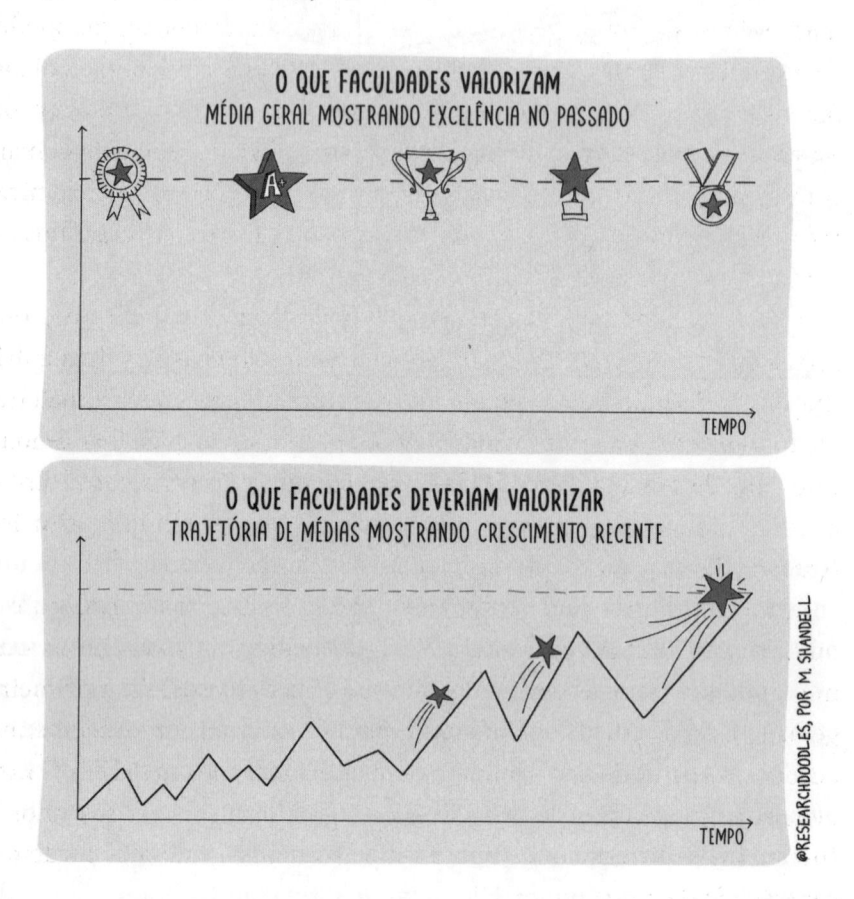

O QUE FACULDADES VALORIZAM
MÉDIA GERAL MOSTRANDO EXCELÊNCIA NO PASSADO

O QUE FACULDADES DEVERIAM VALORIZAR
TRAJETÓRIA DE MÉDIAS MOSTRANDO CRESCIMENTO RECENTE

@RESEARCHDOODLES, POR M. SHANDELL

Isso é absurdamente ridículo. Universidades julgam os candidatos apenas pelo desempenho de três meses ou de três anos atrás – e nem se dão ao trabalho de estudar os dados relevantes e ainda mais recentes. O sistema pune pessoas que crescem após começos difíceis quando deveria recompensá-las pela distância que percorreram.

Está na hora de faculdades e empresas acrescentarem outra métrica:

junto com a média geral, acho que deveriam analisar a trajetória dos pontos. É possível calcular a taxa de melhoria usando uma medida básica: aumento por tempo. Um fracasso inicial seguido por sucesso é uma marca de potencial oculto.[26]

Com base apenas no seu coeficiente de rendimento na faculdade, em comparação com os outros engenheiros que se inscreviam para a formação de astronautas, José não se destacava. Na faculdade, sua média em química, cálculo e programação era sete. Seu desempenho mediano punha em dúvida sua aptidão técnica para ser engenheiro de voo ou especialista de missão. É verdade que a NASA não era exigente demais com as notas, mas favorecia os candidatos com excelência acadêmica. E os recrutadores não sabiam por que as notas de José não eram boas – nem por que elas melhoraram com o tempo.

Para bancar as mensalidades, José trabalhava numa fábrica de conservas de frutas e legumes no turno das dez da noite às seis da manhã. Era difícil permanecer acordado na aula, que dirá aprender a matéria. Quando a temporada das frutas acabou, ele passou a trabalhar à noite e aos fins de semana como ajudante de garçom num restaurante. Entre as aulas complexas e um cronograma puxado, ele terminou o primeiro semestre na faculdade com média sete.

Com dificuldades no estudo, José começou a se sentir isolado e a questionar a própria capacidade. E há de fato muitas evidências que mostram a disparidade de conquistas entre classes sociais: a primeira geração de universitários de uma família tende a ter um desempenho acadêmico ruim devido a uma série de desvantagens invisíveis.[27] Eles evitam pedir ajuda porque sentem que precisam se virar sozinhos.[28] Inseguros, deslocados e com contas a pagar, esses estudantes perdem a capacidade de concentração.[29]

O primeiro semestre da faculdade foi um período especialmente complicado para José. A situação melhorou quando ele encontrou um emprego com um horário mais razoável, estabeleceu uma rotina mais prática e tomou a iniciativa de fazer aulas particulares. A cada semestre, suas notas aumentavam. De um total de 4,0, sua média foi de 2,41 para 2,9 no segundo semestre e subiu de novo para 3,33 e 3,56 nos semestres seguintes. Ele acabou gabaritando várias provas e se formando com honras. Ganhou uma bolsa de estudos integral para fazer mestrado em engenharia na Universidade da Califórnia em Santa Bárbara. E, apesar de não ter a média geral perfeita, foi incrível na trajetória dos pontos.

Mas atenção: ao buscar sinais de melhoria, é importante ter expectativas razoáveis. Numa primeira triagem, melhorias são indícios de que os candidatos superaram obstáculos, mas nem sempre podemos buscar um crescimento vertiginoso. Quando enfrentam graves adversidades, as pessoas precisam escalar montanhas maiores, e conseguir manter uma performance estável já pode ser uma conquista por si só.

Melhorias, independentemente da sua amplitude, não devem ser nossas únicas referências. As trajetórias são um bom começo, mas não são os únicos indícios de potencial. Para avaliar a distância que as pessoas são capazes de percorrer em montanhas altas, também é essencial dar uma olhada nas habilidades que elas adquiriram até então. Em vez de prestar atenção nas experiências do passado ou em desempenhos anteriores, deveríamos descobrir o que elas aprenderam e se conseguiram aprender bem. Para isso, precisamos repensar como entrevistamos candidatos. A abordagem mais fascinante que já vi veio de um call center em Israel.

ENTREVISTA SEM VAMPIRO

Várias décadas atrás, um terapeuta em treinamento chamado Gil Winch se frustrou com a psicologia clínica. Não era suficiente ajudar um paciente por vez – ele queria solucionar problemas em grande escala. Certo dia, enquanto conversava com um vizinho com paralisia, Gil descobriu que pessoas com deficiência tinham dificuldade para encontrar emprego no mundo todo. Pessoas com problemas de audição, visão, mobilidade, aprendizado e comunicação compartilhavam de uma experiência em comum. Não importava se tinham uma deficiência física ou um transtorno psicológico, todas sabiam, depois de uma vida inteira de estigmas e rejeições, que provavelmente seriam subestimadas e ignoradas.

Gil se deu conta de que, em entrevistas de emprego, os recrutadores consideravam deficiências uma desvantagem. Uma entrevista típica é organizada como um interrogatório. Avaliadores questionam as limitações do candidato: Quais são seus maiores defeitos? *Ah, já que perguntou, vou listar todos os erros que cometi na vida em ordem cronológica.* Fazem perguntas impossíveis sobre o futuro: Onde você se enxerga daqui a cinco anos? *Roubando seu emprego e fazendo perguntas melhores no seu lugar.* Alguns até tentam nos desafiar com pegadinhas: Quantas bolas de golfe cabem num avião comercial? *Por que alguém encheria um avião com bolas de golfe?** Até mesmo para candidatos que não têm uma deficiência, essa abordagem aumenta a ansiedade e o desconforto.

O estresse causado por entrevistas impede que as pessoas demonstrem todo o seu potencial.[32] Esse estresse tende a ser especialmente forte para quem já foi subestimado antes. Basta saber que seu grupo é estigmatizado para que isso prejudique seu desempenho sob pressão. Pesquisas observaram que o medo de confirmar estereótipos negativos diminui o foco e a memória de trabalho, obscurecendo as habilidades de mulheres em provas de matemática, de imigrantes em provas orais, de estudantes negros no vestibular, de adultos mais velhos em testes cognitivos e de estudantes com deficiências físicas e de aprendizado numa série de avaliações.[33] Eles já vão esperando o fracasso.

Gil queria mostrar as habilidades das pessoas com deficiências. Para se certificar de que essas diferenças não as impediriam de percorrer grandes distâncias, ele fez algo radical: abriu um call center com uma equipe formada exclusivamente por pessoas com necessidades especiais. Ele a batizou de Call Yachol, que significa "capaz de fazer tudo" em hebraico. Para ajudar os candidatos a obter sucesso, ele reverteu o processo tradicional de entrevistas.[34] O sistema que ele criou é cheio de surpresas.

Antes de ir ao escritório, o candidato preenche um questionário sobre suas paixões – livros, músicas e hobbies preferidos. Para receber apoio, ele é incentivado a levar uma pessoa de confiança ou um animal de estimação para a entrevista. Assim que chega, ele percebe que os recrutado-

---

* Na verdade, pegadinhas não revelam nada útil sobre os candidatos, mas têm algo a dizer sobre os recrutadores.[30] Num estudo, os recrutadores mais propensos a propor pegadinhas eram narcisistas e sádicos.[31] A menos que você se orgulhe de ter essas características, torturar um candidato não vai fazer você se sentir mais inteligente – só mais babaca mesmo.

res não são interrogadores: são anfitriões. Eles apresentam o escritório, oferecem chá ou café e tratam o candidato como um convidado de honra. Eles o levam para uma espécie de sala de estar, com poltronas grandes e confortáveis, e perguntam sobre algumas de suas paixões. O objetivo não é apenas ajudar a pessoa a relaxar; também é vê-la falar com entusiasmo sobre as coisas que ama.

Então o candidato mostra seus pontos fortes. Em vez de bombardear as pessoas com charadas intimidantes, Gil bolou uma série de desafios para revelar as habilidades dos candidatos em situações que fossem familiares para eles. Quer mostrar sua determinação diante dos obstáculos? Finja que vai convencer um vizinho cabeça-dura a aprovar a reforma do prédio. Quer mostrar que você é detalhista? Finja que sua avó é alérgica a amendoim e escolha produtos seguros para ela numa longa lista de compras. Quer mostrar que você é ótimo em persuadir pessoas? Convença um adolescente a não mexer no celular durante as refeições.

No mundo das entrevistas de emprego, existe um nome para esse tipo de dinâmica: amostragens de trabalho. Uma amostragem de trabalho é um retrato das habilidades de um candidato. Às vezes ela surge na forma de um portfólio. Muitas faculdades, no seu processo admissional, pedem que os estudantes enviem seus portfólios criativos. Eles podem mandar gravações se forem músicos, textos se forem roteiristas ou dramaturgos, e vídeos se forem atores, dançarinos ou mágicos.

Mas amostragens de trabalho do passado são tão limitadas quanto as performances anteriores. Elas nos fazem comparar maçãs com laranjas – não temos como analisar as diferentes dificuldades que os candidatos enfrentaram até então. Uma ótima alternativa é criar amostragens de trabalho em tempo real: dar a todos o mesmo problema para solucionarem no presente. Há um monte de evidências sobre como esse tipo de amostragem de trabalho é capaz de revelar as capacidades dos candidatos em entrevistas de emprego.[35] Em vez de contar apenas com o que as pessoas dizem, podemos observar o que elas fazem – e os candidatos gostam disso.[36]

Descobri as amostragens de trabalho no começo da minha carreira, quando eu ainda nem sabia que elas tinham esse nome. Eu e um colega estávamos contratando uma equipe de vendedores e decidimos pedir que nos vendessem uma maçã podre. A proposta de um candidato foi inesquecível: "Ela pode parecer uma maçã podre, mas na verdade é uma maçã antiga, uma antiguidade. Dizem que comer uma maçã por dia faz milagres para a saúde, e quanto mais ela envelhecer, mais nutrientes acumula! E vocês podem plantar as sementes no quintal de casa." *Tivemos uma conversinha sobre honestidade, é claro, mas depois esse candidato acabou sendo o melhor vendedor que já contratei.* Desde então, testemunhei uma série de abordagens criativas para amostragens de trabalho em tempo real em muitas áreas. Minhas favoritas incluem escolas que avaliam a proatividade dos candidatos a professores ao pedir que façam um plano de aula ao vivo, e fábricas que avaliam as habilidades sociais de candidatos a mecânicos de aeronaves ao pedir que construam juntos um helicóptero de Lego.

Amostragens de trabalho costumam ser uma oportunidade única. Mas a primeira tentativa raramente é o melhor desempenho. Esse foi outro obstáculo removido pelo Call Yachol ao oferecer às pessoas uma segunda chance de ter sucesso. Se empacar tentando não matar a vovó alérgica a amendoim, o candidato pode fazer uma pausa e pedir ajuda. No fim da entrevista, em vez de ser julgado, ele é o juiz. Ele avalia a própria experiência na entrevista – se os recrutadores foram receptivos e se o desempenho dele foi o melhor possível. Caso não esteja feliz com o resultado, ele tem outra chance. Os recrutadores perguntam o que *eles próprios* podem fazer de diferente para conhecer melhor o candidato.

Quando um homem chamado Harvey apareceu no Call Yachol para sua segunda entrevista, era nítido que estava com dificuldade para se concentrar. O entrevistador fez uma pausa e perguntou como ele estava se sentindo. Harvey era do espectro autista e explicou que não se sentia confortável com seus sapatos naquela manhã, que havia derramado café na camisa enquanto tentava ajeitá-los e que tinha perdido o ônibus. A corrida para chegar na hora o deixara agitado, e seus sapatos continuavam incômodos. O recrutador decidiu fazer um intervalo e lhe dar uma hora para se acalmar. Harvey aproveitou a oportunidade e acabou conseguindo o emprego.

Juntar amostragens de trabalho exige tempo, mas nunca foi tão fácil aplicar essas dinâmicas on-line. E, mesmo quando feitas pessoalmente, elas não levam mais tempo que uma entrevista convencional. Investimos esse tempo porque sabemos como é importante avaliar com cuidado as pessoas que vamos aprovar. E, apesar de todos os avanços na inteligência artificial, ainda não me deparei com um algoritmo capaz de encontrar o potencial oculto em pessoas como Harvey.* Ele tem um emprego difícil: faz ligações de telemarketing, que costumam ser recebidas com rispidez e rejeição. A maioria das pessoas pede demissão nos primeiros anos, mas Harvey tem sido um exemplo de determinação e resiliência. Faz oito anos que é um funcionário exemplar: sempre bate as metas mensais e já foi condecorado na frente do call center inteiro.

Especialistas da área duvidaram que o modelo de contratação de Gil fosse dar certo – ainda mais para um call center. Eles não achavam que pessoas com limitações físicas e cognitivas teriam boa performance num ambiente dinâmico e de muita pressão. Gil demorou um ano inteiro para conseguir seu primeiro cliente. Quando finalmente aconteceu, em 2009, ele contratou quinze pessoas com vários tipos de deficiências e transtornos. Num dos casos, um gerente com problemas de visão supervisionava um funcionário com perda auditiva. Não parecia uma receita para o sucesso, mas Gil sabia que daria certo. Depois de ver de perto os pontos fortes dos funcionários, ele acreditava que seriam capazes de chegar longe. E eles não apenas atenderam, como atropelaram suas expectativas.

---

* Isso não quer dizer que algoritmos sejam inúteis. Em processos seletivos, eles são quase melhores do que os humanos para prever as notas, o desempenho e o ritmo de promoção dos candidatos.[37] A tecnologia tem a vantagem de agregar e analisar sistematicamente diferentes fontes de informação, e, como alguns especialistas defendem, é mais fácil consertar um algoritmo tendencioso do que combater um humano preconceituoso.[38] Nas redações de inscrição para faculdades, um algoritmo treinado para avaliar habilidades de caráter e valores – como perseverança, consciência social, autoaprimoramento, perfil de liderança e capacidade de trabalhar em equipe – prevê taxas de conclusão do curso muito melhor do que coeficientes de rendimento e notas de provas.[39] Mas os algoritmos têm algumas limitações básicas: eles contam com dados do passado para prever um potencial futuro e sempre acabam ignorando alguma informação importante. Por exemplo, se você estiver prestes a recrutar um atleta para seu time, o algoritmo provavelmente não levará em conta o fato de que, ontem à noite, seu astro quebrou a perna num acidente de carro e foi preso por dirigir embriagado. Um algoritmo é um acréscimo ao julgamento humano – não um substituto.[40]

Desde então, à medida que o Call Yachol foi crescendo, muitas das suas equipes superaram os pontos de referência do mercado e algumas tiveram desempenhos melhores do que equipes sem deficiências.

Para Gil, era apenas o começo. Ele sabia que pessoas com deficiência eram apenas um grupo cujo potencial estava sendo ignorado. Ele expandiu seu modelo de recrutamento para criar oportunidades para outros grupos em desvantagem – desde imigrantes até ex-presidiários. Em 2018, a equipe foi convidada ao parlamento de Israel para receber um prêmio em homenagem ao bem que fizeram à sociedade.

Um modelo de entrevista como o do Call Yachol não é apenas uma forma interessante de abrir portas para pessoas subestimadas. Acredito que seja um modo de reconhecer o potencial em todos, pois permite que as habilidades de cada candidato sejam exibidas. Interrogatórios deixam qualquer um ansioso, e todo mundo está sujeito a sofrer um imprevisto a caminho de uma entrevista de emprego. A melhor forma de julgar habilidades é observando o que as pessoas fazem, não o que dizem ou o que fizeram antes. Em vez de fazer pegadinhas com os candidatos, deveríamos lhes dar a oportunidade de mostrar o melhor de si. A maneira como eles reagem a uma segunda chance é uma amostra mais significativa do seu caráter do que o modo como lidaram com a primeira.

UMA JANELA DE OPORTUNIDADE

Como a NASA convidava os candidatos a refazerem suas inscrições todo ano, José sempre tinha novas oportunidades. Em 1996, após uma série de rejeições, ele estava prestes a desistir quando sua esposa, Adela, o convenceu a não abandonar seu sonho. "Deixe a NASA desqualificar você", insistiu ela. "Não se desqualifique antes da hora."

José entendeu que poderia fazer mais para se qualificar: ele poderia "se tornar uma esponja". Descobriu que os astronautas eram, na maioria, pilotos e mergulhadores, então dedicou um ano a tirar seu brevê e outro ano treinando mergulho todo fim de semana até conseguir a certificação mais avançada. E, quando o laboratório federal onde ele trabalhava lhe ofereceu a inusitada oportunidade de combater a proliferação nuclear na Sibéria, José aceitou com uma condição: ele aprenderia a falar russo como parte do trabalho. Ele torcia para que isso o fizesse se destacar no próximo processo seletivo da NASA.

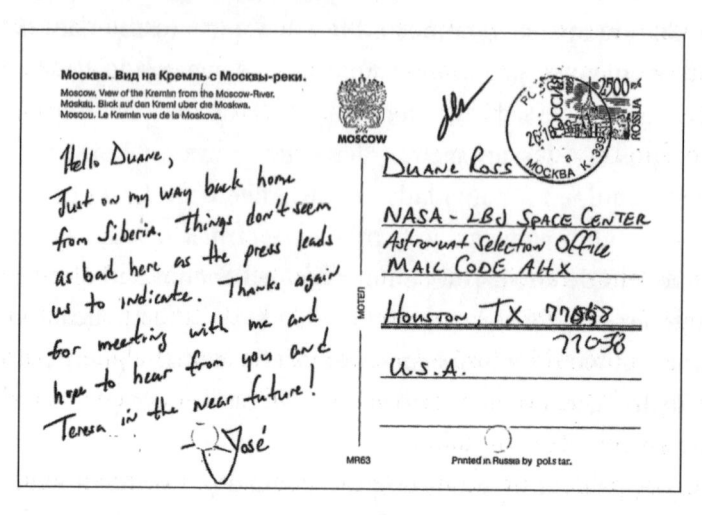

> Hello Duane,
> Just on my way back home from Siberia. Things don't seem as bad here as the press leads us to indicate. Thanks again for meeting with me and hope to hear from you and Teresa in the near future!
> — José
>
> Duane Ross
> NASA - LBJ Space Center
> Astronaut Selection Office
> MAIL CODE AHX
> Houston, TX 77058
> U.S.A.

Em 1998, quando José tinha 36 anos, ele enviou outra inscrição para se tornar astronauta. Finalmente veio uma notícia promissora. Dentre mais de 2.500 inscritos, ele era um dos 120 finalistas.

Era hora de José oferecer uma amostragem de trabalho completa e ao vivo. Ele passou por uma semana inteira de avaliações físicas e psicológicas no Centro Espacial Lyndon B. Johnson. Antigos astronautas o questionaram sobre suas habilidades de engenharia, pilotagem, trabalho em equipe e comunicação. Ele fez provas que exigiam que girasse objetos em sua mente e solucionasse problemas sob pressão. De um total de 99 pontos, a comissão de recrutamento de astronautas deu nota 91 para José.

Os entrevistadores não lhe perguntaram diretamente sobre dificuldades. Eles lhe deram uma hora para falar sobre sua vida. Pela primeira vez, sentindo-se confiante de ter demonstrado suas habilidades técnicas, José se abriu e contou à NASA que tinha começado como um trabalhador rural. "Alguém que consegue conquistar tudo isso vindo de uma situação como a de José", diz Duane Ross, "superando aquilo tudo e chegando ao mesmo lugar que outras pessoas, tem muita competência e força de vontade".

Após a entrevista, José recebeu uma ligação de Duane. Infelizmente ele havia sido rejeitado de novo. Só que, dessa vez, havia um lado bom. Queriam contratá-lo... não como astronauta, mas como engenheiro.

A cada ano José já vinha se adaptando. Agora teria que se adaptar de novo. Apesar de não ser ele quem subiria lá em cima, poderia fazer parte da missão que enviava humanos ao espaço. A experiência lhe ensinou uma lição: "Existe mais de uma estrela no céu e mais de um objetivo e um propósito na vida."

———

Após vários anos trabalhando como engenheiro da NASA, José atendeu a uma ligação em 2004. A voz do outro lado da linha perguntou se ele poderia ser substituído. José disse que poderia treinar alguém para assumir seu lugar. "Que bom", disse o gerente. "O que você acha de trabalhar no departamento de astronautas?"

Depois de passar quinze anos se candidatando, José finalmente foi escolhido para ir ao espaço. "Assim que recebi a notícia", lembra ele, "meu corpo inteiro começou a formigar". Ele foi correndo para casa para contar a boa-nova à esposa, aos seus filhos e aos seus pais, que comemoraram com danças e abraços.

> National Aeronautics and
> Space Administration
> **Lyndon B. Johnson Space Center**
> 2101 NASA Parkway
> Houston, Texas 77058-3696
>
> April 20, 2004
>
> AHX
>
> Mr. Jose M. Hernandez
> 4015 N. Water Iris Court
> Houston, TX 77059
>
> Dear Jose:
>
> Congratulations, and welcome to our team! Get ready to begin one of the most exciting periods of your life. The Astronaut Candidate Training Program is designed to prepare you for mission-specific training. You will be actively challenged during this program, and you will be expected to demonstrate an acceptable level of performance in order to be considered for conversion to astronaut status.

Em agosto de 2009, algumas semanas após completar 47 anos, José entrou num ônibus espacial. Ele sentou, apertou os cintos e se preparou para o lançamento. Pouco antes da meia-noite, ele ouviu a contagem regressiva e viu os motores se iluminarem. Oito minutos e meio depois de subir a todo vapor para o céu, o motor desligou e José não conseguia acreditar no que via. Para se convencer de que aquilo era real, ele jogou um equipamento para o alto. Enquanto o observava pairar no ar, ele se admirou: "Acho que estamos mesmo no espaço!"

José, que antes colhia morangos no campo, agora flutuava entre as estrelas. Ao longo de duas semanas no espaço, ele voou por mais de 8 milhões de quilômetros. Quase nada perto da distância que ele precisou percorrer para vestir um traje espacial.

Por mais empolgante que seja ver um candidato como José ter sucesso, isso não é suficiente. O sucesso dele mostra o que estamos perdendo em muitos outros. Ele precisou se destacar para ser reconhecido num sistema falho. Ele é a exceção, mas deveria ser a regra.

Quando avaliamos pessoas, nada é mais recompensador do que encontrar um diamante bruto. Nosso trabalho não é aplicar a pressão que revela seu brilho. É garantir que não vamos ignorar aqueles que já sofreram essa pressão – e que vamos reconhecer seu potencial para brilhar.

Epílogo
Você vai longe

Agarre-se aos sonhos
Pois quando os sonhos morrem
A vida vira um pássaro de asas quebradas
Incapaz de voar.
— LANGSTON HUGHES[1]

Quando comentei com as pessoas que eu estava escrevendo um livro sobre potencial, elas começaram a me perguntar sobre sonhos. *O livro fala sobre realizar nossos sonhos? Você vai incentivar o leitor a sonhar mais alto?* Eu não queria seguir por esse caminho. Parecia otimista e ingênuo demais. É o tipo de linguagem positiva usada por gurus de autoajuda, não por cientistas sociais sérios.

Se você tiver a visão de mundo, o carisma e a moral elevada de Martin Luther King Jr., talvez consiga passar ileso. *Embora, devo dizer, até os conselheiros de Luther King tenham achado que o discurso do "Eu tenho um sonho" soaria batido demais.*[2] Mas eu sou um reles mortal, então achei melhor deixar os sonhos na infância.

Só que aí me deparei com novas evidências sobre como pessoas com sonhos ambiciosos alcançam conquistas maiores. Economistas observaram, após acompanhar milhares de pessoas desde o nascimento até os 55 anos, que as aspirações da adolescência previam como sua vida adulta se desdobraria. Os jovens com sonhos mais espetaculosos se davam melhor na escola e cresciam mais no trabalho.[3] Mesmo após muitos outros fatores serem considerados – habilidades cognitivas e de caráter; renda familiar; formação e aspirações dos pais –, seus sonhos influenciavam de maneira especial o progresso que faziam e a pessoa que se tornavam.

Eu me dei conta de que, se não fosse pelos meus sonhos e pelas pessoas que me ajudaram a torná-los realidade, este livro não existiria.

―

No último ano do ensino médio, eu pretendia continuar em Michigan e cursar faculdade por lá mesmo. Mas, numa noite de setembro, fui dormir e sonhei que estudava na Universidade Harvard, em Massachusetts. Eu nunca tinha cogitado essa opção. Sabia que seria difícil – e, mesmo que eu fosse qualificado, minha família não poderia bancar os custos de uma universidade distante. Mas fazia pouco tempo que eu tinha assistido a *Gênio indomável* e não conseguia tirar a ideia da cabeça.

Na minha cidade natal nos arredores de Detroit, as pessoas ganhavam status por conta de qualidades fúteis como riqueza e beleza. Os adolescentes populares na minha escola eram, em geral, ricos ou bonitos. Mas em Harvard, pelo que eu imaginava, maneiro mesmo era ser inteligente. Eu dividiria o dormitório com outros nerds e teria aulas com as mentes mais brilhantes do mundo.

Naquele outono, vesti meu único terno para fazer uma entrevista com um representante de Harvard num escritório de advocacia. Quando estava quase saindo de casa, tive uma ideia. Voltei correndo, peguei uma caixinha dentro de uma gaveta e a enfiei no bolso do paletó.

Quando cheguei ao escritório, eu estava tremendo – nunca tinha feito uma entrevista antes e também nunca tinha conhecido alguém de Harvard. E se eu não entendesse nada do que ele me dissesse?

A entrevista deveria durar uma hora, mas se alongou por três. Eu não fazia ideia do que isso significava. Todos os dias nas semanas seguintes, quando chegava da escola, eu dava uma olhada na caixa de correio, nervoso. Em dezembro, encontrei um envelope de Harvard.

Era uma carta de aceitação e vinha com auxílio financeiro – mesmo assim, eu ainda teria que trabalhar enquanto estudava. Fiquei tão empolgado que comemorei com uma dancinha. Logo eu, que nunca mexo o esqueleto. *Só descobri anos depois que, sempre que fizesse algo idiota, alguém perguntaria "VOCÊ estudou em Harvard?!".*

Na primavera, enquanto eu conhecia meus futuros colegas de classe em eventos e na internet, notei um padrão. Harvard parecia atrair dois extremos de estudantes: os que tinham certeza de que mudariam o mundo para melhor e aqueles que temiam estar ali por engano. Eu fazia parte do segundo grupo. De algum jeito, eu tinha sido selecionado, mas não sabia se era inteligente o bastante para estar ali.

Na minha primeira semana no campus, minha inteligência seria testada.

Antes de as aulas começarem, todo novo aluno precisava fazer uma prova dissertativa. Ela determinaria nossa classificação num seminário de redação para calouros. Se passássemos, faríamos o curso por apenas um semestre. Se fôssemos reprovados, teríamos que começar o ano com um semestre extra de aulas de redação para alcançarmos o restante dos alunos. Um estudante do segundo ano me disse para não me preocupar – o curso extra era para atletas e alunos estrangeiros que falavam inglês como quinto idioma.

Não me lembro do tema da redação, mas me lembro do que escrevi: uma análise dos personagens de *Gênio indomável*. Alguns dias depois, um envelope apareceu embaixo da porta do meu dormitório. Eu tinha sido reprovado na prova.

Escrever não era o meu forte.

Aquela era a primeira vez que Harvard julgava meu intelecto, e o júri tinha chegado a um triste veredicto. *Quanto à acusação de não ser inteligente o bastante: culpado.* Que síndrome do impostor, que nada. Eu era uma fraude mesmo. Enquanto isso, meu colega de quarto – um dos principais *quarterbacks* do time de futebol americano – passou na prova.

Para entender minhas opções, marquei um encontro com a banca que tinha avaliado minha prova. Os avaliadores disseram que, no fim das contas, a decisão era minha, mas me aconselharam a fazer o curso extra. Disseram que os alunos reprovados que pulavam essa etapa nunca conseguiam tirar uma nota maior que sete. E me explicaram que, depois de terem lido minha redação, achavam que era muito provável que isso acontecesse comigo. Meu texto era tão confuso e desestruturado que, se eu pulasse o curso extra, provavelmente tiraria seis. Mas a decisão era minha.

Eu não sabia o que fazer. Por um lado, não queria tirar nota baixa, gostava de escrever e pretendia me tornar melhor nisso. Por outro, eu tinha vergonha de já começar em desvantagem e não queria perder tempo com uma matéria optativa.

Eu precisava de um guia para me ajudar na decisão. Só que as pessoas que melhor me conheciam não conheciam Harvard... e as pessoas em Harvard não me conheciam direito. Então pensei no representante que tinha me entrevistado, um advogado chamado John Gierak. Ele ajudava no processo seletivo da universidade havia décadas e pôde me conhecer um pouco durante a entrevista.

Alguns meses antes, eu tinha encontrado John na festa de boas-vindas e perguntei por que eu havia sido aceito. Ele respondeu que não estava no comitê, então não sabia com certeza. Mas, no relatório que escreveu após ter me entrevistado, ele destacou algo que não aparecia na minha inscrição.

———

No outono anterior, assim que cheguei ao escritório de advocacia para ser entrevistado, John começou me perguntando sobre meus interesses e hobbies.

– Estou vendo aqui que você já se apresentou como mágico – disse ele. – Qual é o seu truque favorito?

Enfiei a mão no bolso e tirei a caixinha que havia pegado antes de sair de casa: um baralho.

– Posso mostrar? – perguntei.

John sorriu. Embaralhei as cartas, pedi que ele cortasse o monte diversas vezes e comecei a contar uma história enquanto revelava uma carta atrás da outra. Antes de revelar cada carta, eu dizia em voz alta qual era.

Sempre que eu realizava esse truque, os espectadores me perguntavam qual era o segredo. Mas John queria saber como eu tinha aprendido. Expliquei que era minha própria versão de um truque que eu tinha visto na TV aos 12 anos de idade.

John perguntou se eu conseguiria fazer mágica com o baralho de outra pessoa. Ele vasculhou o escritório e voltou alguns minutos depois com um baralho diferente. Mostrei mais alguns truques – alguns que aprendi com livros, outros que inventei sozinho.

Na festa de boas-vindas, John me disse que o que me destacou na entrevista não tinha sido a mágica, mas minha iniciativa de aprender sozinho – e a coragem que demonstrei ao fazer uma apresentação improvisada para ele. *Aquela era minha primeira entrevista – eu não sabia que só deveríamos conversar, e foi só depois de me tornar psicólogo organizacional que percebi que tinha dado a ele uma amostragem de trabalho.*

Ao revelar o ponto alto da minha entrevista, John me ensinou a importância das habilidades de caráter. Meu sucesso não dependia da minha habilidade inicial. Dependia da minha capacidade e vontade de aprender.

Quando fui reprovado na prova de redação de Harvard, não fui rotulado como alguém que jamais saberia escrever. Fui reprovado por causa de uma pequena amostra da minha escrita. Os avaliadores não me conheciam, então decidi provar que estavam errados. Agora eu estava determinado a ser o melhor aluno da turma.

Não fiz o curso extra e me inscrevi na matéria normal. Virei uma esponja, abraçando o desconforto de buscar críticas construtivas com o professor e qualquer um que quisesse ler meus textos. Em vez de ir para casa no feriado de Ação de Graças, fiquei no campus para escrever, reescrever e reescrever um trabalho. No fim do semestre, eu tinha percorrido uma distância incrível. O professor me parabenizou pela nota 10.

Escrever era, sim, o meu forte.

A síndrome do impostor diz: "Não sei o que estou fazendo, e é só questão de tempo até todo mundo descobrir."

A mentalidade de crescimento diz: "Ainda não sei o que estou fazendo, mas é só questão de tempo até eu descobrir."

E descobrimos isso com o apoio dos andaimes.

Faz duas décadas que não vejo John Gierak, mas o insight que ele me ofereceu sobre o poder das habilidades de caráter foi um andaime essencial. Isso se tornou minha bússola e guiou meu progresso por anos a fio.

Hoje percebo que, se eu não tivesse me desafiado a fazer a matéria normal, talvez nunca me tornasse escritor – nem psicólogo. Os seminários de redação cobriam diversos assuntos, e escolhi estudar influência social. Por acaso, uma das leituras recomendadas foi o livro de um psicólogo, Robert Cialdini. A obra é cheia de evidências surpreendentes e fiquei tão fascinado que, quando o título foi sugerido em outra matéria, eu li de novo. Foi a primeira vez que cogitei me tornar psicólogo. Meu sonho passou a ser escrever um livro como aquele um dia.

Na década seguinte, esse sonho ficou em segundo plano. Como professor, eu precisava aprender a lecionar. Mesmo depois de controlar minha ansiedade, continuei sendo meio robótico até que uma mentora, Jane Dutton, me deu uma dica. Ela me aconselhou a libertar o mágico que existia dentro de mim.

Comecei a introduzir finais surpreendentes em estudos contraintuitivos e reviravoltas inesperadas em métodos experimentais. Meu foco era dar aulas memoráveis e fazer pesquisas interessantes. Então virei professor titular da Wharton. Chegar ao topo dessa montanha me deu vontade de ajudar outras pessoas em sua escalada. Eu sentia que precisava compartilhar meu conhecimento fora da sala de aula e dos periódicos acadêmicos – com uma audiência mais ampla, além de alunos e pesquisadores.

Algumas semanas depois, um mentor entrou em contato para me dizer que começaria a escrever seu próximo livro. O tema era incentivos e, como eu estudava motivação, ele queria saber se eu tinha interesse em participar como coautor. Ele era um dos meus ídolos, e contei aos meus alunos quanto eu estava honrado e empolgado com a proposta. Eles ficaram revoltados. *Se você vai escrever um livro, comece com suas próprias ideias! Esqueceu o que ensinou pra gente? O pior tipo de sucesso é alcançar os objetivos dos outros. Não viva o sonho de outra pessoa!* Eles tinham razão. Resolvi escrever meu próprio livro.

Vários colegas recomendaram um agente literário, Richard Pine, que passou a me ajudar. Em junho, após muitas semanas de brainwriting independente, Richard anunciou que estava na hora de escrever uma proposta para as editoras. Fazia anos que eu estudava aquele assunto, então as ideias vieram aos montes. Em agosto, mandei 103.914 palavras para ele. Em dois meses, eu havia escrito o rascunho de um livro inteiro.

Eu mal podia esperar para ouvir a opinião de Richard. Gentilmente, ele me explicou que o texto estava acadêmico demais. Bondade dele – o texto estava chato mesmo. *Em outras palavras: não dava vontade de virar a página.* Eu tinha mergulhado tanto na pesquisa que até meus colegas acadêmicos perderiam o interesse. Ele me incentivou a pensar fora da caixinha e recomeçar do zero.

Olá, languidez.

Fiquei empacado. Eu não sabia por onde começar, que dirá se seria capaz daquilo. A síndrome do impostor tinha voltado com tudo. Quem era eu para escrever um livro? Por que alguém iria querer ler o que eu tinha a dizer? Richard passou de juiz a coach e falou que eu devia parar de duvidar de mim mesmo. "É claro que você vai conseguir! É só escrever como você ensina, não como escreve para periódicos acadêmicos."

Confiei nele. Ele não era apenas um incentivador especialista no assunto; era um guia que me mostrava o melhor caminho. Joguei 102 mil palavras fora – consegui salvar umas quatro páginas – e escrevi aquilo que se tornaria meu primeiro livro. Escrever como eu ensino tem sido minha bússola desde então. Foi isso que me ajudou a escrever livros pelos quais você realmente se interessa. *Bom, pelo menos um... espero que você não tenha mudado de ideia.*

Pouco tempo atrás me dei conta de que a síndrome do impostor é um paradoxo:

- Os outros acreditam em você
- Você não acredita em si mesmo
- Mas você acredita mais em si mesmo do que nos outros

SÍNDROME DO IMPOSTOR

Se você duvida de si mesmo, também não deveria duvidar da sua opinião crítica a seu respeito?

Hoje acredito que a síndrome do impostor é um sinal de potencial oculto. Parece que outras pessoas estão superestimando você, mas é mais provável que você esteja se subestimando. Elas reconheceram uma capacidade de crescimento que você ainda não enxerga. Se muita gente acredita no seu talento, talvez seja hora de você acreditar também.

Muitas pessoas sonham em alcançar objetivos e avaliam o próprio progresso pelo status e pelas honrarias que recebem. Só que os ganhos que importam são os mais difíceis de contabilizar. A maior conquista não é construir uma carreira – é construir o caráter.

O sucesso é mais que alcançar objetivos – é viver segundo nossos valores. Não existe valor mais elevado do que desejar ser amanhã uma pessoa melhor do que você é hoje. E não há conquista maior do que libertar nosso potencial oculto.

Atos que causam impacto

Se quiser testar seu potencial oculto, acesse www.adamgrant.net e responda ao questionário (em inglês).

O processo de aprendizagem não termina quando adquirimos conhecimento. Ele termina quando aplicamos esse conhecimento de maneira consistente. Veja a seguir quarenta dicas para revelar seu potencial oculto e alcançar grandes conquistas.

I. DESENVOLVA HABILIDADES DE CARÁTER

1. ***Libere o potencial oculto usando suas habilidades de caráter.*** As pessoas que mais evoluem não são as mais inteligentes. São as que se esforçam para tornar mais inteligentes a si mesmas e aos outros. Quando a oportunidade não bater à sua porta, encontre maneiras de construir uma – ou de entrar por uma janela.

A. Torne-se um adepto do desconforto

2. ***Não tenha medo de tentar um novo estilo.*** Em vez de aprender sempre da mesma maneira, aceite o desconforto de escolher o melhor método para cada tarefa. Ler e escrever costuma ser melhor para o pensamento crítico. Escutar é ideal para compreender emoções. E praticar é melhor para fixar o aprendizado.

3. ***Use o conhecimento ou nem se dê ao trabalho de aprender.*** Suba no ringue antes de se sentir pronto. Você não precisa se sentir confortável antes de começar a praticar habilidades: o conforto aumenta

conforme você pratica. Até especialistas precisam começar do zero – poliglotas que o digam.

4. **Busque o desconforto.** Em vez de apenas se esforçar para aprender, almeje se sentir desconfortável. A busca pelo desconforto faz com que você cresça mais rápido. Para acertar, primeiro é preciso errar.
5. **Determine uma margem de erros.** Estabeleça uma quantidade mínima de erros para você cometer por dia ou por semana. Quando já esperamos dificuldades, lamentamos menos nossas falhas – e nos aprimoramos mais.

B. Torne-se uma esponja

6. **Aumente sua capacidade de absorção.** Busque novos conhecimentos, habilidades e perspectivas para abastecer seu conhecimento – não para alimentar seu ego. O progresso depende da qualidade do conhecimento que você adquire, não da quantidade de conhecimento que você busca.
7. **Peça conselhos, não feedback.** O feedback olha para trás – leva a críticas ou justificativas. Conselhos olham para a frente – leva a ensinamentos. Você pode incentivar seus críticos e apoiadores a se comportarem mais como orientadores. Basta fazer uma simples pergunta: "Em que ponto posso melhorar na próxima vez?"
8. **Descubra em que fontes confiar.** Decida quais informações merecem ser absorvidas e quais devem ser filtradas. Escute os mentores que sabem do que estão falando (credibilidade), que conhecem bem você (familiaridade) e que desejam o seu melhor (cuidado).
9. **Seja o orientador que você queria ter.** A honestidade é a maior prova de lealdade. Seja sincero nas palavras que diz e respeitoso na maneira como fala. Mostre que é fácil ouvir uma verdade dura de alguém que acredita no nosso potencial e se importa com nosso sucesso.

C. Torne-se um imperfeccionista

10. **Busque a excelência, não a perfeição.** Alcançamos o progresso mantendo os critérios altos, não eliminando todos os defeitos. Pratique o *wabi sabi*, a arte de honrar a beleza na imperfeição, e identifique algumas falhas que você consegue aceitar. Saiba quando é preciso dar

o seu melhor e quando basta fazer o aceitável. Avalie seu progresso com as perguntas de Eric Best: Você se permitiu melhorar hoje? Você ajudou alguém a melhorar hoje?

11. *Monte um júri para medir seu progresso.* Para saber se você criou um produto minimamente amável, peça a algumas pessoas que avaliem seu trabalho numa escala de 0 a 10. Seja qual for a nota, pergunte como você pode se aproximar de 10. Determine um objetivo realista – e não esqueça que, para conseguir pontuações altas nas suas prioridades, talvez seja necessário tirar notas menores em outros quesitos.

12. *Seja seu próprio avaliador final.* É melhor decepcionar os outros do que decepcionar a si mesmo. Antes de colocar um produto no mundo, certifique-se de que ele representa quem você é. Se fosse seu único trabalho, você teria orgulho dele?

13. *Faça viagens mentais no tempo.* Quando não conseguir admirar seu progresso, pense em como seu eu do passado se sentiria ao ver suas conquistas atuais. Se você soubesse cinco anos atrás o que teria conquistado até hoje, ficaria orgulhoso?

II. MONTE ANDAIMES E PASSE POR CIMA DOS OBSTÁCULOS

14. *Olhe para fora e encontre o apoio certo na hora certa.* Todo desafio requer ajuda. O apoio de que você precisa não é permanente – é uma estrutura temporária que lhe dá impulso para continuar subindo por conta própria.

A. Transforme prática em diversão

15. *Faça da labuta diária uma fonte de alegria constante.* Para manter a paixão harmoniosa, pratique com diversão deliberada. Organize desafios divertidos para desenvolver habilidades – como Evelyn Glennie aprendendo a tocar Bach na caixa, Stephen Curry tentando marcar 21 pontos por minuto e alunos de medicina interpretando sinais não verbais durante brincadeiras de improvisação.

16. *Seja seu próprio oponente.* Avalie seu progresso ao longo do tempo, não contra um adversário. O risco de competir com os outros é que você pode vencer sem melhorar. Quando você compete consigo mesmo, a única maneira de vencer é se desenvolvendo.

17. ***Não seja refém de uma rotina muito rígida.*** É possível evitar o *burnout* e o *boreout* introduzindo novidades e variações no dia a dia. Você pode intercalar as habilidades que pratica ou alternar as ferramentas e os métodos que usa. Até pequenas mudanças podem fazer grande diferença.
18. ***Planeje seu tempo de descanso.*** Não espere até ficar esgotado ou entediado para fazer um intervalo – acrescente as pausas na sua agenda. Tirar um tempo de folga ajuda a manter a paixão harmoniosa, desperta novas ideias e aprofunda o conhecimento. Relaxar não é perda de tempo; é um investimento no bem-estar.

B. Faça rodeios até chegar ao topo

19. ***Quando empacar, dê meia-volta para então seguir em frente.*** Quando chegar num beco sem saída, talvez seja o momento de dar meia-volta e encontrar um novo caminho. Parece um retrocesso, mas costuma ser a única maneira de continuar avançando.
20. ***Encontre uma bússola.*** Você não precisa de um mapa para começar um novo caminho – só precisa de uma bússola para avaliar se está seguindo na direção certa. Uma boa bússola é uma fonte confiável que mostra quando você sai da rota.
21. ***Procure vários guias.*** Em vez de contar com um único conselheiro ou mentor, lembre que as melhores orientações vêm de vários guias. Pergunte a eles sobre os momentos-chave na trajetória que tiveram – e fale sobre sua própria trajetória. Ouça os conselhos e monte uma rota que funcione para você.
22. ***Faça bicos.*** Se perder a motivação, faça um desvio para um novo destino. Quando experimentamos pequenas vitórias num projeto paralelo ou num hobby, lembramos que é possível continuar avançando.

C. Vire-se sozinho para conseguir voar

23. ***Ensine aquilo que você quer aprender.*** A melhor maneira de aprender sobre um assunto é ensinando. Fixamos melhor a informação na mente depois que a recordamos – e a compreendemos melhor depois que a explicamos. Assim como no caso dos Treze Dourados, é possí-

vel fazer isso em grupo, com cada pessoa ensinando uma habilidade ou um assunto diferente.

24. ***Desenvolva autoconfiança aconselhando os outros.*** Quando duvidar da sua capacidade de superar um obstáculo, em vez de buscar conselhos, tente oferecê-los. Orientar os outros fará você se lembrar de que tem os recursos necessários para seguir em frente. O conselho que você oferece costuma ser o que deveria seguir.
25. ***Use expectativas altas e baixas como motivação.*** Se críticos leigos duvidarem de você, encare isso como um desafio. Em vez de se deixar abater, procure provar que eles estão errados. E, quando especialistas apostarem no seu potencial, faça por merecer e prove que estão certos.
26. ***Seja um bom antecessor.*** Quando perder a fé, lembre pelo que você está lutando. Nossa resiliência mais profunda vem de saber que outras pessoas estão contando com a gente.

III. CONSTRUA SISTEMAS DE OPORTUNIDADES

27. ***Abra portas para pessoas subestimadas e ignoradas.*** Desenvolva sistemas que criem oportunidades para todos – não apenas para alunos talentosos e funcionários promissores. Um bom sistema oferece aos azarões e às pessoas que se desenvolvem tarde a chance de mostrar a distância que percorreram.

A. Desenvolva escolas que despertem o melhor em todos os alunos

28. ***Não desperdice nenhum cérebro.*** Reconheça que há vários tipos de inteligência e que toda criança tem potencial. Cultive uma mentalidade de crescimento nos professores, não apenas nos estudantes. Avalie o sucesso de acordo com o progresso de cada aluno, não apenas dos melhores da turma.
29. ***Capacite os professores.*** Treine e valorize os professores seguindo o exemplo da Finlândia. Quando eles são incentivados a acompanhar as pesquisas mais recentes, a ajudar uns aos outros e a aprimorar o currículo escolar, a geração seguinte se torna mais capaz de alcançar grandes conquistas.
30. ***Mantenha as turmas com os mesmos professores por anos.*** O aprendizado em ciclos permite que os professores conheçam a fundo cada

aluno. Com mais tempo para acompanhar pessoalmente cada estudante, eles ajudam a turma a alcançar seu máximo potencial técnico e humano.

31. *Ofereça aos alunos a liberdade de explorar e compartilhar seus interesses individuais.* A lição mais importante a ser ensinada aos alunos é que aprender é divertido. Quando têm a opção de escolher as atividades, os livros e os projetos de seu interesse, os estudantes se mostram mais propensos a ter uma motivação espontânea – e podem transferir esse entusiasmo para seus colegas de classe.

B. Traga à tona a inteligência coletiva

32. *Transforme grupos em equipes.* A inteligência coletiva depende de coesão – de uma equipe alinhada em torno de uma missão importante. Quando as pessoas acreditam que precisam umas das outras para alcançar um grande objetivo, a equipe se torna mais do que a soma de suas partes.

33. *Escolha líderes com habilidades sociais.* Em vez de promover tagarelas e fominhas, valorize pessoas que colocam a missão acima do próprio ego – e que priorizam a coesão da equipe em vez da glória pessoal. O líder mais eficiente não é o que fala mais alto, mas o que escuta com mais atenção.

34. *Troque o brainstorming pelo brainwriting.* Para garantir participações mais equilibradas e soluções melhores, antes de reunir uma equipe, peça que cada um elabore e avalie ideias individualmente. Quando todas as ideias forem expostas, peça que o grupo escolha e aprimore as sugestões mais promissoras.

35. *Troque a escada corporativa por um sistema de treliça.* Em vez de deixar um único chefe encarregado de dispensar sugestões, ofereça às pessoas vários caminhos para se manifestarem. Se elas puderem recorrer a mais de um líder, as ideias não serão descartadas por um único "não" – e podem ser salvas por um único "sim".

C. Encontre joias brutas em entrevistas de emprego

36. *Elimine requisitos de títulos e experiência.* Ao avaliar candidatos, tome cuidado para não confundir conquistas e experiências passadas

com potencial futuro. A história de vida e o talento determinam onde as pessoas começam, mas habilidades de caráter moldam até onde elas conseguem chegar.

37. *Observe o grau de dificuldade.* A falta de conquistas não necessariamente reflete ausência de habilidades – costuma revelar presença de adversidades. Para levar em consideração os obstáculos que os candidatos enfrentaram, contextualize o desempenho deles comparando-os com seus pares.

38. *Avalie as trajetórias.* Não basta observar o desempenho recente ou habitual de um candidato – a trajetória da performance é mais importante. Uma curva ascendente é sinal de que obstáculos foram superados.

39. *Faça entrevistas que ajudem os candidatos.* Em vez de preparar dinâmicas que aumentem o estresse, crie oportunidades para os candidatos brilharem. Encoraje-os a falar sobre o que amam e a exibir seus talentos. Depois pergunte se eles ficaram satisfeitos com o próprio desempenho na entrevista – se a resposta for negativa, ofereça uma segunda chance.

40. *Redefina o sucesso.* O que mais importa na performance é o progresso. O maior indício de potencial não é a altura da montanha que você escalou, mas a distância que você percorreu – e quanto ajudou outras pessoas a percorrerem seus próprios caminhos.

Agradecimentos

Este livro não teria alcançado todo o seu potencial sem a iniciativa do superagente Richard Pine e do incrível editor Rick Kot. Richard me incentivou a ser mais ambicioso e ousado nos meus pensamentos desde a primeira até a última página. Rick transformou minha tagarelice em prosa e entregou um rascunho atrás do outro em tempo recorde. Juntos, os dois me orientaram a dar meia-volta quando empaquei e fizeram com que explorar novos caminhos fosse uma alegria.

Escrever um livro pode ser uma jornada solitária, mas tive a enorme sorte de trabalhar com uma dupla dinâmica. Marissa Shandell e Karren Knowlton melhoraram cada página deste livro de forma imensurável. Sempre que encontravam uma ideia meia-boca, elas rapidamente a eliminavam e desenvolviam algo mais interessante com muita habilidade. Elas usaram sua engenhosidade para moldar cada história, seu intelecto para aperfeiçoar cada frase e sua energia para aprimorar todas as ilustrações e informações. Marissa apresentou soluções para problemas que eu nem sabia que existiam, fez acréscimos que eu não sabia que estavam faltando e deu forma ao caos. Karren me ajudou a elaborar cada tema, repensando a ordem básica das ideias e conectando os assuntos ao longo dos capítulos. Nunca vi uma dupla melhorar tão incrivelmente um projeto criativo.

Também contei com leitores atentos que fizeram contribuições inestimáveis. O guru do controle de qualidade Paul Durbin se deu ao trabalho de checar todos os fatos em cada página, aprofundando-se nos estudos e nas histórias para garantir a precisão de todos os detalhes. Qualquer erro que tenha permanecido é culpa minha. A rainha das observações Grace Rubenstein deixou os argumentos mais claros, melhorou a transição entre os temas e me motivou a contextualizar cada caso. O mestre da criatividade Reb Rebele me ajudou a concatenar os conceitos e tornar os insights mais impactantes. A detetive de livros Stacey Kalish caçou histórias e serviu de andaime para que eu pudesse escrever justamente sobre andaimes. Ela também notou o fascinante paradoxo da maldição do conhecimento: podemos aprender enquanto ensinamos, mas, depois que aprendemos muito, ensinar talvez se torne mais difícil.

O defensor do BlackBerry Malcolm Gladwell me incentivou a desenvolver as ideias com calma, a conectar mais as sessões e a variar de vez em quando o arco narrativo. A editora superqualificada Sheryl Sandberg me ajudou a destacar o contraste fundamental entre criação e natureza. A perfeccionista (no bom sentido) Susan Grant apontou histórias formulaicas e corrigiu erros gramaticais e de digitação. E o especialista em educação Sam Abrams corrigiu equívocos sobre calendário escolar, orçamento e salário de professores, testes padronizados e o PISA. Também me ensinou que a educação não é a única área em que a Finlândia pratica o aprendizado em ciclos: seus renomados programas de hóquei costumam deixar os jovens jogadores com o mesmo treinador até completarem 15 anos, quando passam a trabalhar com os mesmos treinadores profissionais até os 20.

Liz Fosslien, Matt Shirley e Marissa trabalharam com criatividade e alegria numa série de ilustrações feitas sob medida. Dan Pink, Lindsay e Allie Miller, Justin Berg e a 238 Society me livraram de uma lista enorme de títulos horríveis. E várias pessoas tiveram a bondade de abrir suas portas para entrevistas. Agradeço a Kelly Stoetzel por garantir a Maurice Ashley que eu não era um maluco; a Bjarke Ingels por me falar de Tadao Ando; a Shane Battier por me apresentar a Brandon Payne (e a Danny Southwick por compartilhar a história original sobre ele); a Paul Stillwell e Janis Jorgensen pela riqueza de informações sobre os Treze Dourados; a David Epstein e Jon Wertheim por me ajudarem a me apresentar a R. A. Dickey; a Cady Coleman por intermediar meu contato com José Hernandez; e a Bozoma Saint John por mandar mensagem ao melhor de todos os tempos. Muito obrigado a todos.

Trabalhar neste livro foi um mar de rosas devido ao apoio das equipes incríveis da InkWell (é com vocês mesmo, Alexis Hurley, Nathaniel Jacks e Eliza Rothstein) e da Viking. Se você nunca escreveu um livro, saiba que vendê-lo é uma experiência estranha: "Olá! Por favor, passe seu tempo precioso viajando pela minha mente. Você vai adorar... prometo." Os esforços publicitários de Carolyn Coleburn, Whitney Peeling, Lindsay Prevette e Julia Falkner tornaram tudo fácil e divertido, e as iniciativas criativas de marketing de Kate Stark, Molly Fessenden e Chantal Canales abriram novos caminhos para chegarmos ao público. Lydia Hirt aumentou esse público ao migrar minha newsletter Granted para a Substack (e ainda está me devendo uma partida de *pickleball*). Sou especialmente grato a Jason Ramirez por sua genialidade artística; a Camille LeBlanc por juntar as pontas soltas; a Tricia Conley e Eric Wechter por sua excelência editorial e de produção; a Daniel Lagin por seu design elegante; a Claire Vaccaro pela direção de arte; a Julie Wilson e Lauren Klein por fazerem o audiolivro cantar já que eu mesmo não canto nada; e a Brian Tart e Andrea Schulz por enxergarem o potencial neste livro e acreditarem num careca.

Meus filhos me lembravam todos os dias que o potencial se esconde a olhos vistos. Adoro vê-los adotando habilidades de caráter. Enquanto cursava o terceiro ano fundamental, Henry me surpreendeu com suas percepções sobre aceitar o desconforto ("Montanhas-russas existem por três motivos: para a pessoa se divertir, encarar os próprios medos e se desafiar") e com sua destreza cognitiva (na fila para a montanha-russa: "Acho que essa foi uma péssima ideia!"). Enquanto concluía o ensino fundamental, Elena absorveu ideias para pregar novas peças ("Vou levar um rato de mentirinha para assustar minha professora") e se adaptou a possíveis obstáculos ("Se não der certo, tenho um rato reserva!"). E, ao começar o ensino médio, Joanna aceitou imperfeições ("'Potencial oculto' talvez seja meio sem graça, mas descreve bem o livro") e novamente ajudou no conceito da capa.

Pelas últimas duas décadas, Allison Sweet Grant nutriu meu potencial como escritor e pessoa. Ela é a primeira a ver promessa num novo caminho – e a primeira a avisar quando estou seguindo na direção errada. Este livro não foi exceção: ela encontrou joias escondidas, melhorou parágrafos confusos e cortou detalhes irrelevantes. Ela me convenceu de que seria melhor não ter título do que ter um título ruim ("Aos trancos e barrancos" e "Aberrações do aprendizado", nem pensar). Não há palavras para expressar quanto aprecio sua mente brilhante, seu coração carinhoso e sua paciência infinita com a minha incapacidade de pronunciar a palavra *cóccix*.

Notas

PRÓLOGO

1 Tupac Shakur, *The Rose That Grew from Concrete* (Nova York: Pocket Books, 2002), 3.
2 Entrevistas pessoais com Maurice Ashley, 10 de janeiro de 2022, e com Francis Idehen, 20 de dezembro de 2021, 10 de janeiro de 2022 e 23 de fevereiro de 2022. Maurice Ashley, *Chess for Success* (Nova York: Broadway Books, 2007). Henry Louis Gates Jr., *America Behind the Color Line* (Nova York: Grand Central, 2007). Franz Lidz, "The Harlem Gambit", *Sports Illustrated*, 11 de novembro de 1991, e "Master Mind", *Sports Illustrated*, 30 de maio de 1994. Steve Fishman, "Day for Knight", *New York*, 22 de junho de 1998. Charlotte Wilder, "How Maurice Ashley, the First Black Chess Grandmaster, Uses the Game to Change InnerCity Kids' Lives", *USA Today*, 19 de maio de 2016. Dave Von Drehle, "Chess Players Destroy Nerd, Black Stereotypes", *The Seattle Times*, 2 de junho de 1991. The Tim Ferris Show, "Grandmaster Maurice Ashley – The Path and Strategies of WorldClass Mastery", 30 de julho de 2020. John Tierney, "Harlem Teen-Agers Checkmate a Stereotype", *The New York Times*, 26 de abril de 1991. "Maurice Ashley 2.1.2008", City Club of Cleveland, YouTube, 13 de agosto de 2015, youtu.be/riiQ0BkMhf0. Joe Lemire, "A Star of the 'Raging Rooks', He Helped Changed the Face of N.Y.C. Chess", *The New York Times*, 6 de novembro de 2020. Philippe BouletGercourt, "The Incredible Story of the 8 'Kids', Harlem Chess Players", *Chess in the Schools*, 26 de dezembro de 2020.
3 Benjamin Bloom, *Developing Talent in Young People* (Nova York: Ballantine Books, 1985).
4 Kenneth R. Koedinger, Paulo F. Carvalho, Ran Liu e Elizabeth A. McLaughlin, "An Astonishing Regularity in Student Learning Rate", *PNAS* 120, nº 13 (2023): e2221311120.
5 ChiaJung Tsay e Mahzarin R. Banaji, "Naturals and Strivers: Preferences and Beliefs about Sources of Achievement", *Journal of Experimental Social Psychology* 47, nº 2 (2011): 460-465.
6 Agnes Callard, *Aspiration: The Agency of Becoming* (Nova York: Oxford University Press, 2018).
7 Raj Chetty, John N. Friedman, Nathaniel Hilger, Emmanuel Saez, Diane Whitmore Schanzenbach e Danny Yagan, "How Does Your Kindergarten Classroom Affect Your Earnings? Evidence From Project Star", *The Quarterly Journal of Economics* 126, nº 4 (2011): 1593-1660; e "$320,000 Kindergarten Teachers", *Kappan*, novembro de 2010.

8   Raj Chetty, John N. Friedman e Jonah E. Rockoff, "Measuring the Impacts of Teachers II: Teacher Value-Added and Student Outcomes in Adulthood", *American Economic Review* 104, nº 9 (2014): 2633-2679.
9   Aristóteles, *Aristotle's Nicomachean Ethics*, trad. Robert C. Bartlett e Susan D. Collins (Chicago: University of Chicago Press, 2012); ed. bras.: *Ética a Nicômaco* (São Paulo: Edipro, 2018).
10 Alexander P. Burgoyne, Giovanni Sala, Fernand Gobet, Brooke N. Macnamara, Guillermo Campitelli e David Z. Hambrick, "The Relationship between Cognitive Ability and Chess Skill: A Comprehensive Meta-Analysis", *Intelligence* 59 (2016): 72-83.
11 Guillermo Campitelli e Fernand Gobet, "Deliberate Practice: Necessary but Not Sufficient", *Current Directions in Psychological Science* 20, nº 5 (2011): 280-285.
12 James J. Heckman e Tim Kautz, "Hard Evidence on Soft Skills", *Labour Economics* 19, nº 4 (2012): 45164. Tim Kautz, James J. Heckman, Ron Diris, Baster Weel e Lex Borgans, "Fostering and Measuring Skills: Improving Cognitive and Non-Cognitive Skills to Promote Lifetime Success", *NBER Working Paper* 20749, dezembro de 2014.
13 Laura E. Berk e Adam Winsler, *Scaffolding Children's Learning: Vygotsky and Early Childhood Education* (Washington, DC: National Association for the Education of Young Children, 1995).
14 Zainab Faatimah Haider e Sophie von Stumm, "Predicting Educational and Social Emotional Outcomes in Emerging Adulthood from Intelligence, Personality, and Socioeconomic Status", *Journal of Personality and Social Psychology* 123, nº 6 (2022): 1386-1406.
15 Giovanni Sala e Fernand Gobet, "Do the Benefits of Chess Instruction Transfer to Academic and Cognitive Skills? A Meta-Analysis", *Educational Research Review* 18 (2016): 46-57. Michael Rosholm, Mai Bjørnskov Mikkelsen e Kamilla Gumede, "Your Move: The Effect of Chess on Mathematics Test Scores", *PLoS ONE* 12 (2017): e0177257. William M. Bart, "On the Effect of Chess Training on Scholastic Achievement", *Frontiers in Psychology* 5 (2014): 762. John Jerrim, Lindsey Macmillan, John Micklewright, Mary Sawtell e Meg Wiggins, "Does Teaching Children How to Play Cognitively Demanding Games Improve Their Educational Attainment?", *Journal of Human Resources* 53, nº 4 (2018): 993-1021. Fernand Gobet e Guillermo Campitelli, "Educational Benefits of Chess Instruction: A Critical Review", em *Chess and Education: Selected Essays from the Koltanowski Conference*, ed. Tim Redman (Dallas: University of Texas, 2006).

PARTE I

1   William James, *The Principles of Psychology*, vol. 2 (Nova York: Holt, 1890).
2   Francisco Campos, Michael Frese, Markus Goldstein, Leonardo Iacovone, Hillary C. Johnson, David McKenzie e Mona Mensmann, "Teaching Personal Initiative Beats Traditional Training in Boosting Small Business in West Africa", *Science* 357, nº 6357 (2017): 1287-1290.

3   Paul G. Whitmore, John P. Fry, "Soft Skills: Definition, Behavioral Model Analysis, Training Procedures", *ERIC Clearinghouse Professional Paper* 374 (1974).

CAPÍTULO 1

1   Hellen Keller, *Helen Keller's Journal* (Nova York: Doubleday, 1938).
2   Entrevista pessoal, 14 de fevereiro de 2022. "Interview with Sara Maria Hasbun", *International Association of Hyperpolyglots*, 2022, polyglotassociation.org/members/saramariahasbun. John Fotheringham, "Polyglot & Miss Linguistic Founder Sara Maria Hasbun on How to Learn a Language Like a Linguist", *Language Mastery*, 3 de maio de 2019. Sara Maria Hasbun, "I've Learned 9 Languages, All After the Age of 21", *MissLinguistic*, 21 de agosto de 2018, misslinguistic.com/ilearnedninelanguages. "Interview with Sara Maria Hasbun", *Glossika*, YouTube, 21 de novembro de 2019, youtu.be/isErps6IuoA.
3   Comunicação pessoal, 2 de abril de 2023. Martin Williams, "Natural-Born Linguists: What Drives Multi-Language Speakers?", *The Guardian*, 5 de setembro de 2013. Andreas Laimboeck, "How Far Did Benny Lewis Get to Learn Fluent Mandarin in Three Months?", *LTL Language School*, 28 de fevereiro de 2023. Benny Lewis, *Fluent in 3 Months: How Anyone at Any Age Can Learn to Speak Any Language from Anywhere in the World* (Nova York: HarperOne, 2014) e fluentin3months.com.
4   Kenji Hakuta, Ellen Bialystok e Edward Wiley, "Critical Evidence: A Test of the Critical-Period Hypothesis for SecondLanguage Acquisition", *Psychological Science* 14, nº 1 (2003): 31-38. Frans van der Slik, Job Schepens, Theo Bongaerts e Roeland van Hout, "Critical Period Claim Revisited: Reanalysis of Hartshorne, Tenenbaum, and Pinker (2018) Suggests Steady Decline and Learner-Type Differences", *Language Learning* 72, nº 1 (2022): 87-112.
5   Philip M. Newton e Atharva Salvi, "How Common Is Belief in the Learning Styles Neuromyth, and Does It Matter? A Pragmatic Systematic Review", *Frontiers in Education* 5 (2020): 602451.
6   Harold Pashler, Mark McDaniel, Doug Rohrer e Robert Bjork, "Learning Styles: Concepts and Evidence", *Psychological Science in the Public Interest* 9, nº 3 (2008): 105-119.
7   Laura J. Massa e Richard E. Mayer, "Testing the ATI Hypothesis: Should Multimedia Instruction Accommodate Verbalizer-Visualizer Cognitive Style?", *Learning and Individual Differences* 16, nº 4 (2006): 321-335.
8   Polly R. Husmann e Valerie Dean O'Loughlin, "Another Nail in the Coffin for Learning Styles? Disparities among Undergraduate Anatomy Students' Study Strategies, Class Performance, and Reported VARK Learning Styles", *Anatomical Sciences Education* 12, nº 1 (2019): 6-19.
9   Donggun An e Martha Carr, "Learning Styles Theory Fails to Explain Learning and Achievement: Recommendations for Alternative Approaches", *Personality and Individual Differences* 116, nº 1 (2017): 410-416.

10 Steve Martin, *Born Standing Up: A Comic's Life* (Nova York: Scribner, 2007); ed. bras.: *Nascido para matar... de rir* (São Paulo: Matrix, 2008). Steve Martin, *Cruel Shoes* (Nova York: G. P. Putnam's Sons, 1979) e *Pure Drivel* (Nova York: Hyperion, 1998). Harry Shearer e Steve Martin, "Not Wild but Witty Repartee with Martin, Shearer", *Los Angeles Times*, 9 de dezembro de 1998. Catherine Clinch, "No Art Comes from the Conscious Mind", *Creative Screenwriting*, 8 de março de 2016. Steven Gimbel, *Isn't That Clever: A Philosophical Account of Humor and Comedy* (Nova York: Taylor & Francis, 2017).

11 Robert Boice, *Professors as Writers: A Self-Help Guide to Productive Writing* (Oklahoma: New Forums, 1990).

12 Shakked Noy e Whitney Zhang, "Experimental Evidence on the Productivity Effects of Generative Artificial Intelligence", *SSRN*, 1º de março de 2023.

13 Tim Urban, "Why Procrastinators Procrastinate", *Wait But Why*, 30 de outubro de 2013.

14 Fuschia M. Sirois, *Procrastination: What It Is, Why It's a Problem, and What You Can Do About It* (Washington, DC: APA LifeTools, 2022). Adam Grant, "The Real Reason You Procrastinate", *WorkLife*, 10 de março de 2020.

15 Adam Grant, "Steve Martin on Finding Your Authentic Voice", *Re:Thinking*, 4 de maio de 2023.

16 Steve Martin, apresentador, *The 75th Annual Academy Awards*, 23 de março de 2003.

17 *Ted Lasso*, "Pilot", 14 de agosto de 2020.

18 David B. Daniel e William Douglas Woody, "They Hear, but Do Not Listen: Retention for Podcasted Material in a Classroom Context", *Teaching of Psychology* 37, nº 3 (2010): 199-203.

19 Janet Geipel e Boaz Keysar, "Listening Speaks to Our Intuition while Reading Promotes Analytic Thought", *Journal of Experimental Psychology: General* (2023).

20 Daniel T. Willingham, "Is Listening to a Book the Same Thing as Reading It?", *The New York Times*, 8 de dezembro de 2018.

21 Michael W. Kraus, "VoiceOnly Communication Enhances Empathic Accuracy", *American Psychologist* 72, nº 7 (2017): 644-654.

22 Aldert Vrij, Pär Anders Granhag e Stephen Porter, "Pitfalls and Opportunities in Nonverbal and Verbal Lie Detection", *Psychological Science in the Public Interest* 11, nº 3 (2010): 89-121.

23 Natsuko Shintani, "The Effectiveness of Processing Instruction and Production-Based Instruction on L2 Grammar Acquisition: A Meta-Analysis", *Applied Linguistics* 36, nº 3 (2015): 306-325. Natsuko Shintani, Shaofeng Li e Rod Ellis, "Comprehension-Based versus Production-Based Grammar Instruction: A Meta-Analysis of Comparative Studies", *Language Learning* 63, nº 2 (2013): 296-329.

24 Joseph P. Vitta e Ali H. AlHoorie, "The Flipped Classroom in Second Language Learning: A Meta-Analysis", *Language Teaching Research* (2020): 1-25.

25 Kaitlin Woolley e Ayelet Fishbach, "Motivating Personal Growth by Seeking Discomfort", *Psychological Science* 33, nº 4 (2022): 510-523.

26 Katherine W. Phillips, Katie A. Liljenquist e Margaret A. Neale, "Is the Pain Worth the Gain? The Advantages and Liabilities of Agreeing with Socially Distinct Newco-

mers", *Personality and Social Psychology Bulletin* 35, nº 3 (2009): 336-350. Veja também Samuel R. Sommers, "On Racial Diversity and Group Decision Making: Identifying Multiple Effects of Racial Composition on Jury Deliberations", *Journal of Personality and Social Psychology* 90, nº 4 (2006): 597-612. Denise Lewin Loyd, Cynthia S. Wang, Katherine W. Phillips e Robert B. Lount Jr., "Social Category Diversity Promotes Premeeting Elaboration: The Role of Relationship Focus", *Organization Science* 24, nº 3 (2013): 757-772. Katherine W. Phillips e Robert B. Lount, "The Affective Consequences of Diversity and Homogeneity in Groups", em *Research on Managing Groups and Teams*, vol. 10, ed. Elizabeth A. Mannix e Margaret A. Neale (Bingley: Emerald, 2007).

27 Patricia J. Brooks e Vera Kempe, "More Is More in Language Learning: Reconsidering the LessIsMore Hypothesis", *Language Learning* 69, nº S1 (2019): 13-41. Lindsay Patterson, "Do Children Soak Up Language Like Sponges?", *The New York Times*, 16 de abril de 2020.

28 Kate B. Wolitzky-Taylor, Jonathan D. Horowitz, Mark B. Powers e Michael J. Telch, "Psychological Approaches in the Treatment of Specific Phobias: A Meta-Analysis", *Clinical Psychology Review* 28, nº 6 (2008): 1021-1037.

29 Lori A. Zoellner, Jonathan S. Abramowitz, Sally A. Moore e David M. Slagle, "Flooding", em *Cognitive Behavior Therapy: Applying Empirically Supported Techniques in Your Practice*, ed. William T. O'Donohue e Jane E. Fisher (Nova York: Wiley, 2008).

30 Annemarie Landman, Eric L. Groen, M. M. (René) van Paassen, Adelbert W. Bronkhorst e Max Mulder, "The Influence of Surprise on Upset Recovery Performance in Airline Pilots", *The International Journal of Aerospace Psychology* 27, nº 1-2 (2017): 2-14. Stephen M. Casner, Richard W. Geven e Kent T. Williams, "The Effectiveness of Airline Pilot Training for Abnormal Events", *Human Factors* 55, nº 3 (2013): 477-485.

31 Michael Kardas, Amit Kumar e Nicholas Epley, "Overly Shallow? Miscalibrated Expectations Create a Barrier to Deeper Conversation", *Journal of Personality and Social Psychology* 122, nº 3 (2022): 367-398.

32 Janet Metcalfe, "Learning from Errors", *Annual Review of Psychology* 68 (2017): 465-489.

33 Robert Eisenberger, "Learned Industriousness", *Psychological Review* 99, nº 2 (1992): 248-267.

CAPÍTULO 2

1 "It Is Not the Strongest of the Species That Survives but the Most Adaptable", *Quote Investigator*, 4 de maio de 2014, quoteinvestigator.com/2014/05/04/adapt.

2 David P. G. Bond e Stephen E. Grasby, "Late Ordovician Mass Extinction Caused by Volcanism, Warming, and Anoxia, Not Cooling and Glaciation", *Geology* 48, nº 8 (2020): 777-781. Jack Longman, Benjamin J. W. Mills, Hayley R. Manners, Thomas M. Gernon e Martin R. Palmer, "Late Ordovician Climate Change and Extinctions Driven by Elevated Volcanic Nutrient Supply", *Nature Geoscience* 14, nº 12 (2021):

924-929. Xianqing Jing, Zhenyu Yang, Ross N. Mitchell, Yabo Tong, Min Zhu e Bo Wan, "Ordovician-Silurian True Polar Wander as a Mechanism for Severe Glaciation and Mass Extinction", *Nature Communications* 13 (2022): 7941. Cody Cottier, "The Ordovician Extinction: Our Planet's First Brush with Death", *Discover*, 16 de janeiro de 2021.

3 Joseph P. Botting, Lucy A. Muir, Yuandong Zhang, Xuan Ma, Junye Ma, Longwu Wang, Jianfang Zhang, Yanyan Song e Xiang Fang, "Flourishing Sponge-Based Ecosystems after the End-Ordovician Mass Extinction", *Current Biology* 27, nº 4 (2017): 556-562.

4 Frankie Schembri, "Earth's First Animals May Have Been Sea Sponges", *Science*, 17 de outubro de 2018.

5 Sally P. Leys e Amanda S. Kahn, "Oxygen and the Energetic Requirements of the First Multicellular Animals", *Integrative and Comparative Biology* 58, nº 4 (2018): 666-676.

6 Niklas A. Kornder, Yuki Esser, Daniel Stoupin, Sally P. Leys, Benjamin Mueller, Mark J. A. Vermeij, Jef Huisman e Jasper M. de Goeij, "Sponges Sneeze Mucus to Shed Particle Waste from Their Seawater Inlet Pores", *Current Biology* 32, nº 17 (2022): P3855-P3861.

7 Steven E. Mcmurray, James E. Blum e Joseph R. Pawlik, "Redwood of the Reef: Growth and Age of the Giant Barrel Sponge *Xestospongia muta* in the Florida Keys", *Marine Biology* 155 (2008): 159-171.

8 Sabrina Imbler, "A Swirling Vortex Is No Match for This Deep-Sea Sponge", *The New York Times*, 9 de setembro de 2021.

9 Carmel Mothersil e Brian Austin, *Aquatic Invertebrate Cell Culture* (Londres: SpringerVerlag, 2000).

10 Entrevista pessoal, 17 de novembro de 2021. Adam Grant, "Mellody Hobson on Taking Tough Feedback", *Re:Thinking*, 15 de junho de 2021.

11 Max Weber, *The Protestant Ethic and the Spirit of Capitalism* (Nova York: Routledge, 1992); ed. bras.: *A ética protestante e o espírito do capitalismo* (São Paulo: Martin Claret, 2013).

12 Amy Wrzesniewski, Clark McCauley, Paul Rozin e Barry Schwartz, "Jobs, Careers, and Callings: People's Relations to Their Work", *Journal of Research in Personality* 31, nº 1 (1997): 21-33.

13 J. Stuart Bunderson e Jeffery A. Thompson, "The Call of the Wild: Zookeepers, Callings, and the DoubleEdged Sword of Deeply Meaningful Work", *Administrative Science Quarterly* 54, nº 1 (2009): 32-57.

14 Sascha O. Becker e Ludger Woessmann, "Was Weber Wrong? A Human Capital Theory of Protestant Economic History", *The Quarterly Journal of Economics* 124, nº 2 (2009): 531-596.

15 Sascha O. Becker, Steven Pfaff e Jared Rubin, "Causes and Consequences of the Protestant Reformation", *Explorations in Economic History* 62 (2016): 1-25. Felix Kersting, Iris Wohnsiedler e Nikolaus Wolf, "Weber Revisited: The Protestant Ethic and the Spirit of Nationalism", *The Journal of Economic History* 80, nº 3 (2020): 710-745.

Federico Mantovanelli, "The Protestant Legacy: Missions and Literacy in India", *CEPR Discussion Paper* 913309, novembro de 2018. Davide Cantoni, "The Economic Effects of the Protestant Reformation: Testing the Weber Hypothesis in the German Lands", *Journal of the European Economic Association* 13, nº 4 (2015): 561-598.

16 Ezra Karger, "The Long-Run Effect of Public Libraries on Children: Evidence from the Early 1900s", *SocArXiv* (2021): e8k7p.

17 Enrico Berkes e Peter Nencka, "Knowledge Access: The Effects of Carnegie Libraries on Innovation", *SSRN*, 22 de dezembro de 2021.

18 Wesley M. Cohen e Daniel A. Levinthal, "Absorptive Capacity: A New Perspective on Learning and Innovation", *Administrative Science Quarterly* 35, nº 1 (1990): 128-152.

19 Adam M. Grant e Susan J. Ashford, "The Dynamics of Proactivity at Work", *Research in Organizational Behavior* 28 (2008): 3-34.

20 Susan J. Ashford, Ruth Blatt e Don Vande Walle, "Reflections on the Looking Glass: A Review of Research on FeedbackSeeking Behavior in Organizations", *Journal of Management* 29 (2003): 773-799. Adam M. Grant, Sharon Parker e Catherine Collins, "Getting Credit for Proactive Behavior: Supervisor Reactions Depend on What You Value and How You Feel", *Personnel Psychology* 62, nº 1 (2009): 31-55. Lukasz Stasielowicz, "Goal Orientation and Performance Adaptation: A Meta-Analysis", *Journal of Research in Personality* 82 (2019): 103847.

21 Comunicações pessoais, 19 de setembro de 2022 e 8 de março de 2023. Erin C. J. Robertson, "Get to Know Julius Yego, Kenya's Self-Taught Olympic Javelin Thrower Dubbed 'The Youtube Man'", *OkayAfrica*, okayafrica.com/getknowjuliusyegokenya-sselftaughtolympicjavelinthrowerdubbedyoutubeman. "Julius Yego – The YouTube Man", *GoPro*, YouTube, 19 de maio de 2016, youtu.be/lO1fzo1aCHU. Roy Tomizawa, "No Coach, No Problem: Silver Medalist Javelin Thrower Julius Yego and the YouTube Generation", *The Olympians*, 5 de setembro de 2016. David Cox, "How Kenyan Javelin Thrower Julius Yego Mastered His Sport By Watching YouTube Videos", *Vice*, 16 de agosto de 2016.

22 Mike Rowbottom, "Ihab Abdelrahman El Sayed, Almost the Pharoah of Throwing", *World Athletics*, 16 de setembro de 2015; e "Throw Like an Egyptian", *World Athletics*, 12 de janeiro de 2015.

23 Jackie Gnepp, Joshua Klayman, Ian O. Williamson e Sema Barlas, "The Future of Feedback: Motivating Performance Improvement through Future-Focused Feedback", *PLoS ONE* 15, nº 6 (2020): e0234444. Hayley Blunden, Jaewon Yoon, Ariella S. Kristal e Ashley Whillans, "Soliciting Advice Rather Than Feedback Yields More Developmental, Critical, and Actionable Input", *Harvard Business School Working Paper* 20021, agosto de 2019 (revisado em abril de 2021).

24 Katie A. Liljenquist, "Resolving the Impression Management Dilemma: The Strategic Benefits of Soliciting Advice", *Northwestern University ProQuest Dissertations Publishing* (2010): 3402210.

25 Stacey R. Finkelstein e Ayelet Fishbach, "Tell Me What I Did Wrong: Experts Seek and Respond to Negative Feedback", *Journal of Consumer Research* 39, nº 1 (2012): 22-38. Ayelet Fishbach, Tal Eyal e Stacey R. Finkelstein, "How Positive and Negative

Feedback Motivate Goal Pursuit", *Social and Personality Psychology Compass* 48, nº 10 (2010): 517-530. Ayelet Fishbach, Minjung Koo e Stacey R. Finkelstein, "Motivation Resulting from Completed and Missing Actions", *Advances in Experimental Social Psychology* 50 (2014): 257-307.
26 C. Neil Macrae, Galen V. Bodenhausen e Guglielmo Calvini, "Contexts of Cryptomnesia: May the Source Be with You", *Social Cognition* 17, nº 3 (1999): 273-297.
27 Emily S. Wong, Dawei Zheng, Siew Z. Tan, Neil I. Bower, Victoria Garside, Gilles Vanwalleghem, Federico Gaiti, Ethan Scott, Benjamin M. Hogan, Kazu Kikuchi, Edwina McGlinn, Mathias Francois e Bernard M. Degnan, "Deep Conservation of the Enhancer Regulatory Code in Animals", *Science* 370, nº 6517 (2020): eaax8137. Riya Baibhawi, "Sea Sponge Unravels 700MillionYearOld Mystery of Human Evolution", *Republic World*, 21 de novembro de 2020.
28 Danielle Hall, "Sea Sponges: Pharmacies of the Sea", *Smithsonian*, novembro de 2019.
29 Carl Zimmer, "Take a Breath and Thank a Sponge", *The New York Times*, 13 de março de 2014. Megan Gannon, "Sponges May Have Breathed Life into Ancient Oceans", *LiveScience*, 11 de março de 2014. Michael Tatzel, Friedhelm von Blanckenburg, Marcus Oelze, Julien Bouchez e Dorothee Hippler, "Late Neoproterozoic Seawater Oxygenation by Siliceous Sponges", *Nature Communications* 8 (2017): 621.

CAPÍTULO 3

1 Leonard Cohen, "Anthem", *The Future* (Columbia, 1992).
2 Tadao Ando, *Tadao Ando: Endeavors* (Nova York: Flammarion, 2019). Michael Auping, *Seven Interviews with Tadao Ando* (Londres: Third Millennium, 2002). Kanae Hasegawa, "Tadao Ando Interview", *Frame*, 6 de dezembro de 2014. Sharon Waxman, "A Natural Designer", *Chicago Tribune*, 28 de maio de 1995. Jocelyn Lippert, "Japanese Architect Ando Speaks at TD Master's Tea", *Yale Daily News*, 12 de outubro de 2001. "CNN Talk Asia Program – Japanese Architect, Tadao Ando", *Daniel J. Stone*, YouTube, 13 de janeiro de 2010, youtu.be/dZuSoBCR_I. Walter Mariotti, "Tadao Ando: The World Must Change", *Domus*, 3 de dezembro de 2020. Bianca Bosker, "Haute Concrete", *The Atlantic*, abril de 2017. Julie V. Iovine, "Building a Bad Reputation", *The New York Times*, 8 de agosto de 2004. "Artist Talk: Tadao Ando", *Art Institute of Chicago*, YouTube, 27 de novembro de 2018, youtu.be/cV0hiUcFFG8.
3 Adam Grant, "What Straight-A Students Get Wrong", *The New York Times*, 8 de dezembro de 2018.
4 Thomas Curran e Andrew P. Hill, "Perfectionism Is Increasing Over Time: A Meta-Analysis of Birth Cohort Differences from 1989 to 2016", *Psychological Bulletin* 145, nº 4 (2019): 410-429.
5 Thomas Curran e Andrew P. Hill, "Young People's Perceptions of Their Parents' Expectations and Criticism Are Increasing Over Time: Implications for Perfectionism", *Psychological Bulletin* 148, nº 1-2 (2022): 10728.

6 Andrew P. Hill e Thomas Curran, "Multidimensional Perfectionism and Burnout: A Meta-Analysis", *Personality and Social Psychology Review* 20, nº 3 (2016): 269-288.
7 Dana Harari, Brian W. Swider, Laurens Bujold Steed e Amy P. Breidenthal, "Is Perfect Good? A Meta-Analysis of Perfectionism in the Workplace", *Journal of Applied Psychology* 103, nº 10 (2018): 1121-1144.
8 Kathryn D. Sloane e Lauren A. Sosniak, "The Development of Accomplished Sculptors", em Benjamin Bloom, *Developing Talent in Young People* (Nova York: Ballantine Books, 1985).
9 Donald W. Mackinnon, "The Nature and Nurture of Creative Talent", *American Psychologist* 17 (1962): 484-495.
10 Adam Grant, "Breaking Up with Perfectionism", *WorkLife*, 3 de maio de 2022.
11 Leonard Koren, *Wabi-Sabi for Artists, Designers, Poets & Philosophers* (Point Reyes: Imperfect Publishing, 2008).
12 Jenn Bennett, Michael Rotherham, Kate Hays, Peter Olusoga e Ian Maynard, "Yips and Lost Move Syndrome: Assessing Impact and Exploring Levels of Perfectionism, Rumination, and Reinvestment", *Sport and Exercise Psychology Review* 12, nº 1 (2016): 14-27. Melissa Catherine Day, Joanna Thatcher, Iain Greenlees e Bernadette Woods, "The Causes of and Psychological Responses to Lost Move Syndrome in National Level Trampolinists", *Journal of Applied Sport Psychology* 18 (2006): 151-166. Jenn Bennett e Ian Maynard, "Performance Blocks in Sport: Recommendations for Treatment and Implications for Sport Psychology Practitioners", *Journal of Sport Psychology in Action* 8, nº 1 (2017): 60-68.
13 Ivana Osenk, Paul Williamson e Tracey D. Wade, "Does Perfectionism or Pursuit of Excellence Contribute to Successful Learning? A Meta-Analytic Review", *Psychological Assessment* 32, nº 10 (2020): 972-983.
14 Edwin A. Locke e Gary P. Latham, "Building a Practically Useful Theory of Goal Setting and Task Motivation: A 35Year Odyssey", *American Psychologist* 57, nº 9 (2002): 705-717; e "Work Motivation and Satisfaction: Light at the End of the Tunnel", *Psychological Science* 1 (1990): 240-246. Gerard Seijts, Gary P. Latham, Kevin Tasa e Brandon W. Latham, "Goal Setting and Goal Orientation: An Integration of Two Different Yet Related Literatures", *Academy of Management Journal* 47, nº 2 (2004): 227-239.
15 Thomas Suddendorf, Donna Rose Addis e Michael C. Corballis, "Mental Time Travel and the Shaping of the Human Mind", em *Predictions in the Brain: Using Our Past to Generate a Future*, ed. Mohse Bar (Nova York: Oxford, 2011).
16 Daniel J. Madigan, "A Meta-Analysis of Perfectionism and Academic Achievement", *Educational Psychology Review* 31 (2019): 967-989.
17 Alice Moon, Muping Gan e Clayton Critcher, "The Overblown Implications Effect", *Journal of Personality and Social Psychology* 118, nº 4 (2020): 720-742.
18 Glenn D. Reader e Marilynn B. Brewer, "A Schematic Model of Dispositional Attribution in Interpersonal Perception", *Psychological Review* 86, nº 1 (1979): 61-79.
19 Twyla Tharp, *The Creative Habit: Learn It and Use It for Life* (Nova York: Simon & Schuster, 2009). Robin Pogrebin, "Movin' Out beyond Missteps; How Twyla Tharp

Turned a Problem in Chicago into a Hit on Broadway", *The New York Times*, 12 de dezembro de 2002. Michael Phillips, "In Chaotic 'Movin Out', Dancing Off to the Vietnam War", *Los Angeles Times*, 22 de julho de 2022; e "Tharp Reshapes 'Movin Out' before It Goes to Broadway", *Chicago Tribune*, 22 de agosto de 2022. Tim Harford, "Bless the Coal-Black Hearts of the Broadway Critics", *Cautionary Tales*, 20 de maio de 2022.

20 Richard P. Larrick, Albert E. Mannes e Jack B. Soll, "The Social Psychology of the Wisdom of Crowds", em *Social Judgment and Decision Making*, ed. Joachim I. Kruger (Nova York: Psychology Press, 2012).

21 Leigh Thompson, "The Impact of Minimum Goals and Aspirations on Judgments of Success in Negotiations", *Group Decision and Negotiation* 4 (1995): 513-524.

22 Andrew P. Hill, Howard K. Hall e Paul R. Appleton, "The Relationship between Multidimensional Perfectionism and Contingencies of Self-Worth", *Personality and Individual Differences* 50, nº 2 (2011): 238-242.

23 Karina Limburg, Hunna J. Watson, Martin S. Hagger e Sarah J. Egan, "The Relationship between Perfectionism and Psychopathology: A Meta-Analysis", *Journal of Clinical Psychology* 73, nº 10 (2017): 1301-1326.

24 Emma L. Bradshaw, James H. Conigrave, Ben A. Steward, Kelly A. Ferber, Philip D. Parker e Richard M. Ryan, "A Meta-Analysis of the Dark Side of the American Dream: Evidence for the Universal Wellness Costs of Prioritizing Extrinsic over Intrinsic Goals", *Journal of Personality and Social Psychology* 124, nº 4 (2023): 873-899.

25 Jennifer Crocker e Lora E. Park, "The Costly Pursuit of Self-Esteem", *Psychological Bulletin* 130, nº 3 (2004): 392-414.

PARTE II

1 Emily A. Holmes, Ella L. James, Thomas CoodeBate e Catherine Deeprose, "Can Playing the Computer Game 'Tetris' Reduce the Build-Up of Flashbacks for Trauma? A Proposal from Cognitive Science", *PLoS ONE* 4 (2009): e4153. Emily A. Holmes, Ella L. James, Emma J. Kilford e Catherine Deeprose, "Key Steps in Developing a Cognitive Vaccine against Traumatic Flashbacks: Visuospatial Tetris versus Verbal Pub Quiz", *PLoS ONE* 7 (2012): 10.1371.

2 Amalia Badawi, David Berle, Kris Rogers e Zachary Steel, "Do Cognitive Tasks Reduce Intrusive-Memory Frequency after Exposure to Analogue Trauma? An Experimental Replication", *Clinical Psychological Science* 8, nº 3 (2020): 569-583.

3 Thomas Agren, Johanna M. Hoppe, Laura Singh, Emily A. Holmes e Jörgen Rosén, "The Neural Basis of Tetris Gameplay: Implicating the Role of Visuospatial Processing", *Current Psychology* (2021). Rebecca B. Price, Ben Paul, Walt Schneider e Greg J. Siegle, "Neural Correlates of Three Neurocognitive Intervention Strategies: A Preliminary Step Towards Personalized Treatment for Psychological Disorders", *Cognitive Therapy and Research* 37, nº 4 (2013): 657-672.

4 Ella L. James, Alex LauZhu, Hannah Tickle, Antje Horsch e Emily A. Holmes, "Playing the Computer Game Tetris Prior to Viewing Traumatic Film Material

and Subsequent Intrusive Memories: Examining Proactive Interference", *Journal of Behavior Therapy and Experimental Psychiatry* 53 (2016): 25-33.
5   Ella L. James, Michael B. Bonsall, Laura Hoppitt, Elizabeth M. Tunbridge, John R. Geddes, Amy L. Milton e Emily L. Holmes, "Computer Game Play Reduces Intrusive Memories of Experimental Trauma via Reconsolidation-Update Mechanisms", *Psychological Science* 26, nº 8 (2015): 1201-1215.

CAPÍTULO 4

1   Bernard De Koven, *The Well-Played Game: A Player's Philosophy* (Cambridge: MIT Press, 2013).
2   Entrevista pessoal, 8 de agosto de 2022. Evelyn Glennie, *Good Vibrations: My Autobiography* (Londres: Hutchinson, 1990); *Listen World!* (Londres: Balestier Press, 2019); e "How to Truly Listen", palestra do TED, 2003, ted.com/talks/evelyn_glennie_how_to_truly_listen. Sofia Pasternack, "Evelyn Glennie on the Olympics Opening Ceremony", *Tom Tom*, fevereiro de 2013.
3   Brooke N. Macnamara, David Z. Hambrick e Frederick L. Oswald, "Deliberate Practice and Performance in Music, Games, Sports, Education, and Professions: A Meta-Analysis", *Psychological Science* 25, nº 8 (2014): 1608-1618.
4   Maynard Solomon, *Mozart: A Life* (Nova York: HarperCollins, 2005).
5   Wolfgang Amadeus Mozart, *The Letters of Mozart and His Family*, ed. Stanley Sadie e Fiona Smart (Londres: Macmillan, 1985).
6   Robert Spaethling, *Mozart's Letters, Mozart's Life* (Nova York: Norton, 2000).
7   Malissa A. Clark, Jesse S. Michel, Ludmila Zhdanova, Shuang Y. Pui e Boris B. Baltes, "All Work and No Play? A Meta-Analytic Examination of the Correlates and Outcomes of Workaholism", *Journal of Management* 42, nº 7 (2016): 1836-1873.
8   Erin C. Westgate e Timothy D. Wilson, "Boring Thoughts and Bored Minds: The MAC Model of Boredom and Cognitive Engagement", *Psychological Review* 125, nº 5 (2018): 689-713. A. Mohammed Abubakar, Hamed Rezapouraghdam, Elaheh Behravesh e Huda A. Megeirhi, "Burnout or Boreout: A Meta-Analytic Review and Synthesis of Burnout and Boreout Literature in Hospitality and Tourism", *Journal of Hospitality Marketing & Management* 31, nº 8 (2022): 458-503.
9   Lauren A. Sosniak, "Learning to Be a Concert Pianist", em Benjamin Bloom, *Developing Talent in Young People* (Nova York: Ballantine Books, 1985).
10 Arielle Bonneville-Roussy, Geneviève L. Lavigne e Robert J. Vallerand, "When Passion Leads to Excellence: The Case of Musicians", *Psychology of Music* 39 (2011): 123-138.
11 Jon M. Jachimowicz, Andreas Wihler, Erica R. Bailey e Adam D. Galinsky, "Why Grit Requires Perseverance and Passion to Positively Predict Performance", *PNAS* 115, nº 40 (2018): 9980-9985.
12 Lieke L. Ten Brummelhuis, Nancy P. Rothbard e Benjamin Uhrich, "Beyond Nine to Five: Is Working to Excess Bad for Health?", *Academy of Management Discoveries* 3, nº 3 (2017): 262-283.

13 Robert J. Vallerand, Yvan Paquet, Frederick L. Phillipe e Julie Charest, "On the Role of Passion for Work in Burnout: A Process Model", *Journal of Personality* 78, nº 1 (2010): 289-312.
14 Jean Côté, "The Influence of the Family in the Development of Talent in Sport", *The Sport Psychologist* 13, nº 4 (1999): 395–417.
15 Jean Côté, Joseph Baker e Bruce Abernethy, "Practice and Play in the Development of Sport Expertise", em *Handbook of Sport Psychology*, ed. Gershon Tenenbaum e Robert C. Eklund (Nova York: Wiley, 2007). Jackie Lordo, "The Development of Music Expertise: Applications of the Theories of Deliberate Practice and Deliberate Play", *Update: Applications of Research in Music Education* 39, nº 3 (2021): 56-66.
16 Adam M. Grant, Justin M. Berg e Daniel M. Cable, "Job Titles as Identity Badges: How Self-Reflective Titles Can Reduce Emotional Exhaustion", *Academy of Management Journal* 57, nº 4 (2014): 1201-1225.
17 Katie Watson e Belinda Fu, "Medical Improv: A Novel Approach to Teaching Communication and Professionalism Skills", *Annals of Internal Medicine* 165, nº 8 (2016): 591-592.
18 Katie Watson, "Serious Play: Teaching Medical Skills with Improvisational Theater Techniques", *Academic Medicine* 86, nº 10 (2011): 1260-1265.
19 Kevin P. Boesen, Richard N. Herrier, David A. Apgar e Rebekah M. Jackowski, "Improvisational Exercises to Improve Pharmacy Students' Professional Communication Skills", *American Journal of Pharmaceutical Education* 73, nº 2 (2009): 35.
20 Richard A. Rocco e D. Joel Whalen, "Teaching *Yes, and...* Improv in Sales Classes: Enhancing Student Adaptive Selling Skills, Sales Performance, and Teaching Evaluations", *Journal of Marketing Education* 36, nº 2 (2014): 197-208.
21 Arne Güllich, Brooke N. Macnamara, David Z. Hambrick, "What Makes a Champion? Early Multidisciplinary Practice, Not Early Specialization, Predicts World-Class Performance", *Perspectives on Psychological Science* 17, nº 1 (2022): 6-29.
22 Shelby Waldron, J. D. DeFreese, Brian Pietrosimone, Johna Register-Mihalik e Nikki Barczak, "Exploring Early Sport Specialization: Associations with Psychosocial Outcomes", *Journal of Clinical Sport Psychology* 14 (2019): 182-202.
23 Daniel Memmert, *Teaching Tactical Creativity in Sport: Research and Practice* (Londres: Routledge, 2015).
24 Pablo Greco, Daniel Memmert e Juan C. P. Morales, "The Effect of Deliberate Play on Tactical Performance in Basketball", *Perceptual and Motor Skills* 110, nº 3 (2010): 849-856.
25 Conor Heffernan, "The Treadmill's Dark and Twisted Past", *TEDEd*, ted.com/talks/conor_heffernan_the_treadmill_s_dark_and_twisted_past.
26 Entrevista pessoal, 22 de julho de 2022. Seerat Sohi, "Meet the Coaches Who Scrutinize the World's Greatest Shot", *Yahoo! Sports*, 29 de janeiro de 2021. Tom Haberstroh, "The Story of Luka Doncic's Undercover Steph Curry Workout", *NBC Sports*, 24 de janeiro de 2019.
27 Jihae Shin e Adam M. Grant, "Bored by Interest: Intrinsic Motivation in One Task Can Reduce Performance in Other Tasks", *Academy of Management Journal* 62 (2019): 1-22.

28 Nick Greene, "8 Early Criticisms of Stephen Curry That Sound Absurd in Retrospect", *Mental Floss*, 17 de maio de 2016. "How Stephen Curry Went from Ignored College Recruit to NBA MVP", *Yahoo! Sports*, 23 de abril de 2015. Hanif Abdurraqib, "The Second Coming of Stephen Curry", *GQ*, 10 de janeiro de 2022. Lee Tran, "Muggsy Bogues on Stephen Curry as a Child", *Fadeaway World*, 17 de janeiro de 2021. Mark Medina, "'He's in Love with Getting Better': How Stephen Curry Has Maintained Peak Conditioning", *NBA.com*, 13 de junho de 2022; e "After Offseason Focused on Perfection, Stephen Curry Could Be Even More Unstoppable", *NBA.com*, 22 de outubro de 2021.

29 Brian M. Galla e Angela L. Duckworth, "More Than Resisting Temptation: Beneficial Habits Mediate the Relationship between Self-Control and Positive Life Outcomes", *Journal of Personality and Social Psychology* 109, nº 3 (2015): 508-525.

30 Walter Mischel, Yuichi Shoda e Monica L. Rodriguez, "Delay of Gratification in Children", *Science* 244, nº 4907 (1989): 933-938. Yuichi Shoda, Walter Mischel e Philip K. Peake, "Predicting Adolescent Cognitive and Self-Regulatory Competencies from Preschool Delay of Gratification: Identifying Diagnostic Conditions", *Developmental Psychology* 26, nº 6 (1990): 978-986.

31 Armin Falk, Fabian Kosse e Pia Pinger, "ReRevisiting the Marshmallow Test: A Direct Comparison of Studies by Shoda, Mischel, and Peake (1990) and Watts, Duncan, and Quan (2018)", *Psychological Science* 31, nº 1 (2020): 100-104.

32 Laura E. Michaelson e Yuko Munakata, "Same Data Set, Different Conclusions: Preschool Delay of Gratification Predicts Later Behavioral Outcomes in a Pre-registered Study", *Psychological Science* 31, nº 2 (2020): 193-201.

33 Keith Payne e Pascal Sheeran, "Try to Resist Misinterpreting the Marshmallow Test", *Behavioral Scientist*, 3 de julho de 2018.

34 Matthias Brunmair e Tobias Richter, "Similarity Matters: A Meta-Analysis of Interleaved Learning and Its Moderators", *Psychological Bulletin* 145 (2019): 1029-1052.

35 Nicholas F. Wymbs, Amy J. Bastian e Pablo A. Celnik, "Motor Skills Are Strengthened through Reconsolidation", *Current Biology* 26, nº 3 (2016): 338-343. Johns Hopkins Medicine, "Want to Learn a New Skill? Faster? Change Up Your Practice Sessions", *ScienceDaily*, 28 de janeiro de 2016.

36 "I Trained Like Steph Curry for 50 Days to Improve My Shooting", *Goal Guys*, YouTube, 18 de agosto de 2021, youtu.be/2Cf0n7PmMJ0. Philip Ellis, "An Average Guy Trained Like Golden State Warrior Steph Curry for 50 Days to Improve His Shooting", *Men's Health*, 19 de agosto de 2021.

37 Patricia Albulescu, Irina Macsinga, Andrei Rusu, Coralia Sulea, Alexandra Bodnaru e Bogdan Tudor Tulbure, "'Give Me a Break!' A Systematic Review and Meta-Analysis on the Efficacy of MicroBreaks for Increasing Well-Being and Performance", *PLoS ONE* 17, nº 8 (2022): e0272460.

38 Laura M. Giurge e Kaitlin Woolley, "Working during Non-Standard Work Time Undermines Intrinsic Motivation", *Organizational Behavior and Human Decision Processes* 170, nº 1 (2022): 104134.

39 Maddy Shaw Roberts, "How Many Hours a Day Do the World's Greatest Classical Musicians Practice?", *Classic FM*, 21 de junho de 2021.

40 Ut Na Sio e Thomas C. Ormerod, "Does Incubation Enhance Problem Solving? A Meta-Analytic Review", *Psychological Bulletin* 135 (2009): 94-120.
41 Jihae Shin e Adam M. Grant, "When Putting Work Off Pays Off: The Curvilinear Relationship between Procrastination and Creativity", *Academy of Management Journal* 64, nº 3 (2021): 772-798.
42 Adam Grant, "Lin-Manuel Miranda Daydreams, and His Dad Gets Things Done", *Re:Thinking*, 29 de junho de 2021.
43 Mason Currey, "Tchaikovsky, Beethoven, Mahler: They All Loved Taking Long Daily Walks", *Slate*, 25 de abril de 2013. Oliver Burkeman, "Rise and Shine: The Daily Routines of History's Most Creative Minds", *The Guardian*, 5 de outubro de 2013.
44 Michaela Dewar, Jessica Alber, Christopher Butler, Nelson Cowan e Sergio Della Sala, "Brief Wakeful Resting Boosts New Memories over the Long Term", *Psychological Science* 23, nº 9 (2012): 955-960. David Robson, "An Effortless Way to Improve Your Memory", *BBC*, 12 de fevereiro de 2018.
45 Jaap M. J. Murre e Joeri Dros, "Replication and Analysis of Ebbinghaus' Forgetting Curve", *PLoS ONE* 10, nº 7 (2015): e0120644.
46 Nikhil Sonnad, "You Probably Won't Remember This, but the 'Forgetting Curve' Theory Explains Why Learning Is Hard", *Quartz*, 28 de fevereiro de 2018.

CAPÍTULO 5

1 George Eliot, *Middlemarch* (Londres: Pan Macmillan, [1872] 2018); ed. bras.: *Middlemarch* (São Paulo: Martin Claret, 2023).
2 Entrevista pessoal, 2 de janeiro de 2023. R. A. Dickey, *Wherever I Wind Up: My Quest for Truth, Authenticity, and the Perfect Knuckleball* (Nova York: Plume, 2012); e "Reaching the Summit of Kilimanjaro", *The New York Times*, 14 de janeiro de 2012. Tim Kurkjian, "The Knuckleball Experiment", *ESPN*, 1º de dezembro de 2012. Kevin Bertha, "A Missing Ligament and the Knuckleball: The Story of R. A. Dickey", *Bleacher Report*, 11 de abril de 2010. Alan Schwarz, "New Twist Keeps Dickey's Career Afloat", *The New York Times*, 27 de fevereiro de 2008. Jeremy Stahl, "Master of the Knuckleball", *Slate*, 29 de outubro de 2012. Brian Costa, "Knuckleballs of Kilimanjaro: Dickey Plots Ascent", *The Wall Street Journal*, 27 de dezembro de 2011. Ben Maller, "Mets Pitcher R. A. Dickey Risking $4 Million Salary to Climb Mount Kilimanjaro", *ThePost Game*, 2 de novembro de 2011. Aditi Kinkhabwala, "Rocket Boy vs. the Baffler", *The Wall Street Journal*, 3 de julho de 2010. James Kaminsky, "R. A. Dickey: Did Mt. Kilimanjaro Turn New York Mets Pitcher into an AllStar?", *Bleacher Report*, 6 de junho de 2012. "R. A. Dickey Climbed Mount Kilimanjaro, the Mets' Knuckleballer Again Beats Fear with Staunch Belief", *Yahoo! Sports*, 29 de junho de 2012.
3 Alex Speier, "What Is a Baseball Player's Prime Age?", *Boston Globe*, 2 de janeiro de 2015. Rich Hardy, Tiwaloluwa Ajibewa, Ray Bowman e Jefferson C. Brand, "Determinants of Major League Baseball Pitchers' Career Length", *Arthroscopy* 33 (2017): 445-449.

4 Wayne D. Gray e John K. Lindstedt, "Plateaus, Dips, and Leaps: Where to Look for Inventions and Discoveries during Skilled Performance", *Cognitive Science* 41, nº 7 (2017): 1838-1870.
5 Eldad Yechiam, Ido Erev, Vered Yehene e Daniel Gopher, "Melioration and the Transition from Touch-Typing Training to Everyday Use", *Human Factors* 45, nº 4 (2003): 671-684.
6 Yoni Donner e Joseph L. Hardy, "Piecewise Power Laws in Individual Learning Curves", *Psychonomic Bulletin & Review* 22, nº 5 (2015): 1308-1319.
7 Jerry Slocum, David Singmaster, WeiHwa Huang, Dieter Gebhardt e Geert Hellings, *The Cube: The Ultimate Guide to the World's Best-selling Puzzle* (Nova York: Black Dog & Leventhal, 2009).
8 John S. Chen e Pranav Garg, "Dancing with the Stars: Benefits of a Star Employee's Temporary Absence for Organizational Performance", *Strategic Management Journal* 39, nº 5 (2018): 1239-1267.
9 H. Colleen Stuart, "Structural Disruption, Relational Experimentation, and Performance in Professional Hockey Teams: A Network Perspective on Member Change", *Organization Science* 28, nº 2 (2017): 283-300.
10 Roxanne Khamsi, "Quicksand Can't Suck You Under", *Nature*, 28 de setembro de 2005. Asmae Khaldoun, Erika Eiser, Gerard H. Wegdam e Daniel Bonn, "Liquefaction of Quicksand Under Stress", *Nature* 437, nº 7059 (2005): 635.
11 Danny Lewis, "Physicists May Have Finally Figured Out Why Knuckleballs Are So Hard to Hit", *Smithsonian*, 20 de julho de 2016.
12 David N. Figlio, Morton O. Schapiro e Kevin B. Soter, "Are Tenure Track Professors Better Teachers?", *The Review of Economics and Statistics* 97, nº 4 (2015): 715-724.
13 John Hattie e Herbert W. Marsh, "The Relationship between Research and Teaching: A Meta-Analysis", *Review of Educational Research* 66, nº 4 (1996): 507-542.
14 Colin Camerer, George Loewenstein e Martin Weber, "The Curse of Knowledge in Economic Settings: An Experimental Analysis", *Journal of Political Economy* 97, nº 5 (1989): 1232-1254.
15 Sian Beilock, "The Best Players Rarely Make the Best Coaches", *Psychology Today*, 16 de agosto de 2010.
16 Walter Isaacson, *Einstein: His Life and Universe* (Nova York: Simon & Schuster, 2007); ed. bras.: *Einstein: sua vida, seu universo* (São Paulo: Companhia das Letras, 2007). Dennis Overbye, *Einstein in Love: A Scientific Romance* (Nova York: Penguin, 2001). Peter Smith, *Einstein* (Londres: Haus, 2005).
17 George Bernard Shaw, *Man and Superman* (Nova York: Penguin Classics, [1903] 1963); ed. bras.: *Homem e super-homem* (São Paulo: Melhoramentos, 1951).
18 Asha Thomas e Vikas Gupta, "Tacit Knowledge in Organizations: Bibliometrics and a Framework-Based Systematic Review of Antecedents, Outcomes, Theories, Methods and Future Directions", *Journal of Knowledge Management* 26 (2022): 1014-1041.
19 Kristin E. Flegal e Michael C. Anderson, "Overthinking Skilled Motor Performance: Or Why Those Who Teach Can't Do", *Psychonomic Bulletin & Review* 15 (2008): 927-932. Joseph M. Melcher e Jonathan W. Schooler, "The Misremembrance of Wi-

nes Past: Verbal and Perceptual Expertise Differentially Mediate Verbal Overshadowing of Taste Memory", *Journal of Memory and Language* 35 (1996): 231-245.

20 David E. Levari, Daniel T. Gilbert e Timothy D. Wilson, "Tips from the Top: Do the Best Performers Really Give the Best Advice?", *Psychological Science* 33, nº 5 (2022): 685-698.

21 Monica C. Higgins e David A. Thomas, "Constellations and Careers: Toward Understanding the Effects of Multiple Developmental Relationships", *Journal of Organizational Behavior* 22 (2001): 223-247.

22 Richard D. Cotton, Yan Shen e Reut Livne-Tarandach, "On Becoming Extraordinary: The Content and Structure of the Developmental Networks of Major League Baseball Hall of Famers", *Academy of Management Journal* 54, nº 1 (2011): 15-46.

23 Corey L. M. Keyes, "The Mental Health Continuum: From Languishing to Flourishing in Life", *Journal of Health and Social Behavior* 43, nº 2 (2002): 207-222.

24 Adam Grant, "There's a Name for the Blah You're Feeling: It's Called Languishing", *The New York Times*, 19 de abril de 2021; e "How to Stop Languishing and Start Finding Flow", *TED*, 2021.

25 Vanessa M. Hill, Amanda L. Rebar, Sally A. Ferguson, Alexandra E. Shriane e Grace E. Vincent, "Go to Bed: A Systematic Review and Meta-Analysis of Bedtime Procrastination Correlates and Sleep Outcomes", *Sleep Medicine Reviews* 66 (2022): 101697. Lui-Hai Liang, "The Psychology behind 'Revenge Bedtime Procrastination'", *BBC*, 25 de novembro de 2020.

26 William K. English, Douglas C. Englebart e Melvyn L. Berman, "Display-Selection Techniques for Text Manipulation", *IEEE Transactions on Human Factors in Electronics* HFE8 (1967): 5-15.

27 Hudson Sessions, Jennifer D. Nahrgang, Manuel J. Vaulont, Raseana Williams e Amy L. Bartels, "Do the Hustle! Empowerment from Side-Hustles and Its Effects on Full-Time Work Performance", *Academy of Management Journal* 64, nº 1 (2021): 235-264.

28 Ciara M. Kelly, Karoline Strauss, John Arnold e Chris Stride, "The Relationship between Leisure Activities and Psychological Resources That Support a Sustainable Career: The Role of Leisure Seriousness and Work-Leisure Similarity", *Journal of Vocational Behavior* 117 (2020): 103340.

29 Teresa Amabile e Steven Kramer, *The Progress Principle: Using Small Wins to Ignite Joy, Engagement, and Creativity at Work* (Boston: Harvard Business Review Press, 2011); ed. bras.: *O princípio do progresso: como usar pequenas vitórias para estimular satisfação, empenho e criatividade no trabalho* (Rio de Janeiro: Rocco, 2013).

30 Karl E. Weick, "Small Wins: Redefining the Scale of Social Problems", *American Psychologist* 39, nº 1 (1984): 40-49.

31 Zhaohe Yang, Lei Chen, Markus V. Kohnen, Bei Xiong, Xi Zhen, Jiakai Liao, Yoshito Oka, Qiang Zhu, Lianfeng Gu, Chentao Lin e Bobin Liu, "Identification and Characterization of the PEBP Family Genes in Moso Bamboo (*Phyllostachys heterocycla*)", *Scientific Reports* 9, nº 1 (2019): 14998. Abolghaseem Emamverdian, Yulong Ding, Fatemeh Ranaei e Zishan Ahmad, "Application of Bamboo Plants in Nine Aspects", *Scientific World Journal* (2020): 7284203.

CAPÍTULO 6

1. Stephen Colbert no Jantar da Associação de Correspondentes da Casa Branca, 29 de abril de 2006.
2. Paul Stillwell, *The Golden Thirteen: Recollections of the First Black Naval Officers* (Annapolis: Naval Institute Press, 1993). Dan C. Goldberg, *The Golden 13: How Black Men Won the Right to Wear Navy Gold* (Boston: Beacon, 2020). Ron Grossman, "Breaking a Naval Blockade", *Chicago Tribune*, 8 de julho de 1987. "The Golden Thirteen", *Naval History and Heritage Command*, 25 de novembro de 2020. Kevin Michael Briscoe, "Remembering the Sacrifices of the 'Golden 13'", *Zenger*, 26 de novembro de 2020.
3. Nathan P. Podsakoff, Jeffery A. LePine e Marcie A. LePine, "Differential Challenge Stressor-Hindrance Stressor Relationships with Job Attitudes, Turnover Intentions, Turnover, and Withdrawal Behavior: A Meta-Analysis", *Journal of Applied Psychology* 92, nº 2 (2007): 438-454.
4. David S. Yeager, Jamie M. Carroll, Jenny Buontempo, Andrei Cimpan, Spencer Woody, Robert Crosnoe, Chandra Muller, Jared Murray, Pratik Mhatre, Nicole Kersting, Christopher Hulleman, Molly Kudym, Mary Murphy, Angela Lee Duckworth, Gregory M. Walton e Carol S. Dweck, "Teacher Mindsets Help Explain Where a Growth-Mindset Intervention Does and Doesn't Work", *Psychological Science* 33 (2022): 18-32. David S. Yeager, Paul Hanselman, Gregory M. Walton, Jared S. Murray, Robert Crosnoe, Chandra Muller, Elizabeth Tipton, Barbara Schneider, Chris S. Hulleman, Cintia P. Hinojosa, David Paunesku, Carissa Romero, Kate Flint, Alice Roberts, Jill Trott, Ronaldo Iachan, Jenny Buontempo, Sophia Man Yang, Carlos M. Carvalho, P. Richard Hahn, Maithreyi Gopalan, Pratik Mhatre, Ronald Ferguson, Angela L. Duckworth e Carol S. Dweck, "A National Experiment Reveals Where a Growth Mindset Improves Achievement", *Nature* 573, nº 7774 (2019): 364-369.
5. J. Richard Hackman e Ruth Wageman, "Asking the Right Questions about Leadership", *American Psychologist* 62 (2007): 43-47. J. Richard Hackman e Michael O'Connor, "What Makes for a Great Analytic Team? Individual vs. Team Approaches to Intelligence Analysis", fevereiro de 2004.
6. Eliot L. Rees, Patrick J. Quinn, Benjamin Davies e Victoria Fotheringham, "How Does Peer Teaching Compare to Faculty Teaching: A Systematic Review and Meta-Analysis", *Medical Teacher* 38, nº 8 (2016): 829-837.
7. Kim Chau Leung, "An Updated Meta-Analysis on the Effect of Peer Tutoring on Tutors' Achievement", *School Psychology International* 40, nº 2 (2019): 200-214.
8. Peter A. Cohen, James A. Kulik e ChenLin C. Kulik, "Educational Outcomes of Tutoring: A Meta-Analysis of Findings", *American Educational Research Journal* 19 (1982): 237-248.
9. Julia M. Rohrer, Boris Egloff e Stefan C. Schmukle, "Examining the Effects of Birth Order on Personality", *PNAS* 112, nº 46 (2015): 14224-14229; e "Probing BirthOrder Effects on Narrow Traits Using Specification-Curve Analysis", *Psychological Science* 28, nº 12 (2017): 1821-1832. Rodica Ioana Damian e Brent W. Roberts, "The Asso-

ciations of Birth Order with Personality and Intelligence in a Representative Sample of U.S. High School Students", *Journal of Research in Personality* 58 (2015): 96-105. Sandra E. Black, Paul J. Devereux e Kjell G. Salvanes, "Older and Wiser? Birth Order and IQ of Young Men", *CESifo Economic Studies* 57 (2011): 103-120. Kieron J. Barclay, "A Within-Family Analysis of Birth Order and Intelligence Using Population Conscription Data on Swedish Men", *Intelligence* 49 (2015): 134-143.

10 Petter Kristensen e Tor Bjerkedal, "Explaining the Relation between Birth Order and Intelligence", *Science* 316, nº 5832 (2007): 1717.

11 Tor Bjerkedal, Petter Kristensen, Geir A. Skjeret e John I. Brevik, "Intelligence Test Scores and Birth Order among Young Norwegian Men (Conscripts) Analyzed within and between Families", *Intelligence* 35, nº 5 (2007): 503-514.

12 Frank J. Sulloway, "Birth Order and Intelligence", *Science* 316, nº 5832 (2007): 1711-1712.

13 Robert B. Zajonc e Frank J. Sulloway, "The Confluence Model: Birth Order as a Within-Family or Between-Family Dynamic?", *Personality and Social Psychology Bulletin* 33, nº 9 (2007): 1187-1194.

14 Aloysius Wei Lun Koh, Sze Chi Lee e Stephen Wee Hun Lim, "The Learning Benefits of Teaching: A Retrieval Practice Hypothesis", *Applied Cognitive Psychology* 32, nº 3 (2018): 401-410.

15 John F. Nestojko, Dung C. Bui, Nate Kornell e Elizabeth Ligon Bjork, "Expecting to Teach Enhances Learning and Organization of Knowledge in Free Recall of Text Passages", *Memory & Cognition* 42, nº 7 (2014): 1038-1048.

16 Henry Cabot Lodge, em *Proceedings of the Massachusetts Historical Society* (Cambridge: The University Press, 1918).

17 Hunter Drohojowska-Philp, *Full Bloom: The Art and Life of Georgia O'Keeffe* (Nova York: Norton, 2005).

18 John Preskill, "Celebrating Theoretical Physics at Caltech's Burke Institute", *Quantum Frontiers*, 24 de fevereiro de 2015. "John Preskill on Quantum Computing", *YCombinator*, 15 de maio de 2018.

19 Lauren Eskreis-Winkler, Katherine L. Milkman, Dena M. Gromet e Angela L. Duckworth, "A Large-Scale Field Experiment Shows Giving Advice Improves Academic Outcomes for the Advisor", *PNAS* 116, nº 30 (2019): 14808-14810. Lauren Eskreis-Winkler, Ayelet Fishbach e Angela L. Duckworth, "Dear Abby: Should I Give Advice or Receive It?", *Psychological Science* 29, nº 11 (2018): 1797-1806.

20 Adam Grant, *Give and Take: Why Helping Others Drives Our Success* (Nova York: Viking, 2013); ed. bras.: *Dar e receber: uma abordagem revolucionária sobre sucesso, generosidade e influência* (Rio de Janeiro: Sextante, 2014). Adam M. Grant e Jane Dutton, "Beneficiary or Benefactor: Are People More Prosocial When They Reflect on Giving or Receiving?", *Psychological Science* 23, nº 9 (2012): 1033-1039. Adam M. Grant, Jane E. Dutton e Brent D. Rosso, "Giving Commitment: Employee Support Programs and the Prosocial Sensemaking Process", *Academy of Management Journal* 51, nº 5 (2008): 898-918.

21 Entrevista pessoal, 28 de novembro de 2022. Alison Levine, *On the Edge: The Art of High-Impact Leadership* (Nova York: Grand Central, 2014). Sarah Spain, "Alison

Levine Proves She's All Heart", *ESPN*, 27 de dezembro de 2011. Associated Press, "Climber Conquers Everest and Records Grand Slam", *The New York Times*, 14 de agosto de 2010.

22 D. Brian McNatt, "Ancient Pygmalion Joins Contemporary Management: A Meta--Analysis of the Result", *Journal of Applied Psychology* 85, nº 2 (2000): 314-322.

23 Robert Rosenthal, "Interpersonal Expectancy Effects: A 30-Year Perspective", *Current Directions in Psychological Science* 3 (1994): 176-179.

24 Oranit B. Davidson e Dov Eden, "Remedial Self-Fulfilling Prophecy: Two Field Experiments to Prevent Golem Effects among Disadvantaged Women", *Journal of Applied Psychology* 85, nº 3 (2000): 386-398. Dennis Reynolds, "Restraining Golem and Harnessing Pygmalion in the Classroom: A Laboratory Study of Managerial Expectations and Task Design", *Academy of Management Learning & Education* 4 (2007): 475-483.

25 Lee Jussim e Kent D. Harber, "Teacher Expectations and Self-Fulfilling Prophecies: Knowns and Unknowns, Resolved and Unresolved Controversies", *Personality and Social Psychology Review* 9, nº 2 (2005): 131-155.

26 Samir Nurmohamed, "The Underdog Effect: When Low Expectations Increase Performance", *Academy of Management Journal* 63, nº 4 (2020): 1106-1133.

27 Samir Nurmohamed, Timothy G. Kundro e Christopher G. Myers, "Against the Odds: Developing Underdog versus Favorite Narratives to Offset Prior Experiences of Discrimination", *Organizational Behavior and Human Decision Processes* 167 (2021): 206-221.

28 Michelle Yeoh, "Harvard Law School Class Day", 24 de maio de 2023, youtube.com/watch?v=PZ7YERWPftA.

29 Marissa Shandell e Adam M. Grant, "Losing Yourself for the Win: How Interdependence Boosts Performance Under Pressure", trabalho em andamento, 2023.

30 Rebecca Koomen, Sebastian Grueneisen e Esther Herrmann, "Children Delay Gratification for Cooperative Ends", *Psychological Science* 31, nº 2 (2020): 139-148.

31 Maya Angelou, *Rainbow in the Cloud: The Wisdom and Spirit of Maya Angelou* (Nova York: Random House, 2014).

32 Karren Knowlton, "Trailblazing Motivation and Marginalized Group Members: Defying Expectations to Pave the Way for Others" (tese de doutorado, Universidade da Pensilvânia, 2021).

PARTE III

1 Alex Bell, Raj Chetty, Xavier Jaravel, Neviana Petkova e John Van Reenen, "Who Becomes an Inventor in America? The Importance of Exposure to Innovation", *The Quarterly Journal of Economics* 134, nº 2 (2019): 647-713.

CAPÍTULO 7

1. Marva Collins e Civia Tamarkin, *Marva Collins' Way* (Nova York: TarcherPerigee, 1990).
2. OECD, "PISA 2000 Technical Report" (2002); "Learning for Tomorrow's World: First Results from PISA 2003" (2004); e "PISA 2006" (2008), todos em pisa.oecd.org.
3. Pasi Sahlberg, *Finnish Lessons 3.0: What Can the World Learn from Educational Change in Finland?* (Nova York: Teachers College Press, 2021); e "The Fourth Way of Finland", *Journal of Educational Change* 12 (2011): 173-185. OECD, "Top-Performer Finland Improves Further in PISA Survey as Gap Between Countries Widens".
4. PIAAC, "International Comparisons of Adult Literacy and Numeracy Skills Over Time", Institute of Education Sciences (NCES 2020127), nces.ed.gov/surveys/piaac/international_context.asp.
5. Dylan Matthews, "Denmark, Finland, and Sweden Are Proof That Poverty in the U.S. Doesn't Have to Be This High", *Vox*, 11 de novembro de 2015.
6. Eric A. Hanushek e Ludger Woessmann, *The Knowledge Capital of Nations: Education and the Economics of Growth* (Cambridge: MIT Press, 2015). Amanda Ripley, *The Smartest Kids in the World: And How They Got That Way* (Nova York: Simon & Schuster, 2013); ed. bras.: *As crianças mais inteligentes do mundo* (Campinas: Três Estrelas, 2014).
7. Christine GrossLoh, "Finnish Education Chief: 'We Created School System Based on Equality'", *The Atlantic*, 17 de março de 2014.
8. Doris Holzberger, Sarah Reinhold, Oliver Lüdtke e Tina Seidel, "A Meta-Analysis on the Relationship between School Characteristics and Student Outcomes in Science and Maths: Evidence from Large-Scale Studies", *Studies in Science Education* 56 (2020): 1-34. Faith Bektas, Nazim Çogaltay, Engin Karadag e Yusuf Ay, "School Culture and Academic Achievement of Students: A Meta-Analysis Study", *The Anthropologist* 21, nº 3 (2015): 482-488. Selen Demirtas-Zorbaz, Cigdem Akin-Arikan e Ragip Terzi, "Does School Climate That Includes Students' Views Deliver Academic Achievement? A Multilevel Meta-Analysis", *School Effectiveness and School Improvement* 32 (2021): 543-563. Roisin P. Corcoran, Alan C. K. Cheung, Elizabeth Kim e Chen Xie, "Effective Universal School-Based Social and Emotional Learning Programs for Improving Academic Achievement: A Systematic Review and Meta-Analysis of 50 Years of Research", *Educational Research Review* 25 (2018): 56-72.
9. Edgar H. Schein, "Organizational Culture", *American Psychologist* 45, nº 2 (1990): 109-119. Daniel R. Denison, "What *Is* the Difference between Organizational Culture and Organizational Climate? A Native's Point of View on a Decade of Paradigm Wars", *Academy of Management Review* 21 (1996): 619-654. Charles A. O'Reilly e Jennifer A. Chatman, "Culture as Social Control: Corporations, Cults, and Commitment", *Research in Organizational Behavior* 18 (1996): 157-200.
10. Mark E. Koltko-Rivera, "The Psychology of Worldviews", *Review of General Psychology* 8, nº 1 (2004): 3-58. Jeremy D. W. Clifton, Joshua D. Baker, Crystal L. Park, David B. Yaden, Alicia B. W. Clifton, Paolo Terni, Jessica L. Miller, Guang Zeng, Sal-

vatore Giorgi, H. Andrew Schwartz e Martin E. P. Seligman, "Primal World Beliefs", *Psychological Assessment* 31, nº 1 (2019): 82-99.

11 Robert Frank e Philip J. Cook, *The Winner-Take-All Society: Why the Few at the Top Get So Much More Than the Rest of Us* (Nova York: Penguin, 1996). Daniel Markovits, *The Meritocracy Trap: How America's Foundational Myth Feeds Inequality, Dismantles the Middle Class, and Devours the Elite* (Nova York: Penguin, 2019); ed. bras.: *A cilada da meritocracia: como um mito fundamental da sociedade alimenta a desigualdade, destrói a classe média e consome a elite* (Rio de Janeiro: Intrínseca, 2021).

12 Lily Eskelsen García e Otha Thornton, "'No Child Left Behind' Has Failed", *The Washington Post*, 13 de fevereiro de 2015. Rajashri Chakrabarti, "Incentives and Responses under *No Child Left Behind*: Credible Threats and the Role of Competition", *Federal Reserve Bank of New York Staff Report nº 525*, novembro de 2011. Ben Casselman, "No Child Left Behind Worked: At Least in One Important Way", *FiveThirtyEight*, 22 de dezembro de 2015. "Achievement Gaps", *National Center for Education Statistics*, nces.ed.gov/nationsreportcard/studies/gaps.

13 Linda DarlingHammond, *The Flat World and Education: How America's Commitment to Equity Will Determine Our Future* (Nova York: Teachers College Press, 2015).

14 Matthew Smith e Jamie Ballard, "Scientists and Doctors Are the Most Respected Professions Worldwide", *YouGov America*, 8 de fevereiro de 2021.

15 Pasi Sahlberg, "The Secret to Finland's Success: Educating Teachers", *Stanford Center for Opportunity Policy in Education Research Brief*, setembro de 2010.

16 Samuel E. Abrams, *Education and the Commercial Mindset* (Boston: Harvard University Press, 2016).

17 Pasi Sahlberg, "Q: What Makes Finnish Teachers So Special? A: It's Not Brains", *The Guardian*, 31 de março de 2015.

18 Valerie Strauss, "Five U.S. Innovations That Helped Finland's Schools Improve but That American Reformers Now Ignore", *The Washington Post*, 25 de julho de 2014.

19 Vilho Hirvi, citado em Sahlberg, 2021.

20 Pasi Sahlberg e Timothy D. Walker, *In Teachers We Trust: The Finnish Way to World--Class Schools* (Nova York: W. W. Norton, 2021).

21 Abrams, 2016.

22 Abrams, 2016.

23 Andrew J. Hill e Daniel B. Jones, "A Teacher Who Knows Me: The Academic Benefits of Repeat Student-Teacher Matches", *Economics of Education Review* 64 (2018): 1-12.

24 NaYoung Hwang, Brian Kisida e Cory Koedel, "A Familiar Face: Student-Teacher Rematches and Student Achievement", *Economics of Education Review* 85 (2021): 102194.

25 Mike Colagrossi, "10 Reasons Why Finland's Education System is the Best in the World", *World Economic Forum*, 10 de setembro de 2018.

26 Entrevista pessoal, 24 de fevereiro de 2023. LynNell Hancock, "Why Are Finland's Schools Successful?", *Smithsonian*, setembro de 2011.

27 Benjamin Franklin, "On Protections of Towns from Fire", *The Pennsylvania Gazette*, 4 de fevereiro de 1735.

28 Gena Nelson e Kristen L. McMaster, "The Effects of Early Numeracy Interventions for Students in Preschool and Early Elementary: A Meta-Analysis", *Journal of Educational Psychology* 111, nº 6 (2019): 1001-1022. Steven M. Ross, Lana J. Smith, Jason Casey e Robert E. Slavin, "Increasing the Academic Success of Disadvantaged Children: An Examination of Alternative Early Intervention Programs", *American Educational Research Journal* 32, nº 4 (1995): 773-800. Frances A. Campbell e Craig T. Ramey, "Cognitive and School Outcomes for High-Risk African-American Students at Middle Adolescence: Positive Effects of Early Intervention", *American Educational Research Journal* 32, nº 4 (1995): 743-772.

29 John M. McLaughlin, "Most States Fail Education Obligations to Special Needs Students: So, What Else Is New?", *USA Today*, 10 de agosto de 2020.

30 Amanda H. Goodall, "Physician-Leaders and Hospital Performance: Is There an Association?", *Social Science & Medicine* 73, nº 4 (2011): 535-539; e "Highly Cited Leaders and the Performance of Research Universities", *Research Policy* 38, nº 7 (2009): 1079-1092.

31 Sigal G. Barsade e Stefan Meisiek, "Leading by Doing", em *Next Generation Business Handbook: New Strategies from Tomorrow's Thought Leaders*, ed. Subir Chowdhury (Nova York: Wiley, 2004).

32 Timothy D. Walker, *Teach Like Finland: 33 Simple Strategies for Joyful Classrooms* (Nova York: W. W. Norton, 2017).

33 Eva Hjörne e Roger Säljö, "The Pupil Welfare Team as a Discourse Community: Accounting for School Problems", *Linguistics and Education* 15 (2004): 321-338.

34 Hancock, 2011.

35 Rune Sarromaa Hausstätter e Marjatta Takala, "Can Special Education Make a Difference? Exploring the Differences of Special Educational Systems between Finland and Norway in Relation to the PISA Results", *Scandinavian Journal of Disability Research* 13, nº 4 (2011): 271-281.

36 Andrew Van Dam, "Why Alabama and West Virginia Suddenly Have Amazing HighSchool Graduation Rates", *The Washington Post*, 18 de novembro de 2022.

37 Sarah D. Sparks, "Do U.S. Teachers Really Teach More Hours?", *EducationWeek*, 2 de fevereiro de 2015. Abrams, 2016.

38 Margot van der Doef e Stan Maes, "The Job-Demand-Control (-Support) Model and Psychological Well-Being: A Review of 20 Years of Empirical Research", *Work & Stress* 13, nº 2 (1999): 87-114. Gene M. Alarcon, "A Meta-Analysis of Burnout with Job Demands, Resources, and Attitudes", *Journal of Vocational Behavior* 79, nº 2 (2011): 549-562. Nina Santavirta, Svetlana Solovieva e Töres Theorell, "The Association between Job Strain and Emotional Exhaustion in a Cohort of 1,028 Finnish Teachers", *British Journal of Educational Psychology* 77 (2007): 213-228. Adam Grant, "Burnout Is Everyone's Problem", *WorkLife*, 17 de março de 2020.

39 Timothy D. Walker, "The Joyful, Illiterate Kindergartners of Finland", *The Atlantic*, 1º de outubro de 2015.

40 Daphna Bassok, Scott Latham e Anna Rorem, "Is Kindergarten the New First Grade?", *AERA Open* 1, nº 4 (2016): 1-31.

41 Sebastian Suggate, Elizabeth Schaughency, Helena McAnally e Elaine Reese, "From Infancy to Adolescence: The Longitudinal Links between Vocabulary, Early Literacy Skills, Oral Narrative, and Reading Comprehension", *Cognitive Development* 47 (2018): 82-95.

42 Sebastian P. Suggate, Elizabeth A. Schaughency e Elaine Reese, "Children Learning to Read Later Catch Up to Children Reading Earlier", *Early Childhood Research Quarterly* 28, nº 1 (2013): 33-48.

43 Sebastian Paul Suggate, "Does Early Reading Instruction Help Reading in the Long-Term? A Review of Empirical Evidence", *Research on Steiner Education* 4, nº 1 (2019): 123-131.

44 Daniel T. Willingham, "How to Get Your Mind to Read", *The New York Times*, 25 de novembro de 2017.

45 Nancy Carlsson-Paige, Geralyn Bywater e Joan Wolfsheimer Almon, "Reading Instruction in Kindergarten: Little to Gain and Much to Lose", *Alliance for Childhood/ Defending the Early Years*, 2015, eric.ed.gov/?id=ED609172.

46 Wolfgang Schneider, Petra Küspert, Ellen Roth, Mechtild Visé e Harald Marx, "Short and Long-Term Effects of Training Phonological Awareness in Kindergarten: Evidence from Two German Studies", *Journal of Experimental Child Psychology* 66, nº 3 (1997): 311-340.

47 Alvaro Infantes-Paniagua, Ana Filipa Silva, Rodrigo Ramirez-Campillo, Hugo Sarmento, Francisco Tomás González-Fernández, Sixto González-Villora e Filipe Manuel Clemente, "Active School Breaks and Students' Attention: A Systematic Review with Meta-Analysis", *Brain Sciences* 11, nº 6 (2021): 675. D. L. I. H. K. Peiris, Yanping Duan, Corneel Vandelanotte, Wei Liang, Min Yang e Julien Steven Baker, "Effects of In-Classroom Physical Activity Breaks on Children's Academic Performance, Cognition, Health Behaviours and Health Outcomes: A Systematic Review and Meta-Analysis of Randomised Controlled Trials", *International Journal of Environmental Research and Public Health* 19, nº 15 (2022): 9479.

48 Tim T. Morris, Danny Dorling, Neil M. Davies e George Davey Smith, "Associations between School Enjoyment at Age 6 and Later Educational Achievement: Evidence from a UK Cohort Study", *NPJ Science of Learning* 6 (2021): 18.

49 Pasi Sahlberg e William Doyle, "To Really Learn, Our Children Need the Power of Play", 2019, pasisahlberg.com/to-really-learn-our-children-need-the-power-of-play.

50 Kayleigh Skene, Christine M. O'Farrelly, Elizabeth M. Byrne, Natalie Kirby, Eloise C. Stevens e Paul G. Ramchandani, "Can Guidance during Play Enhance Children's Learning and Development in Educational Contexts? A Systematic Review and Meta-Analysis", *Child Development* 93, nº 4 (2022): 1162-1180.

51 Aksel Sandemose, *A Fugitive Crosses His Tracks* (Nova York: Knopf, 1936).

52 Arto K. Ahonen, "Finland: Success through Equity – The Trajectories in PISA Performance", em *Improving a Country's Education*, ed. Nuno Crato (Cham: Springer, 2021).

53 Sarah Butrymowicz, "Is Estonia the New Finland?", *The Atlantic*, 23 de junho de 2016; e "Everyone Aspires to Be Finland, But This Country Beats Them in Two Out of Three Subjects", *The Hechinger Report*, 23 de junho de 2016. Branwen Jeffreys,

"Pisa Rankings: Why Estonian Pupils Shine in Global Tests", *BBC*, 2 de dezembro de 2019. Rachel Sylvester, "How Estonia Does It: Lessons from Europe's Best School System", *The Times* (Londres), 27 de janeiro de 2022. Thomas Hatch, "10 Surprises in the High-Performing Estonian Education System", *International Education News*, 2 de agosto de 2017. John Roberts, "Estonia: Pisa's European Success Story", *Tes Magazine*, 3 de dezembro de 2019. Marri Kangur, "Estonia's Education Is Accessible to Everyone – Thanks to Social Support and an Adaptable System", *Estonian World*, 27 de dezembro de 2021; e "Kindergarten Teaching in Estonia Balances between Education Goals and Game-Based Learning", *Estonian World*, 12 de outubro de 2021. Alexander Kaffka, "Gunda Tire: 'Estonians Believe in Education, and This Belief Has Been Essential for Centuries'", *Caucasian Journal*, 1º de abril de 2021. Adam Grant, "Estonia's Prime Minister Kaja Kallas on Leading with Strength and Sincerity", *Re:-Thinking*, 31 de janeiro de 2023.

54 "PISA 2018 Worldwide Ranking", OECD, factsmaps.com/pisa2018worldwiderankingaveragescoreofmathematicssciencereading.

55 Chester E. Finn Jr. e Brandon L. Wright, "A Different Kind of Lesson from Finland", *EducationWeek*, 3 de novembro de 2015.

56 Pasi Sahlberg e Andy Hargreaves, "The Leaning Tower of PISA", *Washington Post*, 24 de março de 2015. Adam Taylor, "Finland Used to Have the Best Education System in the World – What Happened?", *Business Insider*, 3 de dezembro de 2013. Thomas Hatch, "What Can the World Learn from Educational Change in Finland Now? Pasi Sahlberg on Finnish Lessons 3.0", *International Education News*, 28 de fevereiro de 2021.

57 Sanna Read, Lauri Hietajärvi e Katariina Salmela-Aro, "School Burnout Trends and Sociodemographic Factors in Finland 2006-2019", *Social Psychiatry and Psychiatric Epidemiology* 57 (2022): 1659-1669.

58 Uri Gneezy, John A. List, Jeffrey A. Livingston, Xiangdong Qin, Sally Sadoff e Yang Xu, "Measuring Success in Education: The Role of Effort on the Test Itself", *American Economic Review: Insights* 1, nº 3 (2019): 291-308.

59 Angela Lee Duckworth, Patrick D. Quinn, Donald R. Lynam, Rolf Loeber e Magda Stouthamer-Loeber, "Role of Test Motivation in Intelligence Testing", *PNAS* 108, nº 19 (2011): 7716-7720.

60 Martin Thrupp, Piia Seppänen, Jaakko Kauko e Sonja Kosunen, eds., *Finland's Famous Education System: Unvarnished Insights into Finnish Schooling* (Cingapura: Springer, 2023).

61 Erika A. Patall, Harris Cooper e Jorgianne Civey Robinson, "The Effects of Choice on Intrinsic Motivation and Related Outcomes: A Meta-Analysis of Research Findings", *Psychological Bulletin* 134, nº 2 (2008): 270-300.

62 Timothy D. Walker, "Where Sixth-Graders Run Their Own City", *The Atlantic*, 1º de setembro de 2016. Eanna Kelly, "How Finland Is Giving 12 Year Olds the Chance to Be Entrepreneurs", *Science|Business*, 22 de março de 2016.

63 Olivia Johnston, Helen Wildy e Jennifer Shand, "Teenagers Learn through Play Too: Communicating High Expectations through a Playful Learning Approach", *The Australian Educational Researcher* (2022).

64 Panu Kalmi, "The Effects of Me and My City on Primary School Students' Financial Knowledge and Behavior", apresentado em 4th Cherry Blossom Financial Education Institute, Global Financial Literacy Excellence Center, Universidade George Washington, Washington, DC, 12-13 de abril de 2018.

65 "10 Facts about Reading in Finland 2020", *Lukukeskus Läscentrum*, lukukeskus.fi/en/10factsaboutreadinginfinland/#fakta2.

66 "Read Aloud Program and Book Bag to Every Baby Born in Finland", *Lue Lapselle*, luelapselle.fi/readaloud.

67 Daniel T. Willingham, *Raising Kids Who Read: What Parents and Teachers Can Do* (San Francisco: Jossey-Bass, 2015); ed. bras.: *Crianças que leem: o que pais e professores podem fazer para ajudar* (Campinas: Kírion, 2021). Adriana G. Bus, Marinus H. van Ijzendoorn e Anthony D. Pellegrini, "Joint Book Reading Makes for Success in Learning to Read: A Meta-Analysis on Intergenerational Transmission of Literacy", *Review of Educational Research* 65, nº 1 (1995): 1-21. Joe Pinsker, "Why Some People Become Lifelong Readers", *The Atlantic*, 19 de setembro de 2019.

68 Daniel T. Willingham, "Moving Educational Psychology into the Home: The Case of Reading", *Mind Brain and Education* 9, nº 2 (2015): 107-111.

69 Gary P. Moser e Timothy G. Morrison, "Increasing Students' Achievement and Interest in Reading", *Reading Horizons* 38, nº 4 (1998): 233-245.

70 Jessica R. Toste, Lisa Didion, Peng Peng, Marissa J. Filderman e Amanda M. McClelland, "A Meta-Analytic Review of the Relations between Motivation and Reading Achievement for K-12 Students", *Review of Educational Research* 90, nº 3 (2020): 420-456. Suzanne E. Mol e Adriana G. Bus, "To Read or Not to Read: A Meta-Analysis of Print Exposure from Infancy to Early Childhood", *Psychological Bulletin* 137, nº 2 (2011): 267-296.

71 Rémi Radel, Philippe G. Sarrazin, Pascal Legrain e T. Cameron Wild, "Social Contagion of Motivation between Teacher and Student: Analyzing Underlying Processes", *Journal of Educational Psychology* 102, nº 3 (2010): 577-587.

72 Xiaojun Ling, Junjun Chen, Daniel H. K. Chow, Wendan Xu e Yingxiu Li, "The 'Trade-Off' of Student Well-Being and Academic Achievement: A Perspective of Multidimensional Student Well-Being", *Frontiers in Psychology* 13 (2022): 772653.

73 Suniya S. Luthar, Nina L. Kumar e Nicole Zillmer, "High-Achieving Schools Connote Risks for Adolescents: Problems Documented, Processes Implicated, and Directions for Interventions", *American Psychologist* 75 (2020): 983-995.

74 Yingyi Ma, "China's Education System Produces Stellar Test Scores. So Why Do 600,000 Students Go Abroad Each Year to Study?", *The Washington Post*, 17 de dezembro de 2019.

75 Andrew S. Quach, Norman B. Epstein, Pamela J. Riley, Mariana K. Falconier e Xiaoyi Fang, "Effects of Parental Warmth and Academic Pressure on Anxiety and Depression Symptoms in Chinese Adolescents", *Journal of Child and Family Studies* 24 (2015): 106-116.

76 Mark Mohan Kaggwa, Jonathan Kajjimu, Jonathan Sserunkuma, Sarah Maria Najjuka, Letizia Maria Atim, Ronald Olum, Andrew Tagg e Felix Bongomin, "Prevalence

of Burnout among University Students in Low and Middle-Income Countries: A Systematic Review and Meta-Analysis", *PLoS ONE* 16, n⁰ 8 (2021): e0256402. Xinfeng Tang, Suqin Tang, Zhihong Ren e Daniel Fu Keung Wong, "Prevalence of Depressive Symptoms among Adolescents in Secondary School in Mainland China: A Systematic Review and Meta-Analysis", *Journal of Affective Disorders* 245 (2019): 498-507. Ziwen Teuber, Fridtjof W. Nussbeck e Elke Wild, "School Burnout among Chinese High School Students: The Role of Teacher-Student Relationships and Personal Resources", *Educational Psychology* 41, n⁰ 8 (2021): 985-1002. Alan Ye, "Copying the Long Chinese School Day Could Have Unintended Consequences", *The Conversation*, 24 de fevereiro de 2014.

77 Joyce Chepkemoi, "Countries Who Spend the Most Time Doing Homework", *WorldAtlas*, 4 de julho de 2017.

78 Jenny Anderson, "Finland Has the Most Efficient Education System in the World", *Quartz*, 3 de dezembro de 2019.

CAPÍTULO 8

1 Malvina Reynolds, "This World" (Schroder Music Company, [1961] 1989).

2 Amy C. Edmondson e Kerry Herman, "The 2010 Chilean Mining Rescue (A) & (B)", *Harvard Business School Teaching Plan* 613012, maio de 2013. Jonathan Franklin, *33 Men: Inside the Miraculous Survival and Dramatic Rescue of the Chilean Miners* (Nova York: G. P. Putnam's Sons, 2011). Héctor Tobar, *Deep Down Dark: The Untold Stories of 33 Men Buried in a Chilean Mine, and the Miracle That Set Them Free* (Nova York: Farrar, Straus and Giroux, 2014); ed. bras.: *Na escuridão* (Rio de Janeiro: Objetiva, 2015). Manuel Pino Toro, *Buried Alive: The True Story of the Chilean Mining Disaster and the Extraordinary Rescue at Camp Hope* (Nova York: St. Martin's Press, 2011). Faazia Rashid, Amy C. Edmondson e Herman B. Leonard, "Leadership Lessons from the Chilean Mine Rescue", *Harvard Business Review*, julho-agosto de 2013: 113-119. Michael Useem, Rodrigo Jordán e Matko Koljatic, "How to Lead during Crisis: Lessons from the Rescue of the Chilean Miners", *MIT Sloan Management Review*, 18 de agosto de 2011. Korn Ferry, "The Man behind the Miracle", kornferry.com/insights/briefingsmagazine/issue6/34themanbehindthemiracle.

3 Connie Watson, "The Woman Who Helped Find the Needle in the Haystack", *CBC News*, 22 de outubro de 2010.

4 J. Richard Hackman, *Leading Teams: Setting the Stage for Great Performances* (Boston: Harvard Business School Press, 2002); e "Learning More by Crossing Levels: Evidence from Airplanes, Hospitals, and Orchestras", *Journal of Organizational Behavior* 24, n⁰ 8 (2003): 90522.

5 J. Richard Hackman, ed., *Groups That Work (and Those That Don't)* (San Francisco: Jossey-Bass, 1991).

6 J. Richard Hackman, *Collaborative Intelligence: Using Teams to Solve Hard Problems* (San Francisco: Berrett-Koehler, 2011). Hackman e O'Connor, 2004.

7. Anita Williams Woolley, Christopher F. Chabris, Alex Pentland, Nada Hashmi e Thomas W. Malone, "Evidence for a Collective Intelligence Factor in the Performance of Human Groups", *Science* 330, nº 6004 (2010): 686-688.
8. Christoph Riedl, Young Ji Kim, Pranav Gupta, Thomas W. Malone e Anita Williams Woolley, "Quantifying Collective Intelligence in Human Groups", *PNAS* 118, nº 21 (2021): e2005737118.
9. Patrick D. Dunlop e Kibeom Lee, "Workplace Deviance, Organizational Citizenship Behavior, and Business Unit Performance: The Bad Apples Do Spoil the Whole Barrel", *Journal of Organizational Behavior* 25, nº 1 (2004): 67-80. Will Felps, Terence R. Mitchell e Eliza Byington, "How, When, and Why Bad Apples Spoil the Barrel: Negative Group Members and Dysfunctional Groups", *Research in Organizational Behavior* 27, nº 3 (2006): 175-122.
10. Nicoleta Meslec, Ishani Aggarwal e Petru L. Curseu, "The Insensitive Ruins It All: Compositional and Compilational Influences of Social Sensitivity on Collective Intelligence in Groups", *Frontiers in Psychology* 7 (2016): 676.
11. Emily Grijalva, Timothy D. Maynes, Katie L. Badura e Steven W. Whiting, "Examining the 'I' in Team: A Longitudinal Investigation of the Influence of Team Narcissism Composition on Team Outcomes in the NBA", *Academy of Management Journal* 63, nº 1 (2020): 7-33.
12. Peter Arcidiacono, Josh Kinsler e Joseph Price, "Productivity Spillovers in Team Production: Evidence from Professional Basketball", *Journal of Labor Economics* 35, nº 1 (2017): 191-225.
13. Ben Weidmann e David J. Deming, "Team Players: How Social Skills Improve Group Performance", *NBER Working Paper* 27071, maio de 2020.
14. Eduardo Salas, Drew Rozell, Brian Mullen, James E. Driskell, "The Effect of Team Building on Performance: An Integration", *Small Group Research* 30, nº 3 (1999): 309-329. Cameron Klein, Deborah Diaz-Granados, Eduardo Salas, Huy Le, C. Shawn Burke, Rebecca Lyons e Gerald F. Goodwin, "Does Team Building Work?", *Small Group Research* 40, nº 2 (2009): 181-222.
15. Neil G. MacLaren, Francis J. Yammarino, Shelley D. Dionne, Hiroki Sayama, Michael D. Mumford, Shane Connelly, Robert W. Martin, Tyler J. Mulhearn, E. Michelle Todd, Ankita Kulkarni, Yiding Cao e Gregory A. Ruark, "Testing the Babble Hypothesis: Speaking Time Predicts Leader Emergence in Small Groups", *The Leadership Quarterly* 31 (2020): 101409.
16. Emily Grijalva, Peter D. Harms, Daniel A. Newman, Blaine H. Gaddis e R. Chris Fraley, "Narcissism and Leadership: A Meta-Analytic Review of Linear and Non-linear Relationships", *Personnel Psychology* 68, nº 1 (2015): 1-47.
17. Eddie Brummelman, Barbara Nevicka e Joseph M. O'Brien, "Narcissism and Leadership in Children", *Psychological Science* 32, nº 3 (2021): 354-363.
18. Hemant Kakkar e Niro Sivanathan, "The Impact of Leader Dominance on Employees' Zero-Sum Mindset and Helping Behavior", *Journal of Applied Psychology* 107 (2022): 1706-1724.
19. Charles A. O'Reilly III, Jennifer A. Chatman e Bernadette Doerr, "When 'Me'

Trumps 'We': Narcissistic Leaders and the Cultures They Create", *Academy of Management Discoveries* 7 (2021): 419-450.

20 Chad A. Hartnell, Angelo J. Kinicki, Lisa Schurer Lambert, Mel Fugate e Patricia Doyle Corner, "Do Similarities or Differences between CEO Leadership and Organizational Culture Have a More Positive Effect on Firm Performance? A Test of Competing Predictions", *Journal of Applied Psychology* 101, nº 6 (2016): 846-861.

21 Deniz S. Ones e Stephan Dilchert, "How Special Are Executives? How Special Should Executive Selection Be? Observations and Recommendations", *Industrial and Organizational Psychology* 2 (2009): 163-170.

22 Sing Lim Leung e Nikos Bozionelos, "Five-Factor Model Traits and the Prototypical Image of the Effective Leader in the Confucian Culture", *Employee Relations* 26 (2004): 62-71.

23 Adam M. Grant, Francesca Gino e David A. Hofmann, "Reversing the Extraverted Leadership Advantage: The Role of Employee Proactivity", *Academy of Management Journal* 54, nº 3 (2011): 528-550.

24 Brian Mullen, Craig Johnson e Eduardo Salas, "Productivity Loss in Brainstorming Groups: A Meta-Analytic Integration", *Basic and Applied Social Psychology* 12 (1991): 3-23.

25 Dave Barry, *Dave Barry Turns 50* (Nova York: Ballantine Books, 1998).

26 Paul B. Paulus e HueiChuan Yang, "Idea Generation in Groups: A Basis for Creativity in Organizations", *Organizational Behavior and Human Decision Processes* 82, nº 1 (2000): 76-87.

27 Anita Williams Woolley, Ishani Aggarwal e Thomas W. Malone, "Collective Intelligence and Group Performance", *Current Directions in Psychological Science* 24, nº 6 (2015): 420-424.

28 Riedl et al., 2021.

29 David Engel, Anita Williams Woolley, Lisa X. Jing, Christopher F. Chabris e Thomas W. Malone, "Reading the Mind in the Eyes or Reading between the Lines? Theory of Mind Predicts Collective Intelligence Equally Well On-line and Face-to-Face", *PLoS ONE* 9 (2014): e115212.

30 William Ickes, Paul R. Gesn e Tiffany Graham, "Gender Differences in Empathic Accuracy: Differential Ability or Differential Motivation?", *Personal Relationships* 7, nº 1 (2000): 95-109.

31 Weidmann e Deming, 2021. J. Mark Weber e J. Keith Murnighan, "Suckers or Saviors? Consistent Contributors in Social Dilemmas", *Journal of Personality and Social Psychology* 95, nº 6 (2008): 1340-1353.

32 Aaron A. Dhir, *Challenging Boardroom Homogeneity: Corporate Law, Governance, and Diversity* (Nova York: Cambridge University Press, 2015).

33 Benjamin Ostrowski, Anita Williams Woolley e Ki-Won Haan, "Translating Member Ability into Group Brainstorming Performance: The Role of Collective Intelligence", *Small Group Research* 53, nº 1 (2022): 3-40.

34 Ethan Bernstein, Jesse Shore e David Lazer, "How Intermittent Breaks in Interaction Improve Collective Intelligence", *PNAS* 115 (2018): 8734-8739.

35 Adam Grant, "Is It Safe to Speak Up?", *WorkLife*, 20 de julho de 2021.
36 Amy C. Edmondson, *The Fearless Organization: Creating Psychological Safety in the Workplace for Learning, Innovation, and Growth* (Nova York: Wiley, 2018); ed. bras.: *A organização sem medo: criando segurança psicológica no local de trabalho para aprendizado, inovação e crescimento* (Rio de Janeiro: Alta Books, 2020). Elizabeth W. Morrison, Sara L. Wheeler-Smith e Dishan Kamdar, "Speaking Up in Groups: A Cross-Level Study of Group Voice Climate and Voice", *Journal of Applied Psychology* 96, nº 1 (2011): 183-191.
37 So-Hyeon Shim, Robert W. Livingston, Katherine W. Phillips e Simon S. K. Lam, "The Impact of Leader Eye Gaze on Disparity in Member Influence: Implications for Process and Performance in Diverse Groups", *Academy of Management Journal* 64, nº 6 (2021): 1873-1900.
38 James R. Detert, Ethan R. Burris, David A. Harrison e Sean R. Martin, "Voice Flows to and around Leaders: Understanding When Units Are Helped or Hurt by Employee Voice", *Administrative Science Quarterly* 58, nº 4 (2013): 624-668.
39 Justin M. Berg, "Balancing on the Creative Highwire: Forecasting the Success of Novel Ideas in Organizations", *Administrative Science Quarterly* 61, nº 3 (2016): 433-468. Jennifer Mueller, Shimul Melwani, Jeffrey Loewenstein e Jennifer J. Deal, "Reframing the Decision-Makers' Dilemma: Towards a Social Context Model of Creative Idea Recognition", *Academy of Management Journal* 61, nº 1 (2018): 94-110.
40 Nathanael J. Fast, Ethan R. Burris e Caroline A. Bartel, "Managing to Stay in the Dark: Managerial Self-Efficacy, Ego Defensiveness, and the Aversion to Employee Voice", *Academy of Management Journal* 57, nº 4 (2014): 1013-1034. Ethan R. Burris, "The Risks and Rewards of Speaking Up: Managerial Responses to Employee Voice", *Academy of Management Journal* 55, nº 4 (2012): 851-875.
41 Grant, Parker e Collins, 2009. Adam M. Grant, "Rocking the Boat but Keeping It Steady: The Role of Emotion Regulation in Employee Voice", *Academy of Management Journal* 56, nº 6 (2013): 1703-1723.
42 Damon J. Phillips e Ezra W. Zuckerman, "Middle-Status Conformity: Theoretical Restatement and Empirical Demonstration in Two Markets", *American Journal of Sociology* 107, nº 2 (2001): 379-429. Jennifer S. Mueller, Shimul Melwani e Jack A. Goncalo, "The Bias against Creativity: Why People Desire but Reject Creative Ideas", *Psychological Science* 23, nº 1 (2012): 13-17.
43 James R. Detert e Linda K. Treviño, "Speaking Up to Higher-Ups: How Supervisors and Skip-Level Leaders Influence Employee Voice", *Organization Science* 21 (2010): 249-270. Andrea C. Vial, Victoria L. Brescoll e John F. Dovidio, "Third-Party Prejudice Accommodation Increases Gender Discrimination", *Journal of Personality and Social Psychology* 117, nº 1 (2019): 73-98.
44 Charalampos Mainemelis, "Stealing Fire: Creative Deviance in the Evolution of New Ideas", *Academy of Management Review* 35, nº 4 (2010): 558-578.
45 Douglas K. Smith e Robert C. Alexander, *Fumbling the Future: How Xerox Invented, Then Ignored, the First Personal Computer* (Lincoln: iUniverse, 1999).
46 Claudia H. Deutsch, "At Kodak, Some Old Things Are New Again", *The New York Times*, 2 de maio de 2008.

47 Adam Grant, "Rethinking Flexibility at Work", *WorkLife*, 19 de abril de 2022.
48 James R. Detert e Amy C. Edmondson, "Implicit Voice Theories: Taken-for-Granted Rules of Self-Censorship at Work", *Academy of Management Journal* 54, nº 3 (2011): 461-488.
49 "Why Some Innovation Tournaments Succeed and Others Fail", *Knowledge at Wharton*, fevereiro de 2014.
50 Christian Terwiesch e Karl T. Ulrich, *Innovation Tournaments: Creating and Selecting Exceptional Opportunities* (Boston: Harvard Business School Press, 2009).

CAPÍTULO 9

1 Booker T. Washington, *Up from Slavery: An Autobiography* (Nova York: Doubleday, 1907); ed. bras.: *Memórias de um negro americano* (Rio de Janeiro: Nova Fronteira, 2020).
2 Entrevista pessoal, 31 de agosto de 2022. José Hernandez, *Reaching for the Stars: The Inspiring Story of a Migrant Farmworker Turned Astronaut* (Nova York: Center Street, 2012). Jocko Willink, "310: Relish the Struggle and Keep Reaching for the Stars with José Hernandez", *Jocko Podcast*, 1º de dezembro de 2021. Octavio Blanco, "How This Son of Migrant Farm Workers Became an Astronaut", *CNN Business*, 14 de março de 2016. "An Interview with Astronaut José Hernandez", *UCSB College of Engineering*, YouTube, 18 de dezembro de 2014, youtu.be/2fLdKrv8zkM. José Hernandez, "Dreaming the Impossible", *Talks at Google*, YouTube, 15 de outubro de 2010, youtu.be/lwVqVu5Tlk.
3 Elanor F. Williams e Thomas Gilovich, "The Better-Than-My-Average Effect: The Relative Impact of Peak and Average Performances in Assessments of the Self and Others", *Journal of Experimental Psychology* 48, nº 2 (2012): 556-561.
4 Noah Eisenkraft, "Accurate by Way of Aggregation: Should You Trust Your Intuition-Based First Impressions?", *Journal of Experimental Social Psychology* 49, nº 2 (2013): 277-279. Nalini Ambady e Robert Rosenthal, "Thin Slices of Expressive Behavior as Predictors of Interpersonal Consequences: A Meta-Analysis", *Psychological Bulletin* 111, nº 2 (1992): 256-274.
5 Vas Taras, Marjaana Gunkel, Alexander Assouad, Ernesto Tavoletti, Justin Kraemer, Alfredo Jiménez, Anna Svirina, Weng Si Lei e Grishma Shah, "The Predictive Power of University Pedigree on the Graduate's Performance in Global Virtual Teams", *European Journal of International Management* 16, nº 4 (2021): 555-584.
6 Vasyl Taras, Grishma Shah, Marjaana Gunkel, Ernesto Tavoletti, "Graduates of Elite Universities Get Paid More. Do They Perform Better?", *Harvard Business Review*, 4 de setembro de 2020.
7 Peter Q. Blair e Shad Ahmed, "The Disparate Racial Impact of Requiring a College Degree", *The Wall Street Journal*, 28 de junho de 2020. Peter Q. Blair, Tomas G. Castagnino, Erica L. Groshen, Papia Debroy, Byron Auguste, Shad Ahmed, Fernando Garcia Diaz e Cristian Bonavida, "Searching for STARs: Work Experience as a Job

Market Signal for Workers without Bachelor's Degrees", *NBER Working Paper* 26844, março de 2020.

8   Chad H. Van Iddekinge, John D. Arnold, Rachel E. Frieder, Philip L. Roth, "A Meta-Analysis of the Criterion-Related Validity of Prehire Work Experience", *Personnel Psychology* 72, nº 4 (2019): 571-598.

9   Leaetta M. Hough, "Development and Evaluation of the 'Accomplishment Record' Method of Selecting and Promoting Professionals", *Journal of Applied Psychology* 69 (1984): 135-146. Charlene Zhang e Nathan R. Kuncel, "Moving Beyond the Brag Sheet: A Meta-Analysis of Biodata Measures Predicting Student Outcomes", *Educational Measurement* 39 (2020): 106-121.

10 Alan Benson, Danielle Li e Kelly Shue, "Promotions and the Peter Principle", *The Quarterly Journal of Economics* 134, nº 4 (2019): 2085-2134.

11 Laurence J. Peter e Raymond Hull, *The Peter Principle: Why Things Always Go Wrong* (Nova York: Harper Business, [1969] 2014); *Todo mundo é incompetente, inclusive você: as leis da incompetência* (Rio de Janeiro: José Olympio, 1991).

12 Alan Benson, Danielle Li e Kelly Shue, "Research: Do People Really Get Promoted to Their Level of Incompetence", *Harvard Business Review*, 8 de março de 2018.

13 Alan Benson, Danielle Li e Kelly Shue, "'Potential' and the Gender Promotion Gap", trabalho em andamento, 22 de junho de 2022.

14 Steven Ruiz, "Rescouting Tom Brady at Michigan: Why NFL Teams Had No Excuse for Passing on Him", *USA Today*, 20 de outubro de 2017. ZeeGee Cecilio, "Huge Mistake: Kurt Warner Admits Rams Overlooked Tom Brady in Super Bowl 36", *Blasting News*, 30 de dezembro de 2019.

15 Duane Ross, entrevistas pessoais, 26 de agosto de 2022 e 3 de abril de 2023. David J. Shayler e Colin Burgess, *NASA's First Space Shuttle Astronaut Selection* (Cham: Springer, 2020). Tom Wolfe, *The Right Stuff* (Nova York: Farrar, Straus and Giroux, 1979); ed. bras.: *Os eleitos* (Rio de Janeiro: Rocco, 2021).

16 Peggy A. Thoits, "Undesirable Life Events and Psychophysiological Distress: A Problem of Operational Confounding", *American Sociological Review* 46, nº 1 (1981): 97-109.

17 Philip E. Tetlock, Ferdinand M. Vieider, Shefali V. Patil e Adam M. Grant, "Accountability and Ideology: When Left Looks Right and Right Looks Left", *Organizational Behavior and Human Decision Processes* 122 (2013): 22-35.

18 Lisa M. Leslie, David M. Mayer e David A. Kravitz, "The Stigma of Affirmative Action: A Stereotyping-Based Theory and Meta-Analytic Test of the Consequences for Performance", *Academy of Management Journal* 57, nº 4 (2014): 964-989.

19 Claudia Goldin e Cecilia Rouse, "Orchestrating Impartiality: The Impact of 'Blind' Auditions on Female Musicians", *American Economic Review* 90, nº 4 (2000): 715-741.

20 Elijah Megginson, "When I Applied to College, I Didn't Want to 'Sell My Pain'", *The New York Times*, 9 de maio de 2021.

21 Michael A. Bailey, Jeffrey S. Rosenthal, Albert H. Yoon, "Grades and Incentives: Assessing Competing Grade Point Average Measures and Postgraduate Outcomes", *Studies in Higher Education* 41 (2016): 1548-1562. Veja também Michael N. Bastedo,

Joseph E. Howard e Allyson Flaster, "Holistic Admissions after Affirmative Action: Does 'Maximizing' the High School Curriculum Matter?", *Educational Evaluation and Policy Analysis* 38, nº 2 (2016): 389-409.

22 Michael N. Bastedo, Nicholas A. Bowman, Kristen M. Glasener e Jandi L. Kelly, "What Are We Talking about When We Talk about Holistic Review? Selective College Admissions and Its Effects on LowSES Students", *The Journal of Higher Education* 89, nº 5 (2018): 782-805.

23 Michael N. Bastedo, D'Wayne Bell, Jessica S. Howell, Julian Hsu, Michael Hurwitz, Greg Perfetto e Meredith Welch, "Admitting Students in Context: Field Experiments on Information Dashboards in College Admissions", *The Journal of Higher Education* 93, nº 3 (2022): 327-374. Michael N. Bastedo, Kristen M. Glasener, K. C. Deane e Nicholas A. Bowman, "Contextualizing the SAT: Experimental Evidence on College Admission Recommendations for LowSES Applicants", *Educational Policy* 36, nº 2 (2022): 282-311.

24 Raphael Mokades, "Only Posh Kids Get City Jobs? This Man Has an Algorithm to Change That", *The Times* (Londres), 19 de abril de 2022.

25 George Bulman, "Weighting Recent Performance to Improve College and Labor Market Outcomes", *Journal of Public Economics* 146 (2017): 97-108.

26 Jerker Denrell, Chengwei Liu, David Maslach, "Underdogs and One-Hit Wonders: When Is Overcoming Adversity Impressive?", *Management Science* (2023).

27 Sarah S. M. Townsend, Nicole M. Stephens e MarYam G. Hamedani, "Difference-Education Improves First-Generation Students' Grades throughout College and Increases Comfort with Social Group Difference", *Personality and Social Psychology Bulletin* 47, nº 10 (2021): 1510-1519.

28 Nicole M. Stephens, Stephanie A. Fryberg, Hazel Rose Markus, Camille S. Johnson e Rebecca Covarrubias, "Unseen Disadvantage: How American Universities' Focus on Independence Undermines the Academic Performance of First-Generation College Students", *Journal of Personality and Social Psychology* 102, nº 6 (2012): 1178-1197.

29 Mary C. Murphy, Maithreyi Gopalan, Evelyn R. Carter, Katherine T. U. Emerson, Bette L. Bottoms e Gregory M. Walton, "A Customized Belonging Intervention Improves Retention of Socially Disadvantaged Students at a Broad-Access University", *Science Advances* 6, nº 29 (2020): eaba4677.

30 Adam Pasick, "Google Finally Admits That Its Infamous Brainteasers Were Completely Useless for Hiring", *The Atlantic*, 20 de junho de 2013.

31 Scott Highhouse, Christopher D. Nye e Don C. Zhang, "Dark Motives and Elective Use of Brainteaser Interview Questions", *Applied Psychology: An International Review* 68 (2019): 311-340.

32 Deborah M. Powell, David J. Stanley e Kayla N. Brown, "Meta-Analysis of the Relation between Interview Anxiety and Interview Performance", *Canadian Journal of Behavioural Science* 50, nº 4 (2018): 195-207.

33 Claude M. Steele, "A Threat in the Air: How Stereotypes Shape Intellectual Identity and Performance", *American Psychologist* 52, nº 6 (1997): 613-629. Hannah-Hanh D. Nguyen e Ann Marie Ryan, "Does Stereotype Threat Affect Test Performance

of Minorities and Women? A Meta-Analysis of Experimental Evidence", *Journal of Applied Psychology* 93, nº 6 (2008): 1314-1334. Markus Appel, Silvana Weber e Nicole Kronberger, "The Influence of Stereotype Threat on Immigrants: Review and Meta--Analysis", *Frontiers in Psychology* 6 (2015): 900. Claude M. Steele e Joshua Aronson, "Stereotype Threat and the Intellectual Performance of African Americans", *Journal of Personality and Social Psychology* 69 (1995): 797-811. Ruth A. Lamont, Hannah J. Swift e Dominic Abrams, "A Review and Meta-Analysis of Age-Based Stereotype Threat: Negative Stereotypes, Not Facts, Do the Damage", *Psychology and Aging* 30, nº 1 (2015): 180-193. Stephanie L. Haft, Caroline Greiner de Magalhães e Fumiko Hoeft, "A Systematic Review of the Consequences of Stigma and Stereotype Threat for Individuals with Specific Learning Disabilities", *Journal of Learning Disabilities* 56, nº 3 (2023): 193-209.

34 Gil Winch, *Winning with Underdogs: How Hiring the Least Likely Candidates Can Spark Creativity, Improve Service, and Boost Profits for Your Business* (Nova York: McGraw Hill, 2022). Adam Grant, "It's Time to Stop Ignoring Disability", *WorkLife*, 13 de junho de 2022.

35 Philip L. Roth, Philip Bobko e Lynn A. McFarland, "A Meta-Analysis of Work Sample Test Validity: Updating and Integrating Some Classic Literature", *Personnel Psychology* 58, nº 4 (2005): 1009-1037.

36 Neil Anderson, Jesús F. Salgado e Ute R. Hülsheger, "Applicant Reactions in Selection: Comprehensive Meta-Analysis into Reaction Generalization versus Situational Specificity", *International Journal of Selection and Assessment* 18, nº 3 (2010): 291-304.

37 Nathan R. Kuncel, David M. Klieger, Brian S. Connelly e Deniz S. Ones, "Mechanical versus Clinical Data Combination in Selection and Admissions Decisions: A Meta-Analysis", *Journal of Applied Psychology* 98, nº 6 (2013): 1060-1072.

38 Sendhil Mullainathan, "Biased Algorithms Are Easier to Fix Than Biased People", *The New York Times*, 6 de dezembro de 2019.

39 Benjamin Lira, Margo Gardner, Abigail Quirk, Cathlyn Stone, Arjun Rao, Lyle Ungar, Stephen Hutt, Sidney K. D'Mello e Angela L. Duckworth, "Using Human-Centered Artificial Intelligence to Assess Personal Qualities in College Admissions", trabalho em andamento (2023).

40 Adam Grant, "Reinventing the Job Interview", *WorkLife*, 21 de abril de 2020.

EPÍLOGO

1 Langston Hughes, *The Collected Poems of Langston Hughes* (Nova York: Knopf, 1994).
2 Jim Polk e Alicia Stewart, "9 Things about MLK's Speech and the March on Washington", *CNN*, 21 de janeiro de 2019.
3 Warn N. Lekfuangfu e Reto Odermatt, "All I Have to Do Is Dream? The Role of Aspirations in Intergenerational Mobility and Well-Being", *European Economic Review* 148 (2022): 104193.

Créditos das imagens

pp. 14, 36, 43, 45, 65, 75, 82, 89, 101, 113, 117, 121, 130, 136, 139, 155: Liz Fosslien.
pp. 95, 112, 128, 152, 163, 199, 203, 222: @researchdoodles, por M. Shandell.
pp. 31, 49, 77, 105, 146, 213: Matt Shirley.
p. 73: Fotografia da *Capela sobre a água*, de Tadao Ando, por Shutterstock; fotografia da estação Shibuya, de Tadao Ando, por Becris/Shutterstock; fotografia da *Colina de Buda*, de Tadao Ando, por Anucha Cheechong/Shutterstock; visão aérea da *Colina de Buda* por *Hokkaido Fan Magazine*; fotografia do Museu de Arte Moderna de Fort Worth, de Tadao Ando, por ShengYing Lin/Shutterstock; fotografia do Museu Casa Benesse, de Tadao Ando, por Avim Wu/Shutterstock.
p. 74: Fotografia da *Casa geminada* em Sumiyoshi, de Tadao Ando, por Hiromitsu Morimoto.
p. 80: Fotografia da *Igreja da luz*, de Tadao Ando, por Jaykhunakorn/Shutterstock.
p. 122: Fotografia por Michael Baron/SNY.
p. 124: Janis Ozolins em ozolinsjanis.com.
p. 183: Ilustração © Flavita Banana.
p. 197: "Reuniões" © Despair, Inc.– Demotivators® é marca registrada da Despair, Inc.
pp. 208, 209, 230, 231, 232: trechos e imagens de cartas por cortesia de José Moreno Hernandez, Tierra Luna Engineering LLC. O trecho na página 209 também foi usado com a permissão de Duane L. Ross.
p. 221: Ilustração © Guy Downes. Para mais informações: officeguycartoons.com.
p. 235: Ilustração por WorkChronicles (workchronicles.com).
p. 240: Ryan Harby, 2019.

GRÁFICOS

p. 16: Raj Chetty, John N. Friedman e Jonah E. Rockoff, "Measuring the Impacts of Teachers II: Teacher Value Added and Student Outcomes in Adulthood," *American Economic Review* 104, nº 9 (2014): 2633-2679.
p. 18: Raj Chetty et al., "How Does Your Kindergarten Classroom Affect Your Earnings? Evidence from Project Star", *The Quarterly Journal of Economics* 126, nº 4 (2011): 1593-1660. "$320,000 Kindergarten Teachers", *Kappan*, novembro de 2010.
pp. 56 e 57: Sascha O. Becker e Ludger Woessmann, "Was Weber Wrong? A Human Capital Theory of Protestant Economic History", *The Quarterly Journal of Economics* 124, nº 2 (2009): 531-596.

p. 120: John S. Chen e Pranav Garg, "Dancing with the Stars: Benefits of a Star Employee's Temporary Absence for Organizational Performance", *Strategic Management Journal* 39, nº 5 (2018): 1239-1267.

p. 179: Arto K. Ahonen, "Finland: Success through Equity – The Trajectories in PISA Performance", em *Improving a Country's Education*, ed. Nuno Crato (Cham: Springer, 2021).

TRADUÇÃO DAS CARTAS

página 208:
Para ter mais chances de sucesso no próximo processo seletivo, eu gostaria de corrigir ou aprimorar quaisquer inadequações que tenham sido observadas na minha documentação e que tenham passado despercebidas por mim. Ficarei profundamente grato se puderem me enviar um feedback com quaisquer considerações e comentários que os avaliadores tenham feito sobre a minha inscrição.

Muito obrigado pela atenção ao meu pedido, que imagino ser apenas um entre muitos.

página 209:
National Aeronautics and Space Administration
Centro Espacial Lyndon B. Johnson
Houston, Texas
77058

26 de janeiro de 1990

Prezado Sr. Hernandez,

Esta carta é uma resposta à sua inscrição no Programa de Candidatura a Astronauta.

Lamento informar que o senhor não foi selecionado para o programa. O Centro Espacial Lyndon B. Johnson recebeu mais de 2.400 inscrições para as 16 vagas de especialista em missão e para as 7 vagas de piloto. O grande volume de inscritos bem-qualificados fez com que o processo de seleção fosse muito difícil. Infelizmente conseguimos selecionar apenas uma pequena quantidade de profissionais com o potencial de contribuir com o programa espacial da nação.

Pretendemos selecionar um pequeno número de candidatos a astronauta a cada dois anos, conforme nossas necessidades. Continuaremos a aceitar atualizações e inscrições para o próximo processo seletivo.

Agradecemos a oportunidade de considerar o senhor para o Programa de Candidatura a Astronauta e desejamos sucesso em suas futuras empreitadas.

Cordialmente,
Duane L. Ross
Gerente, Astronauta
Secretaria de Admissão

7 de abril de 1992

Prezado Sr. Hernandez,
Obrigado por sua inscrição no Programa de Candidatura a Astronauta.
Lamento informar que o senhor não foi selecionado para o programa no atual processo seletivo. O Centro Espacial Lyndon B. Johnson recebeu mais de 2.200 inscrições para as 15 vagas de especialista em missão e para as 4 vagas de piloto.

---

20 de dezembro de 1994

Prezado Sr. Hernandez,
Obrigado por sua inscrição no Programa de Candidatura a Astronauta.
Lamento informar que o senhor não foi selecionado para o programa no atual processo seletivo. O Centro Espacial Lyndon B. Johnson recebeu mais de 2.900 inscrições para as 9 vagas de especialista em missão e para as 10 vagas de piloto.

---

9 de maio de 1996

Prezado Sr. Hernandez,
Obrigado por sua inscrição no Programa de Candidatura a Astronauta.
Lamento informar que o senhor não foi selecionado para o programa no atual processo seletivo. O Centro Espacial Lyndon B. Johnson recebeu mais de 2.400 inscrições para as 25 vagas de especialista em missão e para as 10 vagas de piloto.

página 230:
Olá, Duane!
Estou voltando da Sibéria. Aqui as coisas não parecem tão ruins quanto a imprensa dá a entender. Obrigado de novo por se encontrar comigo. Espero ter notícias suas e de Teresa em breve!
José

página 231:
National Aeronautics and Space Administration
Centro Espacial Lyndon B. Johnson
2101 NASA Parkway
Houston, Texas 77058-3696

20 de abril de 2004

Prezado José,
Parabéns e bem-vindo à equipe! Prepare-se para começar uma das fases mais empolgantes da sua vida. O Programa de Treinamento a Candidatos a Astronauta visa treiná-lo para missões específicas. O senhor será desafiado durante o programa e deverá demonstrar um nível aceitável de desempenho para que possamos aprová-lo como astronauta.

CONHEÇA OS LIVROS DE ADAM GRANT

Originais

Dar e receber

Pense de novo

Potencial oculto

Para saber mais sobre os títulos e autores da Editora Sextante,
visite o nosso site e siga as nossas redes sociais.
Além de informações sobre os próximos lançamentos,
você terá acesso a conteúdos exclusivos
e poderá participar de promoções e sorteios.

sextante.com.br